职业教育现代殡葬技术与管理专业系列教材

BINZANG SHEBEI YUANLI JI CAOZUO

殡葬设备原理及操作

张丽丽　　孙智勇　　主　编

刘　凯　魏　童　　曹连兴　　副主编

肖成龙　　主　审

郭艺萌

殡葬2403班

17836159702

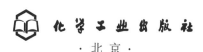

化学工业出版社

·北京·

本书结合我国当前殡葬设备及相关技术发展现状，重点介绍殡葬设备的操作和控制技术，同时结合行业发展与殡葬改革现状，介绍了比较新颖的殡葬设备。

　　本书主要介绍了火化设备、烟气净化设备、冷冻冷藏设备以及新型祭祀设备，理论知识与具体实践操作既有所区分，又在一定程度上进行有机结合；既介绍基本原理，又重视操作技术及应用，适合高职、中职相关专业学生学习，也适合殡葬从业人员的职业培训。

图书在版编目（CIP）数据

　　殡葬设备原理及操作/张丽丽，孙智勇主编. —北京：
化学工业出版社，2019.11
　　职业教育现代殡葬技术与管理专业系列教材
　　ISBN 978-7-122-35220-0

　　Ⅰ.①殡…　Ⅱ.①张…　②孙…　Ⅲ.①葬具-职业教育-
教材　Ⅳ.①K892.22

　　中国版本图书馆 CIP 数据核字（2019）第 209233 号

责任编辑：刘　哲　章梦婕　李植峰　　　　　　　　　装帧设计：王晓宇
责任校对：宋　夏

出版发行：化学工业出版社（北京市东城区青年湖南街 13 号　邮政编码 100011）
印　　刷：北京京华铭诚工贸有限公司
装　　订：三河市振勇印装有限公司
787mm×1092mm　1/16　印张 16¾　字数 428 千字　2019 年 11 月北京第 1 版第 1 次印刷

购书咨询：010-64518888　　售后服务：010-64518899
网　　址：http://www.cip.com.cn
凡购买本书，如有缺损质量问题，本社销售中心负责调换。

　　定　　价：**48.00 元**　　　　　　　　　　　　　　　版权所有　违者必究

职业教育现代殡葬技术与管理专业系列教材

编撰委员会

职业教育现代殡葬技术与管理专业系列教材

审定委员会

序 一

殡葬服务是基本民生保障工程。随着经济社会的快速发展，人民对美好生活的需求日益提升，百姓对殡葬服务水平和质量提出了更高的要求。"逝有所安"是民生之本。让逝者安息，给生者慰藉，为服务对象提供人文化、个性化服务亟需提上议事日程。目前，我国每年死亡人口近千万，截至2018年年底，全国共有殡葬服务机构4043个，殡葬服务机构职工8.0万人。殡葬从业人员的数量和素质势必影响着殡葬服务的水平和质量。人民群众对殡葬服务日益高质量、多样化、个性化的需求，给殡葬从业人员提出了更高的要求和期待。

党的十九大报告指出："完善职业教育和培训体系，深化产教融合、校企合作"，为新时代职业教育发展明确了思路。2019年1月，国务院印发了《国家职业教育改革实施方案》，把职业教育摆在教育改革创新和经济社会发展全局来进行谋划，提出"职业教育与普通教育是两种不同教育类型，具有同等重要地位"。开启了职业教育改革发展的新征程，提出了深化职业教育改革的路线图、时间表、任务书，为实现2035中长期目标以及2050远景目标奠定了重要基础。方案中尤其提出"建设一大批校企'双元'合作开发的国家规划教材，倡导使用新型活页式、工作手册式教材并配套开发信息化资源"，更为殡葬专业系列教材编写工作指明了方向。

从殡葬教育发展现状来看，我国现代殡葬教育从无到有，走过了二十多年的发展历程。全国现有近十所院校开设现代殡葬技术与管理专业，累计为殡葬行业培养了近万名专业人才，在提升殡葬服务水平和服务殡葬事业发展方面起到了关键作用。殡葬教育取得成绩的同时，也存在诸多问题，如全国设置殡葬专业的院校，每年毕业的学生合计不足千人；又如尚未有一套专门面向职业院校学生的教材，不能满足新时代殡葬事业发展的需要，严重制约了殡葬教育的发展和殡葬专业人才的培养。

在这样的背景下，北京社会管理职业学院生命文化学院、现代殡葬技术与管理专业教学指导委员会启动了系列教材编写工作，旨在服务于全国各职业院校现代殡葬技术与管理专业的教学需要和行业从业人员的培训需求。教材编写集结了院校教师、行业技能大师、一线技术能手以及全国近四十家殡葬企事业单位。多元力量的参与，有效保障了系列教材在理论夯实的同时保证案例丰富、场景真实，使得教材更加贴近生产实践，具有更强的生命力。

将 20 本系列教材分为三批次出版，有效保障了出版时间的同时深耕细作、与时俱进，使得教材更加紧跟时代发展，具有更强的发展性。本套教材是现代殡葬教育创办以来首套专门为职业院校学生和一线从业人员编写的校企一体化教材。它的编写回应了行业发展的需要以及国家对职业教育发展的定位，满足了殡葬职业教育的实践需求，必将有效提升殡葬人才的专业素质、服务技能以及学历水平，对更新和规范适应发展的殡葬专业教学内容、完善和构建科学创新的殡葬专业教学体系、提高教育教学质量、深化教育教学改革起到强有力的促进作用，也将推动殡葬行业的发展，更好地服务民生。

在这里要向为系列教材编写贡献力量的组织者和参与者表示敬意和感谢。感谢秦皇岛海涛万福环保设备股份有限公司、石家庄古中山陵园、天津老美华鞋业服饰有限责任公司等几家单位，积极承担社会责任，资助教材出版。

希望系列教材能够真正成为殡葬职业教育的一把利器，推进殡葬职业导向的教育向更专业、更优质发展，为培养更多理论扎实、技艺精湛的一线高素质技术技能人才作出积极贡献，促进殡葬教育和殡葬行业健康快速发展。

全国民政职业教育教学指导委员会副主任委员
北京社会管理职业学院党委书记、院长
邹文开

序 二

生死是宇宙间所有生命体的自然规律。殡葬作为人类特有的文明形式，既蕴含着人文关怀、伦理思想，又依托于先进技术与现代手段。我国的现代殡葬技术与管理专业自20世纪90年代创立，历经20多年的发展，已培养上万名殡葬专业人才，大大推进了我国殡葬事业的文明健康发展。然而，面对每年死亡人口近千万、治丧亲属上亿人的现实，全国殡葬专业每年的培养规模不足千人，殡葬专业人才供给侧与需求侧结构性矛盾突出。要解决这一矛盾，就必须不断提升人才培养的能力，切实加强推进殡葬专业建设。

格林伍德在《专业的属性》一书中指出，专业应该具有的特征包括"有一套系统的理论体系；具有专业权威性；从业者有高度认同的价值观；被社会广泛认可；职业内部有伦理守则。"这样看来，殡葬教育要在职业教育层面成为一个专业，教材这个"空白"必须填补。目前，我国尚没有一套专门面向职业院校的殡葬专业教材。在教学实践中，有的科目开设了课程但没有教材，有的科目有教材但内容陈旧，严重与实践相脱离；目前主要应用的基本是自编讲义，大都沿用理论课教材编写体系，缺少行业环境和前沿案例，不能适应实际教学需要。

加强教材建设、厘清理论体系、提升学历层次、密切产教融合，真正做实做强殡葬职业教育，培养更多更优秀的殡葬专业人才，以此来回应殡葬行业专业化、生态化高速优质发展的需要，以此来回应百姓对高质量、个性化、人文化殡葬服务的需求，这是教育工作者义不容辞的使命。"建设知识型、技能型、创新型劳动者大军""大规模开展职业技能培训，注重解决结构性就业矛盾"，十九大报告为职业教育发展指明方向。"职业教育与普通教育是两种不同教育类型，具有同等重要地位""建设一大批校企'双元'合作开发的国家规划教材"，《国家职业教育改革实施方案》为职业教育发展圈出重点。

"殡葬"不仅要成为专业，而且殡葬专业是关系百姓"生死大事"、关系国家文明发展的专业。我们要通过殡葬人才培养，传导保障民生的力量；要通过殡葬人才培养，传播生态文明的观念；要通过殡葬人才培养，弘扬传统文化的精神。而这些作用的发挥，应当扎扎实实地落实在教材的每一章每一节里，应当有的放矢地体现在教材的每一字每一句中。就是带着这样的使命与责任，就是怀着这样的情结与期待，现代殡葬技术与管理专业教学指导委员会启动了"职业教育现代殡葬技术与管理专业系列教材"的编写工作。计划分三批次出版20本面向职业院校学生和一线从业人员的殡葬专业系列教材。教材编写集结了殡葬专业教师和来自一线的行业大师、技术能手，应用了视频、动画等多媒体技术，实行了以高校教师为第一主编、行业专家为第二主编的双主编制。2018年4月，在北京社会管理职业学院召开第一次系列教材编写研讨会议；2018年7月，在黑龙江民政职业技术学校召开第二次系列教材编写研讨会议；2018年10月，在北京社会管理职业学院召开第一次系列教材审定会议；2019年4月，在北京社会管理职业学院召开第二次系列教材审定会议。踩住时间节点，强势推进工作，加强沟通协调，统一思想认识。我们在编写力量、技术、过程上尽可能地提高标准，旨在开发出一套理论水平高、实践环境真实、技能指导性强，"教师乐教、学生乐学、人人皆学、处处能学、时时可学"的教学与培训用书。殡葬系列教材编写一方面要符合殡葬职业特点、蕴含现代产业理念、顺应新时代需求、传承优秀传统文化，从而优化专业布局和层次结构，另一方面应体现"政治性""文化性""先进性"和"可读性"的原则，全面推进素质教育，弘扬社会主义核心价值观，培养德、智、体、美、劳全面发展的社会主义事业建设者和接班人。

希望此次系列教材的推出能够切实为职业教育殡葬专业师生及行业一线从业人员的学习研究、指导实践提供支持，为提高教育教学质量、规范教学内容提供抓手，为锻炼师资队伍、推动教育教学改革作出贡献，为发展产业市场、提升服务水平贡献人才。

在此特别感谢秦皇岛海涛万福环保设备股份有限公司、石家庄古中山陵园、天津老美华鞋业服饰有限责任公司三家单位，他们都是行业中的佼佼者。他们在积极自我建设、服务社会的同时，以战略的眼光、赤子的情怀关注和支持殡葬教育，为此次系列教材编写与出版提供资金支持。感谢化学工业出版社积极参与教材审定，推动出版工作，给予我们巨大的支持。

现代殡葬技术与管理专业教学指导委员会常务副主任委员
北京社会管理职业学院生命文化学院副院长
何振锋

前　言

本书是根据殡葬行业发展需求以及高职教育改革的要求，充分考虑到殡葬设备的发展现状和实际应用需要而编写的。在编写过程中，本着"简明、实用、够用"的原则，处理了理论知识与技能的关系，力求做到从中、高职学校的特点和行业一线人员需求出发，讲清基本理论和原则方法，强调了技能的培养和训练，主要体现在以下几个方面。

首先是结合我国当前殡葬设备及相关技术的发展现状。本书以"理论-技能"相交互的方式，突出当前殡葬设备的操作和控制技术的内容，同时结合当前行业发展与殡葬改革现状，介绍了比较新颖的殡葬设备。

其次是适应目前高职教育下的课堂教学与行业培训。全书体例使用章节制与项目制交互方式，内容知识介绍尽量通俗易懂，技能知识尽量操作可行，便于学生进行对照操作，增强学生的实践动手能力。

第三是将作为殡葬从业者所应具备的生命文化知识与技术相结合，着眼于殡葬从业人员尤其是设备操作人员所需的基本技能和职业道德，提升学生的综合素质。同时，将殡葬设备操作人员培训所需的知识纳入到书中。

全书内容从殡葬设备的概念及分类开始，介绍了火化设备、烟气净化设备、冷冻冷藏设备等殡葬设备的基本原理与操作维护，集中讲述了通用的机械原理、电控原理等相关知识与技能，最后介绍了当前殡葬改革发展过程中的其他设备。

本教材适用于高职和中职院校殡葬专业相关课程的教学，亦可供行业内人士进行职业培训。

本书是在全国民政行指委现代殡葬技术与管理专指委的组织下进行编写的，主审肖成龙老师从主要思路及内容框架等各个方面给予了指导，同时得到了远在海外的宋宏升老师的无私帮助以及李光敏老师的倾囊相授，行业中得到了秦皇岛海涛公司的大力支持，在此一并表示衷心的感谢！

本书由张丽丽、孙智勇主编，刘凯、魏童、曹连兴副主编，参加编写的人员还有李曼、孙彦亮、李喜文、董希玲、任同礼和李成。

限于编者的水平，书中肯定还会有不少不足之处，恳请广大读者批评指正。

编者

2019 年 7 月

目录
CONTENTS

第五章　火化设备电控基础实训

第六章　殡葬烟气净化设备及冷冻冷藏设备

第七章　其他设备

参考文献

第一章
殡葬设备概念及分类

知识目标

① 了解殡葬设备的概念。

② 熟悉常用殡葬设备。

第一节　殡葬设备概念

殡葬是人类社会相当重要的文化现象与生命礼仪，是对死者遗体进行处理的文明形式，是社会发展的产物，也是文化传统的组成部分。

殡葬设备是殡葬服务机构进行殡葬服务所用的机械和器具。殡葬设备主要用于殡仪馆，遗体处理用火化机、生前遗物处理用遗物焚烧炉、祭祀用生肖祭祀炉、尸体接运用殡仪车，殡仪馆所用的机械和用具都可以称为殡葬设备。殡葬设备也是不断发展的。就"祭祀"来说，最初的祭祀活动比较简单，也比较野蛮。早期的祭祀没有固定的场所，随时随地均可，后来逐渐规范化，出现了固定的地点，主要有平地和坛，另外还有平坑、宫庙和坟墓等场地。古代非常重视祭祀设备，例如《礼记·王制》"祭器未成，不造燕器。"随着社会的发展，祭祀设备从主要以祭祀为主的酒器、石器、水器，逐渐演变为以环保、景观为主的大型机械设备，从坟前祭祀、家中祭祀等转变为集中地点祭祀，也更重视环保。目前常见的祭祀设备主要有民俗祭祀炉、流动祭祀车、城市景观固定式焚烧祭祀设备。所以祭祀设备是随着社会经济、政治的发展和文明程度的提高而更新发展的。

随着社会大环境的快速发展和进步，人民生活水平不断提高，各行各业都呈现出突进式的转变。殡葬行业在此浪潮中不断蜕变，逐渐衍生出一套独特的文化，殡葬设备环保化已引起了国家的高度认识。

第二节　殡葬设备及分类

殡葬设备包括火化焚烧设备、烟气净化设备、冷冻冷藏设备、祭祀设备等。

一、火化焚烧设备及分类

火化焚烧设备分为火化设备和焚烧设备。

焚烧设备目前主要是指遗物焚烧设备。火化设备主要指火化机。火化机是以燃烧的方式将遗体处理成骨灰的专用设备，包括炉体、风油系统、排放系统、电控系统等。火化机的种类很多。根据火化机结构分类，以其炉体燃室炕面结构形式不同，可分为平板式炉体（代号为 P）、架条式炉体（代号为 J）、台车式炉体（代号为 T）、反射式炉体（代号为 F）和其他炉体结构（代号为 Q）。根据火化物体种类分类，分为普通火化机、宠物火化机、宗教火化机。根据自动化程序分类，可分为自动控制式（代号为 Z）、半自动控制式（代号为 B）、手动式（代号为 S）。还有一些分类方法，如以燃烧物的燃烧次数分类，有单燃式、再燃式和多燃式火化机；根据火化机的档次分类，有高档、中档、低档，但这几种分类方式使用较少。火化机所使用的燃料有燃煤（代号为 M）、燃油（代号为 Y）、燃气（代号为 Y）、特能式（代号为 T）等形式。根据火化机污染物排放等级分类，可分为一级、二级、三级。目前最常用的两种火化机分述如下。

1. 平板式火化机

图 1-1　平板式火化机

平板式火化机（图 1-1）炉体结构是指火化机的钢性外壳，主要由钢骨架和传动机构等组成。钢骨架包括前立架、后立架、侧立架，是火化机的筋骨，承受炉体砖结构膨胀产生的推力，限制某些部位受热后移动，保护炉衬，支撑炉门悬吊及其传动机构、燃烧器和外装饰面等。其一般以角钢、槽钢等型材焊接而成。

目前平板式火化机设计的主要特点：节能环保，结构紧凑，外形新颖，性能可靠，价格低廉，操作简单，采用新型机械技术，符合 GB 19054—2003《燃油式火化炉机通用技术条件》，已经可以达到操作简单、直观、文明，质保检修方便，运行成本低，平均每具遗体火化用油量小于 3.0L（连续火化）的标准，其正常运转时车间内无烟尘、无污染，各项排放指标达到 GB 13801—2009 的规定。

中档平板火化机连续火化耗油 0～3L，连续火化时间 20～30min，单具火化耗油 3～8L（不包括特殊尸体和冷冻尸体），单具火化时间 30～40min。控制采用强电按钮，外表采用彩钢板，余热回收采用合金装置，不包括进尸车。

高档平板火化机连续火化耗油 0～3L，连续火化时间 20～30min，单具火化耗油 3～8L（不包括特殊尸体和冷冻尸体），单具火化时间 30～40min。单板机微触开关控制面板，消烟除尘，排烟监控，余热回收采用合金装置，不包括进尸车。

2. 台车式火化机

台车式火化机（图 1-2）是指主燃烧室炉底部是可移动的台车。这种台车具备三种功能：一是进尸车的功能，将遗体或带棺的遗体平稳地送进主燃烧室；二是炕面功能，台车进入主燃烧室后，台车的载尸面就成了主燃烧室的炕面，成为主燃烧室的一个组成部分；三是冷却及运送骨灰功能，遗体焚化完毕后，台车退出主燃烧室，停在预备室的冷却罩下降温冷却，冷却后台车从预备门内推到前厅，由死者的亲属和生前好友亲自收殓骨灰。

台车式火化机有两种。一种是间歇式，就是每台火化机只配置一部台车，焚化完一具遗体后退出炉膛冷却，待骨灰收殓后，再载尸进炉进行焚化。这种间歇式台车式火化机，日处理遗体量少，火化机炉膛热损失大，从而燃料消耗量也大。另一种是连续式，就是每台火化机配置两部台车，轮流进尸和冷却，或者双层传送，一部台车两个炕面交换载遗体入主燃烧室。这种连续式的台车式火化机使单机处理遗体量增加，减少了炉膛热损失，节约了燃料。

台车式火化机一般连续火化耗油 7～12L，连续火化时间 30～50min，单具火化耗油 8～15L，单具火化时间 50min 左右（不包括特殊尸体和冷冻尸体），微触开关控制，排烟监控，消烟除尘，主控电路日本进口 PLC 编程，余热回收采用合金钢装置。

图 1-2　台车式火化机

二、殡葬烟气净化设备

殡葬烟气净化设备，集消烟、除尘、脱硫、杀菌等为一体，在原有设计基础上，又增加了助滤装置和气动清灰系统。

殡葬烟气净化设备由降温处理器、综合处理器、袋式除尘器、旋风除尘器四大重要部分组成，可以与各种型号的火化机、遗物焚烧炉及各种祭祀设备相配置。尾气除尘系统可按用户需求一台炉配置一套，也可两台炉配一套；既可以与火化机配套使用，也可以与遗物焚烧炉等设备配套使用，经济实用。在烟气处理中采用高效处理工艺，烟气通过降温处理器、综合处理器、袋式除尘器、活性炭吸附等装置排出。设备配有紧急排放口，在火化炉排放性能监测时，烟气净化处理自动控制系统发生故障或保养时启用，采用骤冷的方式使烟气在 2s 以内急速冷却至 200℃ 以下，跃过二噁英易形成的温度区，同时满足滤袋除尘温度要求。烟气排放完全达到国家污染物排放标准，电路设计满足 GB 50055—2011 等相关标准。

为保证除尘排放后烟气达到 GB 13801—2009 一级排放标准，配备有烟气净化处理自动控制系统，保证烟气净化处理系统稳定、连续地运行；配备变频系统，根据烟气排放量大小波动（500～10000m³/h），自动调节控制；排放系统设计、制造应确保火化炉运行各阶段保持微负压，烟气净化处理系统烟气排放质量始终稳定，安全性能好，使用寿命长；收尘率 98%（进炉状态也无黑烟冒出）。袋式除尘器前加装助滤剂，每次 10～15kg，可自动喷吹，有效延长布袋使用寿命。

三、冷冻冷藏设备及分类

1. 冷冻柜

尸体冷冻柜有一屉、二屉、三屉、四屉、六屉、九屉冷藏柜。尸体冷冻柜又名太平柜，用于冷冻保存尸体，常用于医院和殡仪馆存放无名尸体和有争议的尸体。

2. 冷藏棺

冷藏棺，用于殡仪馆临时停尸用，短期存放，温度不能太低。其属于冷冻机应用设备，具有壳体和制冷装置，其中壳体由带内胆的冷藏箱箱体和箱盖组成，制冷装置由压缩机、冷凝器和蒸发器组成。其特征在于，冷藏箱箱体为其内空腔长度和容量与一般人体长度与体积相匹配的卧式箱体，箱体内设有可卸担架；箱盖由透明材料制成，其尺寸与箱体匹配。

箱盖又名棺罩，最初是由有机玻璃经过高温软化制作而成，由于这种有机玻璃韧性小，容易变形，后来研究使用 PC 耐力板，化学名称聚碳酸酯。这是一种工程材料，材料坚固耐用，而且透明度高。

冷藏棺棺罩一般都是采用 PC 耐力板，不同的是箱体。市场上销售的冷藏棺箱体一般包括冷板喷塑箱体冷冻棺、热板喷漆箱体冷冻棺、不锈钢材质冷冻棺、钛金板冷冻棺、实木冷冻棺等。还有一种最为流行的镀锌板喷塑箱体，耐用锌板经过静电喷塑，永不生锈，属于豪华材料制作而成的箱体。

3. 瞻仰棺

多用于殡仪馆告别厅，瞻仰遗容。瞻仰棺周围设置高档花卉，栏杆：直径 38（mm）钛金管，具有豪华、庄重、美观、耐用等优点，以豪华大气、尊贵典雅著称，是各殡仪馆悼念厅不可缺少的理想的瞻仰设施。

四、环保祭祀设备

1. 遗物焚烧炉

焚烧遗物和花圈等祭祀品的遗物焚烧炉，弥补了其他焚烧炉供油或其他燃料强制燃烧的弊端，节省能源，降低了使用成本。以往焚烧炉为敞开式焚烧，焚烧量低，烟气排放污染严重超标，同时也给废渣清理带来很多不便，无形中增加了劳动量。有一种新型焚烧炉，可自动集中收渣，根据焚烧物体的可燃性高低，充分利用其燃烧所产生的热能，进行多次助氧充分燃烧，达到消烟、灭菌、除味的目的。焚烧所产生的尾气经过降温处理、消烟、除尘，再经过氟美斯布袋除尘、活性炭吸附，使烟气达到充分净化，从而实现无污染排放的效果，达到国家环保排放标准。该设备自动化程度高，安装有设备运行记录仪，对燃烧温度和烟气排放实时监测和显示，操作简便，易维护，外观装饰新颖、豪华。

遗物祭品焚烧炉

2. 属相祭祀园

属相祭祀园（图1-3），集环保、消烟、除尘功效于一体，支持多媒体播放，更具人性化设计，不仅解决了传统祭祀脏、乱、差诸多弊端，而且外观造型美观、新颖，是殡葬行业全新高科技产品，填补了殡葬史上的空白。

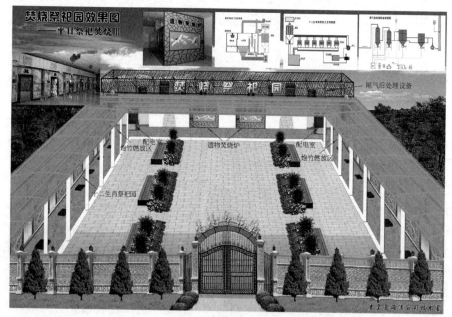

图1-3 属相祭祀园

十二生肖祭祀园

3. 环保祭祀车

每台设备有3、5、6组燃烧室，可同时供3、5、6人使用。设备内部集成了燃烧系统、降温系统、除尘系统、电气控制系统、自发电系统、外接市电系统，解决了流动祭祀用电不方便的问题和产生的尾气造成环境污染的问题，既便民又环保。焚烧过程无需用油，节省能源，降低成本。当前最新的移动式祭祀设备可自动集中烟尘，统一收渣，进行二次助氧燃烧，达到环保排放的目的。焚烧所产生的有害气体经过降温、消烟、除尘处理，降低并消除烟气中的有害物质，从而实现无污染排放的效果，达到国家环保排放标准（GB 13801—2015）。这种设备机动性强，可根据实际使用量定点投放。

第二章
火化焚烧设备

第一节　火化与火化焚烧设备

知识目标

① 了解火化的历史渊源及火化设备的发展历程。

② 了解火化设备分类。

③ 掌握火化设备工作原理并了解主要技术参数指标。

一、火葬的发展简史

生老病死是不可抗拒的自然规律，人类从原始状态的弃尸荒野，任其自然腐烂，到对于死者的遗体采取一定方式和礼仪进行处理，是一种从蒙昧到文明的进步，这也就是殡葬的基本概念。

古往今来，对于死者遗体的处理方式多种多样，主要有土葬、火葬、水葬、天葬、崖葬（悬棺）、塔葬（佛教）等。目前遗体的处理方式主要是火葬。

在我国有据可查的火葬记载可追溯到战国时期："秦之西有仪渠之国者，其亲戚死，聚柴薪而焚之"。西南地区的少数民族也有"逝者烧其尸"的习俗，当时的火葬形式比较简单，就是"聚柴薪而焚之"，采用火葬的范围也仅限于部分地区和个别民族。居住在中原地区的汉族则是以土葬为主，这主要是受儒家文化"身体发肤，受之父母，不敢毁伤"的影响。最早的土葬没有仪式和尊卑等级，也没有棺材。

汉代时，随着佛教的传入，逐渐改变了人们的观念。佛教认为：火烧遗体能够净化逝者。在僧人死后焚身的影响下，火葬逐步扩大到民间。唐宋时期，中原地区已经有不少人实行火葬，特别是江南地区，人多地少，火葬之风更盛。然而历代的封建统治者都将儒家思想奉为治国之道，认为火葬是败坏伦理道德的行为。南宋的高宗就曾两次批准臣属关于禁止火葬的建议。但是百姓以火葬为便，相习成风，地方官无奈，只好姑从其便。到了元代，火葬从江南发展到河北，封建统治者采取镇压政策严禁火葬。明代《大明律·礼律》中有"其从尊长遗言将尸烧化及弃置水中者杖一百，……其子孙毁弃祖父母、父母及奴婢、雇工毁弃家长死尸者斩"。清代则更加严厉，接受了明律中关于丧葬规定的全部内容之外，又增加了"旗民丧葬概不许火化"的条款，还采取了邻里和地保互相监督的办法来保证法律的实施。这样从明清两代开始，火葬渐少，土葬逐渐盛行起来；丧葬的礼仪亦逐渐繁琐，奢侈之风盛行。帝王的陵墓和葬礼可以耗尽倾国之财；达官贵人和富商大贾争相攀比，丧事成了地位、权力的象征。就连普通百姓，为了丧事办得风光，往往倾其所有，甚至变卖家产。繁杂的礼仪包含许多封建迷信的成分，既耗费了巨大的社会财力、物力和人力，又毒害了人们的思想。

中华人民共和国成立以后，在"移风易俗，改造中国"的号召下，党和政府推行殡葬改革，教育人们解放思想，破除旧的丧葬习俗，树立文明、节俭、科学的丧葬新风。其中积极地、有步骤地实行火葬，是殡葬改革的核心内容。

现在所倡导的火化，虽然还是"逝者烧其尸"，但已不是"聚柴薪而焚之"了，而是采用专用设备，将遗体焚化变成骨灰。现在推行的火葬方式也革除了披麻戴孝、烧纸化钱等封建陋习，代之以戴白花、黑纱、鞠躬默哀等文明祭祀方式。近年来还积极倡导骨灰撒海、骨灰树葬（以树代墓）、花草葬等不保留骨灰的丧葬新风尚。

1997 年，国务院发布了《中华人民共和国殡葬管理条例》，2012 年进行了修订，从法律的角度确立了火葬的主导地位，明确了我国殡葬管理的方针是积极地、有步骤地实行火葬，改革土葬，节约殡葬用地，革除丧葬陋俗，提倡文明节俭办丧事，同时对殡葬设施管理、遗体处理和丧事活动管理、殡葬设备和殡葬用品管理等都做了具体规定，为殡葬改革进一步向文明、节俭、科学的方向发展打下了基础。

二、国内外火化设备技术的发展

在国内，中华人民共和国民政部（后面简称"民政部"）曾根据火化设备的特点提出了火化设备的四化要求，即安定化、文明化、自动化、无害化，这四化也是我国火化设备的基本发展趋势。国内火化设备技术的发展和进步已经经历了四个发展阶段。

第一阶段：仿造　我国火化设备的制造是 20 世纪 50～60 年代仿造捷克炉开始的。60～70 年代，北京、山东、江西、四川、福建等省民政厅组织本省的力量，参照、模仿捷克炉的结构，设计和生产了一批火化设备的仿制品，供当地使用。这在当时，对火葬的实行做出了积极的贡献。

第二阶段：仿造创新　1982 年，沈阳火化研究所学习国外先进技术，经过研究和试验，自行设计制造 82-B 型火化设备，1984 年通过国家技术鉴定，并且由民政部指定定点生产。在此后的十年时间里，各地的火化设备基本上是仿照 82-B 型号制造的，主要的机型有沈阳的 M-90 型火化设备、江西的 Y90 型火化设备、北京的 KHZL 型火化设备、湖北的 3HEY 型火化设备、山东烟台的 SDMF 型火化设备、山东乳山的 ZLRB 型火化设备等。

第三阶段：吸收、改进、创新、再创新　1993 年，沈阳火化设备研究所与法国 TABO 公司合作，成立了"沈阳升达焚化设备公司"，引进 TABO 炉的技术，首先在深圳殡仪馆安装使用。随后，根据我国的实际情况，经吸收、改进、创新与设计，生产了我国自己的产品——升达牌全自动火化设备。受 TABO 炉的启示，我国一些生产厂经过消化、吸收、改进、创新、再创新，创出了自己品牌的火化设备，如江西南方火化设备制造总公司（后简称"江西南方公司"）的 YQ-96 型火化设备、上海申东燃烧炉厂的 SSD-97 型火化设备等。与此同时，北京八宝山殡仪馆与日本投资人成立了"北京京龙公司"，引进了日本台车式火化设备的技术并进一步创新，生产出 CH-93 型火化设备，在各地安装使用。随后，各地根据实际情况纷纷生产出自己品牌的火化设备。

第四阶段：全面创新、竞争发展　科学技术的发展和创新促进了生产的发展和进步，现代控制技术不断地引入到火化设备的生产中，一些生产厂家、大专院校和科研院所合作，设计生产出更为先进的火化设备。近几年来，一些生产厂家除了在自动控制、环保方面有所创新外，在节约能源方面也有突破性的进展：有些燃油式的平板式火化设备的油耗量已经降到 3～5L 轻柴油/平均每具遗体；有些台车式火化设备的耗油量已经降到 12～15L 轻柴油/平均每具遗体。

在国外，英国在火化技术开发方面较早，早在 20 世纪 70 年代初便开始研究遗体火化的二次燃烧技术，通过国际殡葬协会技术年会向全世界交流推广，对全世界的火化设备技术的发展和提高起到了重要作用。世界上火化率最高的日本，将科研分别与生产和用户紧密结合，建立起了科学的技术设计及实验体系，研制出符合日本国情的间歇式火化设备。由于在两具遗体焚化之间有一个冷却过程，所以焚化时间长，耗油量大。但他们通过控制喷射火焰的强度及燃点位置，以及合理设置二次燃烧室的方法，实现了火化无烟、无尘、无臭，大大减少了对环境的污染。法国的 TABO 型火化设备、德国鲁福曼公司生产的哈根型火化设备、美国奥尔公司研究生产的火化设备，也都具有各自的很多特点。

三、火化焚烧设备特点与分类

1. 火化设备在遗体焚化过程中的特点

火化设备是遗体火化处理过程的关键专用设备，其具有以下与众不同的几个特点。

① 遗体火化是一项民风民俗相当强的遗体处理工艺，要求整个处理过程从送尸、进炉、点火焚烧、出骨灰、骨灰冷却到骨灰装盒等，都必须充分尊重丧者亲属的意愿，既不能惊动死者（如勾尸、翻尸等），也不能惹怒亲属。

② 焚烧排放无害化　火化设备焚化过程的排放物，是由遗体与燃料燃烧后所产生的烟气，其中含有很多对人体及环境有害的污染物质，例如二噁英等，虽然对环境的污染程度远比工业污染小得多，但人们在主观上是无法接受的。因此，对火化设备的无害化排放提出了很高的要求。

③ 工作的稳定化　遗体的焚化是在封闭的炉膛里进行剧烈的燃烧、氧化和分解的过程，燃烧后所生成的烟气对人体有害，这就要求火化设备在正常工作时不能出现烟气泄漏的情况，因而对火化设备的防火、防泄漏、防爆等要求非常高。同时在遗体焚化过程中，如出现故障而中断火化过程，则丧者亲属会有很大的意见，因此对设备的稳定性和可靠性都提出了很高的要求。总之，就是要安全、安定。

④ 控制的自动化　火化设备每次在焚化遗体时，其燃烧情况各有不同，为了保证完全燃烧的要求，必须实时地对风、氧和燃料的供量进行调节，而操作人员无法达到时刻准确地进行手工调节，因此，必须依靠计算机来进行自动控制，才能达到相应的要求，这就要求火化设备的自动化程度比较高。

2. 火化设备的分类

火化设备的类别和型号由机体代号和主要参数组成，两部分中间用短横线连接，如图 2-1 所示。

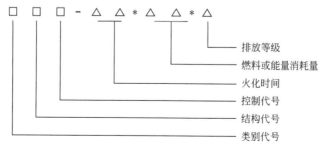

图 2-1　火化设备型号

其中，火化时间以单台火化设备火化每具正常遗体平均所用的分钟数表示，取两位有效数字，取值范围为：5、10、15、20、…、75；燃料或能量的消耗量指火化每具正常遗体平均所需的燃料或能量的数量。固体或液体燃料以 kg 数表示，气体燃料以 m^3 数表示，特种能源以其最常用的计量单位数表示；排放等级按火化设备烟道污染物排放总量划分为一、二、三级。

火化设备的制造技术是随着科学技术水平的不断提高而发展的，特别是进入 20 世纪 90 年代，火化设备的技术和类型有了很大的提高和变化，比如燃料。火化设备按燃料类别，可分为燃煤式火化设备、燃油式火化设备、燃气式火化设备和特能式火化设备四种，下面进行简要介绍。

(1) 燃煤式火化设备 采用煤作为燃料的燃煤式火化设备，因煤燃烧后产生的灰分较多，为了避免煤的灰分和尸体焚化后的骨灰混在一起，必须将煤燃烧的炉膛和尸体燃烧的炉膛分开。燃煤式火化设备有两个燃烧室，一个燃烧室用来燃烧煤，另一个燃烧室用来燃烧遗体，称为反射式结构。通过鼓风机把煤燃烧时产生的火焰和热量引射到燃烧遗体的主燃烧室来火化遗体。它的热效率很低，大部分热量被浪费掉了，同时燃煤很难采取二次燃烧技术对烟气中的可燃物质进行燃烧，煤燃烧时本身也会产生很多有毒有害的物质，所以燃煤式火化设备消除各种污染物很困难，操作工人的劳动强度也较大，向自动化、无害化方向发展比较困难。现已被逐步淘汰，只有少量偏远、贫困地区还在使用这种火化设备。

(2) 燃油式火化设备 以燃油为燃料的火化设备称为燃油式火化设备。由于地区、来源、火化设备结构的不同，所使用的燃油也不同。根据各地气候条件的不同，北方地区一般选用 0 号～－35 号轻柴油，南方地区一般用 0 号轻柴油。我国生产的燃油式火化设备大都使用－20 号轻柴油作为其燃料，南方有个别地方使用 RC3-10 号重柴油，重柴油比轻柴油价格便宜，火化成本相对要低一些。燃油式火化设备在火化时间、热效率、操作性能、自动化程度、污染物排放等方面都较燃煤式火化设备有很大的提高，是我国目前城市殡仪馆主力火化设备。优点：操作方便，劳动强度小，容易实现自动化，便于采取减少或消除污染的措施。

(3) 燃气式火化设备 以煤气、天然气或液化石油气为燃料的火化设备称为燃气式火化设备，气体燃料在燃烧时容易实现燃烧完全，燃料本身燃烧产生的污染物较少，并且具有热效率高、火化时间短、容易实现自动化操作等优点。一些发达国家采用燃气式火化设备的较多，在我国由于受到天然气、煤气供应等方面的限制（一般殡仪馆都在郊外，煤气管道很难到达），目前只有上海、苏州、重庆、大连、大庆、石狮等地采用，随着城市化发展，北京等一些天然气管路可以到达的城区殡仪馆开始采用燃气式火化设备，也有一些地方采用油气两用火化设备。

(4) 特能式火化设备 除了煤、油、气以外，以其他能源作为热源火化遗体的火化设备称为特能式火化设备。电能是最方便、最丰富，既清洁又易于控制的能源，也是最有可能用于遗体火化的能源。随着科技水平的不断提高，相信在不远的将来，电能、太阳能、激光、原子能等新型的清洁能源会成为火化设备遗体火化的能源。

四、火化设备工作原理

从燃烧学原理可知，被燃物燃烧的必要和充分条件是：氧气、着火温度和火焰。通过强火焰的作用，使被燃物的自然燃烧改变为人为控制的强制加速燃烧。火化设备的火化就是通过高温和充足的供氧，强制遗体快速燃烧，生成烟气和不可燃烧的无机物残渣——骨灰的过程。因此，火化设备应具有使遗体充分完全地燃烧、有效地防治污染物排放、收取完美骨灰的功能。

首先启动排放系统，调整好各部分参数，使炉内成为负压工况。启动二次燃烧器，对再燃烧室预热升温。开启前立架上的进尸炉门，通过进尸装置将遗体送入主燃烧室内指定位置，然后关闭炉门。启动主燃烧器和供风系统，这时衣、被等随葬品立即燃烧，接下来遗体表面易燃部分开始燃烧，如图 2-2 所示。

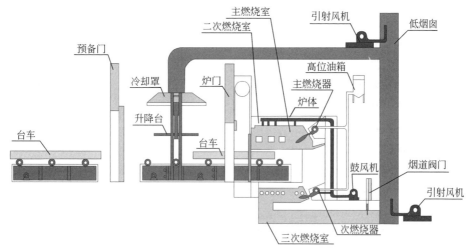

图 2-2　普通拣灰火化机工艺流程图

在主燃烧室中形成两种燃烧，一是燃料的燃烧，二是遗体的燃烧。燃料的燃烧需要风（氧），遗体的燃烧也需要风。一般供燃料燃烧的风由鼓风机直接提供，全自动燃烧器本身自带风机；供遗体燃烧的风从鼓风机出来经供风系统分配后，分别送到主燃烧室和再燃烧室。进尸后最初几分钟，随葬品和遗体外表的易燃部分燃烧速度非常快，由于供氧量很难达到这种爆燃的需要，会产生大量燃烧不完全的烟气，排入再燃烧室。经过再燃烧室中燃烧器的加热及二次风的助燃，继续燃烧。一般火化设备在结构设计上都采取措施，尽量延长烟气在炉体内的滞留时间，这样经充分燃烧后的烟气，由引射装置经过烟囱排到大气中。主燃烧室中的遗体经过最初几分钟的爆燃后，燃烧趋于平稳，助燃风逐渐减少，遗体中的其他部分，如头和四肢等开始燃烧，这些部分大约需要 20～30min 能够烧尽。最难烧的部分是内脏，由于其中含有大量的水分，其他部位燃烧的时候，内脏部分只是蒸发水分，这部分完全烧尽需 10～15min。所以一具正常人的遗体，从入尸到完全烧尽，约需 40～50min 的时间。遗体烧烬后，用专用工具将骨灰扒到骨灰槽中，待冷却后，装殓到骨灰盒中，遗体火化即告完成。

 五、火化设备主要技术参数

火化设备的技术参数是评价火化设备技术水平和使用性能的主要标准，也是检验产品质量的主要依据。

1. 燃油及燃气式火化设备的主要技术参数

① 火化时间　单台火化设备火化每具正常遗体平均所需时间，单位为 min/具。台车式火化设备火化时间不应大于 90min/具，其他形式火化设备的火化时间不应大于 60min/具。

② 耗油量　火化设备火化单具遗体平均消耗的燃油量，单位为 kg/具。台车式火化设备耗油量不得超过 35kg/具，其他形式的火化设备耗油量不得超过 25kg/具。

③ 主燃烧室工作温度　600～1000℃。

④ 再燃烧室工作温度　400～800℃。

⑤ 主燃烧室工作压力　-10～-30Pa。

⑥ 炉表温度　30～40℃。

⑦ 保温性能　停炉 12h 后，不低于 400℃。

⑧ 班火化率　8～12 具/班。

⑨ 最小无故障间隔　100h。

⑩ 中修期　火化 3000 具以后。

⑪ 火化设备使用寿命　不小于 15000 具。

⑫ 电气总容量　小于 15kW。

⑬ 火化设备总重量　小于 18t。

2. 遗物焚烧炉的技术参数

以秦皇岛海涛万福环保设备股份有限公司（后简称"秦皇岛海涛公司"）第三代遗体焚烧炉为例，具体技术参数如表 2-1 所示。

表 2-1　遗物焚烧炉技术参数表

序号	参　　数	说　　明
1	规格	8550mm×3360mm×4030mm
2	炉体容积	7.8m³
3	引风机功率	4-72-7.1A/11kW/右旋 0°
4	鼓风机功率	9-19-5A/7.5kW
5	预备门功率	25W(速比 1∶50)-对开式
6	炉门功率	Y90S-4-1.1kW(速比 1∶60)
7	炉排电机功率	YS90L-1.5kW-4(速比 1∶8)
8	除渣电机功率	4 级-1.1kW/速比 1∶59
9	输送车-进出功率	CH40-2200W-3/25(380V/50Hz)变频
10	输送车-升降功率	YS90L-1.5kW-4/380V(速比 1∶100)
11	链板-功率	4 级-1.1kW(速比 1∶29)
12	控制方式	PLC 编程，触摸控制及按钮操作双控制方式
13	触摸屏尺寸	15in❶卡扣嵌入式
14	远程监控显示屏	23.6in 卡扣嵌入式
15	绞龙除渣功率	输送功率 1.5kW/380V(速比 1∶35)
16	除渣效率	95.00%
17	点火器功率	BT20G/0.37kW/220V
18	点火方式	自动
19	除渣速度	转速：40r/min
20	炉内压力	-10～-20Pa
21	工作噪声	≤60dB
22	清灰方式	绞龙自动清理
23	炉内温度	700～950℃
24	工作方式	断续—手动
25	烟囱烟气排放温度	60℃

---

❶ 1in=25.4mm。

3. 污染物排放量

烟气污染物排放是火化设备的一项重要技术参数。表 2-2 规定了火化设备烟道污染物排放的浓度限值。其中"平均峰值"为遗体入炉 15～20min 之间测试的各参数的平均值，但烟尘的"平均峰值"为遗体入炉 1～6min 和 15～20min 的平均值。"任何一次"为任何一次采样测定不许超过的限值。

表 2-2 烟道污染物排放浓度限值

污染物名称	浓度限值/(mg/m³)			
	取值时间	一级标准	二级标准	三级标准
烟尘	平均峰值	15	50	100
	任何一次	30	100	200
二氧化硫	平均峰值	5.0	15.0	30.0
	任何一次	6.0	25.0	40.0
氮氧化物	平均峰值	5.0	25.0	50.0
	任何一次	6.0	40.0	80.0
一氧化碳	平均峰值	200	800	1000
	任何一次	300	1000	1250
硫化氢	平均峰值	1.5	6.0	10.0
	任何一次	3.0	10.0	20.0
氨气	平均峰值	1.5	6.0	10.0
	任何一次	3.0	10.0	20.0

表 2-3 规定了火化设备烟道污染物排放总量的限值。表 2-4 规定了火化间污染物的浓度限值。其中的一级标准、二级标准、三级标准是指民政部评定的一级、二级、三级殡仪馆所应达到的排放标准。这一标准较工业污染物排放的环保国家标准的规定更为严格。这是因为工业污染物对人们心理的影响没有殡仪馆排放的污染物大，所以该标准还专门规定了火化烟气黑度的限值。

表 2-3 烟道污染物排放总量限值

污染物名称	浓度限值/(mg/m³)		
	一级标准	二级标准	三级标准
烟尘	0.045	0.150	0.300
二氧化硫	0.015	0.045	0.090
氮氧化物	0.015	0.075	0.150
一氧化碳	0.50	2.4	3.00
硫化氢	0.0045	0.0180	0.0300
氨气	0.0045	0.0180	0.0300

表 2-4 火化间污染物的浓度限值

污染物名称	浓度限值/(mg/m³)			
	取值时间	一级标准	二级标准	三级标准
总悬浮微粒	日平均值	0.35	0.75	2.00
	任何一次	1.00	2.50	5.00
二氧化硫	日平均值	0.10	0.25	1.00
	任何一次	0.35	0.75	3.00

污染物名称	浓度限值/(mg/m³)			
	取值时间	一级标准	二级标准	三级标准
氮氧化物	日平均值	0.08	0.15	1.00
	任何一次	0.15	0.30	2.00
一氧化碳	日平均值	4.00	6.00	8.00
	任何一次	10.00	15.00	20.00
硫化氢	日平均值	0.20	0.50	2.50
	任何一次	0.50	1.00	5.00
氨气	日平均值	0.20	1.50	4.00
	任何一次	0.50	3.00	8.00

一级标准：燃油式火化设备在正常运行情况下，排烟黑度应为林格曼零级；在起炉或清炉等特殊条件下，排烟黑度应小于林格曼一级，连续时间不得大于 20s。

二级标准：燃油式火化设备在正常运行情况下，排烟黑度应为林格曼零级；在起炉或清炉等特殊条件下，排烟黑度应小于林格曼一级，连续时间不得大于 60s。

三级标准：燃油式火化设备在正常运行情况下，排烟黑度应为林格曼一级；在起炉或清炉等特殊条件下，排烟黑度应小于二级，连续时间不得大于 60s。

新标准 GB 3801—2015《火葬场大气污染物排放标准》中规定：自 2017 年 7 月 1 日起，现有单位应配置烟气处理系统，所规定的大气污染物排放限值如表 2-5。但如果没有后处理设备，自 2015 年 7 月 1 日起，新建火化单位应满足如表 2-6 的污染物限值。

表 2-5 大气污染物排放限值（一）

污染物名称	浓度限值/(mg/m³)（二噁英类、烟气黑度除外）	
	排放限值	污染物排放监控位置
烟尘	80	烟囱
二氧化硫	100	
氮氧化物	300	
一氧化碳	200	
硫化氢	50	
二噁英类(ng-TEQ/m³)	1.0	
烟气黑度(林格曼黑度,级)	1	烟囱排放口

表 2-6 大气污染物排放限值（二）

污染物名称	浓度限值/(mg/m³)（二噁英类、烟气黑度除外）	
	排放限值	污染物排放监控位置
烟尘	30	烟囱
二氧化硫	30	
氮氧化物	200	
一氧化碳	150	
硫化氢	30	
汞	0.1	
二噁英类(ng-TEQ/m³)	0.5	
烟气黑度(林格曼黑度,级)	1	烟囱排放口

4. 噪声强度

噪声强度也是火化设备的一项技术参数，表2-7规定了燃油式火化设备产生的噪声强度限值。

表 2-7 燃油式火化设备噪声强度限值

地点	测试位置	火化设备工作台数	限值
火化间工作室	中央部位	1	73
火化间前厅	中央部位	1	65
火化间外部	靠墙部位	1	60
火化场边界	边界	1	50

第二节 火化机结构及工作原理

知识目标

① 掌握火化机的结构原理。
② 掌握火化机各系统的结构和工作原理。

火化机的处理流程 遗体进入火化车间，经家属确认无误后，在火化师的操作下通过进尸系统将遗体送入火化机主燃烧室，然后通过供风系统与燃烧系统，将室外空气与燃料送入燃烧室中，并点火燃烧，遗体及随葬品燃烧时产生的烟气进入再燃烧室进一步处理后，通过烟道送入烟气后处理系统进行净化处理（只有配置了烟气后处理系统的火化机才有烟气净化功能），经处理后的烟气通过烟闸与烟囱后排放到室外，最后的骨灰通过操作人员处理后，装入骨灰盒后交予丧者家属。其间由操作人员通过控制系统下达指令，对火化机进行实时控制，确保其稳定工作。

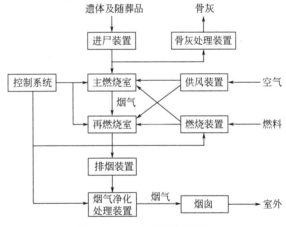

图 2-3 火化机的工作原理图

火化机的工作原理简图如图 2-3 所示，平板式、台车式火化机工作原理图如图 2-4 和图 2-5 所示。

火化机一般是由进尸系统、燃烧系统、供风系统、控制系统、排放系统、骨灰处理系统及附属装置组成。

一、进尸系统

火化机进尸系统的作用，是将遗体传送到炉膛预定位置，以便火化机火化。

火化机进尸系统一般都是采用进尸车完成。进尸车利用机械传动、液体传动等，完成接尸、送尸、卸尸等动作。

进尸车的型号和种类比较多，按照其自动化程度可分为手推进尸车、半

进尸车原理和结构特点

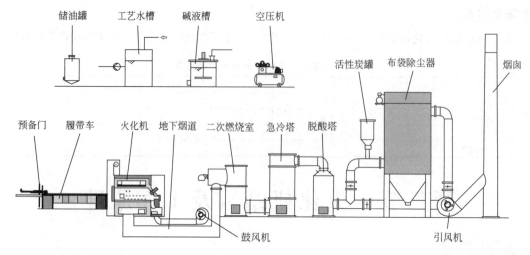

图 2-4　平板式火化机工作原理图

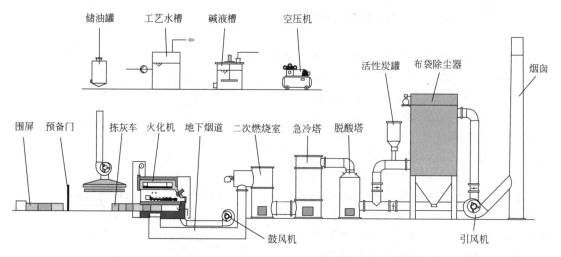

图 2-5　台车式火化机工作原理图

自动进尸车和自动进尸车三种。按照卸尸方式不同可分为翻板式进尸车、挡板式进尸车、履带式进尸车和台车式进尸车四种。同时按照进尸车运行轨道可分无轨进尸车、纵向轨道进尸车和纵横轨道进尸车。目前，我国的殡葬单位多数采用无轨无拖线双向尸车。下面对几种进尸车的工作原理和特点进行简单的介绍。

1. 翻板式进尸车

翻板式进尸车是以电动机为动力，利用蜗杆的传动来带动车体，完成送尸和翻板放尸的动作。此种车有轨道有拖线，并可按照用户的要求设计为纵向或纵横向进尸车。该车可一炉一车，也可多炉一车，一般配套在低档次火化机上使用。优点是结构简单，运行可靠，造价低；缺点是翻板放尸，有噪声，不文明，将被逐步淘汰。图 2-6 为常见的翻板式进尸车。

2. 履带式进尸车

履带式进尸车是以电动机为动力，驱动履带前进与后退，从而达到送尸和卸尸的目的。根据履带式进尸车工作原理，又可分为单向履带式和双向履带式两种。其中单向履带式有轨

图 2-6　翻板式进尸车

进尸车，其高度可升降自如，并可隐藏在炉下，且运行平稳可靠，适用于一般中档次的火化机，如图 2-7 所示。

　　双向履带式进尸车一般安装在预备室内，并有豪华的预备门，当预备门关闭的时候，车间内见不到尸车，整个车间显得美观大方、肃穆。其中双向履带式有轨进尸车，可以用在多炉配一车的工作场合下。现在我国火化机厂生产的无轨无拖线双尸车，固定在炉前预备门内，无轨道，无拖线，一车一炉。其主要特点是技术先进，科技含量高，设计合理，运行可靠，并可带棺入炉，达到了进尸文明的要求，极大地改善了操作人员的劳动环境。

3. 台车式进尸车

　　台车式进尸车主要配备在拣灰式火化机上。该车上装载有火化机的炕面，主要以电动机为动力，驱动进尸车的大车与小车之间产生相对运动，实现炕面的进炉与出炉。该种进尸车可实现由丧户家属拣灰，文明程度较高。如图 2-8 所示。

图 2-7　履带式进尸车

图 2-8　台车式进尸车

二、燃烧系统

　　火化机的燃烧系统一般由燃烧室、燃料供应系统和燃烧器构成，燃烧室主要为遗体及烟气处理提供空间，燃料供应系统是为遗体焚化过程提供燃料，燃烧器是为遗体燃烧提供充足的热量。

1. 燃烧室

　　火化机中的燃烧室也就是火化机炉膛部分。一般而言，火化机燃烧室主要包括主燃烧室和再燃烧室，其中再燃烧室可分为二次燃烧室和三次燃烧室。主燃烧室主要是遗体及随葬品燃烧空间，而二次燃烧室和三次燃烧室是烟气焚化的空间。图2-9为平板式火化机燃烧室示意图。

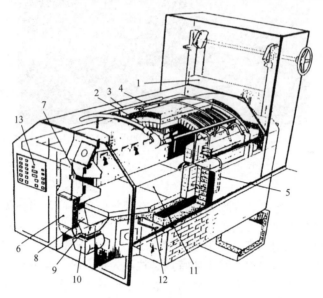

图2-9　平板式火化机燃烧室结构示意图

1—炉门；2—主燃烧室；3,4—顶风管；5—侧风管；6—视孔；7—燃烧器；8—出灰口；
9,10—骨灰冷却；11—截面；12—再燃烧室；13—控制器

（1）燃烧室分类　根据燃烧室的数量不同，可分为单燃式、再燃式和多燃式三种。

① 单燃式的火化机只有一个燃烧室，燃烧气体只经过一次燃烧后就通过烟道排到大气中，这种火化机对周围的环境污染比较严重，已逐步被淘汰。

② 再燃式火化机具有主燃烧室和再燃烧室两个炉膛，主燃烧室的燃烧对象是遗体及其随葬品，再燃烧室的燃烧对象是烟气，是主燃烧室中未被充分燃烧的气体。由于增加了一个燃烧室，使烟气在炉膛中的滞留时间延长了，为焚化物的充分燃烧提供了条件，大大地减少了污染物的产生。目前再燃式结构主要广泛被平板式火化机采用。

③ 多燃式火化机有两个以上的燃烧室，即主燃烧室、再燃烧室和三燃烧室。主燃烧室的燃烧对象是遗体和随葬品，再燃烧室和三燃烧室的燃烧对象都是烟气中的未燃物质。与再燃式火化机相比，它多增加了一个燃烧室，理论上多了一次燃烧，应该使烟气中的未燃物质燃烧得更充分、更完全，但由于燃烧室的增加，必然要增加燃烧器和燃料，燃料的燃烧也有污染，所以有时不但不能减少污染，反而可能增加了污染源，同时，燃烧室的增多也增大了排气的阻力，必须要加大引风机的功率，这样造成设备的庞大，提高了设备的成本。目前多燃式结构主要被广泛应用于拣灰式火化机。

根据燃烧室的布置方式不同，常可分为下落式和上叠式两种。

① 下落式燃烧室　即主燃烧室在上，再燃烧室在下，一般架条式火化机和平板式火化机多采用这种结构。其结构示意图如图2-10所示。

② 上叠式燃烧室　即主燃烧室在

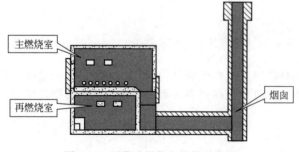

图2-10　下落式燃烧室结构示意图

下，再燃烧室在上，一般拣灰式火化机多采用这种结构。其结构示意图如图 2-11 所示。

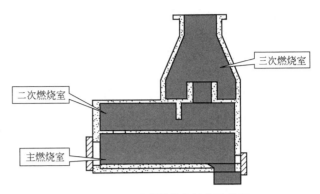

图 2-11　上叠式燃烧室结构示意图

（2）燃烧室的技术要求

由于遗体焚化是一个特殊过程，而且会产生许多有害物质，因此在火化机正常工作时，炉膛必须保持相对密封性、保温性、坚固性和安全性。

① 要有较好的保温性能　由于焚化系统结构主要是由砌体及相关机构组成，由于炉温时高时低，所以砌体会出现热胀冷缩的情况，因此一般要求在停炉 24h 后，燃烧室内的温度不低于 300℃。只有这样，砌体才不会出现骤热骤冷现象，减少骤冷骤热对耐火材料造成的损坏，进一步延长燃烧装置的使用寿命，以降低维修成本，节约能源。

② 要保证相对密封性　由于存在于燃烧室内的物质主要是烟气，一定要保证烟气沿着设定的通道正常流动，同时通过密闭造成燃烧室内外压力差，使燃烧室内的烟气不易逸出而污染环境。炉门、观测孔、出灰口、各风阀、油阀（气阀）等为主要密封部件。

③ 要有一定的坚固性　因为燃烧室在工作时不但要承受自重，同时还要承受内部气体的胀力和热变形力，因此必须保证燃烧装置有一定的坚固性。

④ 必须有安全应急措施。

（3）燃烧室的结构

① 主燃烧室的结构及技术要求　主燃烧室是遗体等焚化物进行燃烧的主要地方，因此从结构设计上要尽量考虑焚化物和可燃气体充分燃烧的要求。以平板式火化机主燃烧室设计为例，主燃烧室的形状一般为长方形，顶部旋拱，如图 2-12 所示。其结构主要由砌体、炉门、燃烧器、风孔、排烟孔和测量温度的热电偶或其他热敏元件安装孔所构成。

图 2-12　平板式火化机主燃烧室

由于主燃烧室是焚化物和燃气燃烧的场所，所以对主燃烧室的容量及尺寸规格在设计上都有比较严格的要求。首先，燃烧室的大小取决于遗体的最大基准的限定值，即以人的最高个头和最胖体形为准，这样便于焚化各种遗体。第二，燃烧室的尺寸要受进尸车等装置结构的限制。一般的进尸装置是直接经炉门将遗体送到主燃烧室内，因此燃烧室的最小尺寸不能小于遗体加上进尸机构部分的尺寸。第三，燃烧室的最大尺寸受到气体体积容量和热容量的限制。在正常压力下，燃烧室的体积容量与室内热容量是成正比的，体积越大，热容量也就越大。但热容量过大容易使主燃烧室内的热容量出现超负荷的现象，可能会造成对设备、设施的破坏或对砌体的烧损，甚至会出现爆炸。所以燃烧室内的热负荷量是进行燃烧室设计的最重要的参数。经过长期实践，一般热负荷量在 5×10^5 kcal❶（50 万大卡）左右比较适宜。综上所述，再燃式火化机的主燃烧室的长度一般

---

❶ 1cal＝4.18J。

为 2.2m 左右，宽度为 0.75m 左右，高度为 0.7m 左右，容积为 1.1~1.45m³ 左右。

主燃烧室的炕面结构是主燃烧室内支撑遗体的截面。其结构应有利于取骨灰并且不混灰，同时能较好地克服燃烧死角，即不须翻动遗体也能使火焰接触整个遗体表面。平板炕面上应有 2 根以上的突筋，以便架空遗体。

风孔和排烟孔是主燃烧室供氧和烟气通向再燃烧室的通道。风孔一般均匀地分布在主燃烧室两侧紧贴炕面，分别设 6~8 个，主要是用加热风压的方法，把风氧打入遗体背面紧贴炕面部分的燃烧死角，进行强制燃烧。排烟孔的位置应设在燃烧器火焰的末端，其形状结构，一要有利于烟气完全进入再燃烧室内燃烧，二要尽可能减少排烟的阻力，三要保证结构的强度。

主燃烧室除以上所述的结构外，还有用于测量温度的热电偶或其他热敏元件的安装孔，其位置的选择以能真实地反映主燃烧室的平均温度为宜，其大小取决于热敏元件的直径及形状。压力及其他所需的敏感元件的安装孔，应根据火化机的电控需要而设定。

台车式火化机的主燃烧室结构如图 2-13 所示。台车式火化机主燃烧室的炕面是直接装载在台车上的，该炕面是可以活动的，随着台车的往复运动，实现遗体进炉与骨灰出炉拣灰。

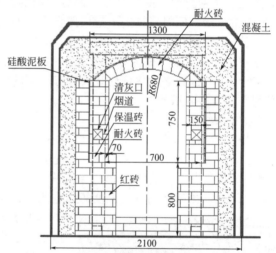

图 2-13　台车式火化机主燃烧室

炉门是主燃烧室必备的结构，一般要求启闭必须灵活，结构必须轻便，耐高温性能和保温性能良好等，其结构与运动方式如图 2-14 所示。

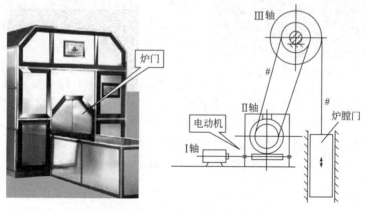

图 2-14　火化机炉门运动简图

② 再燃烧室的结构及技术要求　再燃烧室是对从主燃烧室过来的烟气进行再次燃烧，以达到充分燃烧的目的。一般再燃烧室又可分为二次燃烧室和三次燃烧室。其结构形状一般采用长方形，也有采用圆筒形的。无论是采用什么形状，都必须首先考虑烟气的旋流和有助于未燃气体能充分燃烧的效果。

再燃烧室体积的大小，取决于烟气通过再燃烧室时的滞留时间。所谓烟气滞留时间，是指烟气在再燃烧室的燃烧时间。滞留时间越长，燃烧越充分。要延长滞留时间，必须相应地增大再燃烧室的体积。但是，体积越大热损失也越大，同时体积增大也增加了排气的阻力，又要相应增大引风机的功率。而实际中，未燃气体的燃烧效果绝大部分取决于燃烧器的雾化效果，所以只要燃烧器的雾化效果好，就能使燃烧始终处于最佳状态。因此气体在燃烧室内的滞留时间只要 0.6～0.9s 就足够了，其体积也只相当于主燃烧室的80% 即可。

再燃烧室的入口及出口结构必须能使进入再燃烧室的烟气改变运动形态，入口处要尽量减小气流的阻力，使之能完全进入到再燃烧室燃烧器火焰的火网范围，从而实现火焰、温度、空气迅速均匀的混合，提高烟气的燃烧效果。

再燃烧室的燃烧器，一般安装在烟气入口处附近，其作用一方面是向再燃烧室输送足够的热量，另一方面是利用其火焰直接燃烧烟气。当未燃气体进入到再燃烧室时，必须先通过燃烧器火焰形成的火网，并旋转着向前推进，使烟气的运动距离延长，以此来扩大火焰与烟气的接触面，从而达到最佳燃烧的目的。

再燃烧室的敏感元件，主要是监测温度的热敏元件和残氧测定元件，其安装孔的设置主要依据被测点和电控制系统的要求而定。火化机再燃烧室结构如图 2-15 所示。

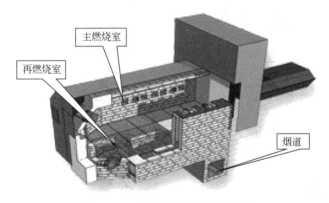

图 2-15　火化机再燃烧室结构图

2. 燃料供应系统

燃料供应系统一般分为固体燃料、液体燃料和气体燃料三种。固体燃料供应系统主要的燃料是煤等固体燃料，液体燃料供应系统主要的燃料是轻柴油，而气体燃料供应系统主要是以煤气或天然气作为燃料供应。每一种系统之间的区别都比较大，这里主要以殡仪馆常用的液体燃料供应系统为例，介绍其内部的结构及工作原理。

(1) 液体燃料供应系统的作用　火化机的液体燃料供应系统主要是保证火化机在正常工作时所需的燃料供应，而且要随着遗体焚化过程的不同阶段不断地调节供油量，以达到最佳燃烧效果，因此对燃料供应装置的流量、速度、压力以及调节都提出了较高的要求。

火化机对燃油式燃烧装置的技术要求如下：

① 燃料供应管道畅通，压力、流量、速度符合要求；

② 油路无泄漏，各种控制阀动作灵活，稳定有效；

③ 燃烧器调节灵活，燃烧效率高；

④ 点火要迅速、安全和稳定。

(2) 液体燃料供应系统的结构　一般燃油式火化机的燃料供应系统由油罐、滤油器、管道、控制阀、油泵等几部分组成。根据其燃油供应与油压产生不同，液体燃料供应系统又可分为油泵供油与自然供油两种方式。

① 油泵供油（图 2-16）　此种方法主要适用于油箱的位置无法放置在 2m 以上的高度，需采用油泵来加压供油的火化机。

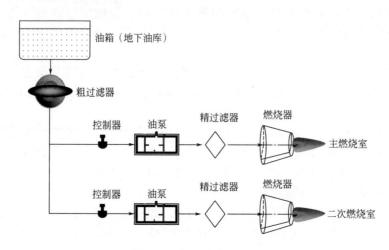

图 2-16　油泵供油示意图

② 自然供油　此种方法主要适用于火化机车间有固定 2m 以上（主要是指与主燃烧器的喷嘴之间的水平高度）的油箱位置，利用燃料本身自重产生的压力来适应火化机燃料的供应（图 2-17）。

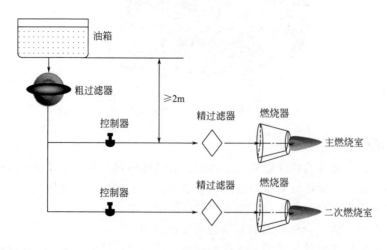

图 2-17　自然供油示意图

油箱是火化机储存燃料的装置，它一般由专门的油库或单独的油箱构成。油泵供油方式的火化机一般可采用油库统一供油方式，而自然供油方式的火化机需采用单独设置的油箱，且油箱必须固定在高于主燃烧器 2m 以上的地方，以便形成自然压力。

滤油器的功能主要是清除油液中的各种杂质，以保证燃油的清洁。对整个火化机而言，滤油器还能起到保障油路畅通和改善燃烧性能的双层作用。滤油器根据其滤除机械杂质颗粒的公称尺寸大小，可分为四种类型：粗滤油器（$D \geqslant 100\mu m$，其中 D 代表杂质的公称尺寸）、普通滤油器（$D = 10 \sim 100\mu m$）、精滤油器（$D = 5 \sim 10\mu m$）和特精滤油器（$D = 1 \sim 5\mu m$）。根据滤芯的材料和结构不同，滤油器又可分为网式、线隙式、烧结式、纸芯式和磁性等五种，表 2-8 为这几种滤芯的比较情况。火化机油罐出口处一般有纸芯式粗滤油器，在油泵入口前一般还应安装精滤油器，以保证燃油的清洁。

表 2-8　滤油器滤芯的功能

类型	过滤精度/μm	压力损失/MPa	特点
网式	$80 \sim 180$	0.04	简单,易清洗
线隙式	$50 \sim 100$	$0.03 \sim 0.06$	简单,不易清洗
烧结式	$10 \sim 100$	$0.03 \sim 0.2$	强度高,性能好,清洗困难
纸芯式	$5 \sim 30$		精度高,无法清洗,需常换芯
磁性			适于清洗铁屑等

油泵的功能是为喷油嘴提供合适的压力油，保证正常的燃烧。油泵种类比较多，如齿轮泵、柱塞泵、叶片泵等。火化机一般采用齿轮泵，该泵工作稳定，压力均匀，比较适合喷油嘴的工作要求。

喷油嘴是供油装置中最重要的器件，它将油泵输送过来的压力油进行雾化，以达到充分燃烧的目的，所以喷油嘴的质量高低直接关系到燃烧的结果。目前生产的喷油嘴主要有油压式喷油嘴、回转式喷油嘴、高压气流式喷油嘴和低压空气式喷油嘴等。现在，许多高档火化设备使用了进口喷油嘴，雾化效果好，并能进行自动点火，自动控制燃料供量，自动调节燃料与助氧风的配比，是一种比较先进的喷油嘴。

控制阀是对燃油的流量进行控制。由于遗体在燃烧时各个阶段所需的燃油量并不相同，这就要求控制阀能根据不同燃烧阶段对燃油的流量进行控制，以达到最佳的燃烧效果。根据这种要求，液体燃料供应装置中采用的控制阀大部分采用电磁阀，该阀可根据已编程序进行自动控制，达到实时控制的目的。除了电磁阀外，控制阀还可使用球阀、滑阀、针阀等。

油管是为燃油提供通路的管道，一般采用钢管、铜管、橡胶管等组成。对油管的要求是管道畅通，无泄漏。

除此之外，燃烧装置还应包括管接头和各种连接固定元件、各种仪表等。

燃气式燃料供应系统与燃油式在结构上大同小异，燃气式的火化机不需要对气体雾化，因此只要将供气管道通达气阀与控制阀就可直接送燃气式燃烧器。

3. 燃烧器

（1）燃烧器的主要作用　燃烧器是火化机燃烧系统的关键部件，其主要的作用是点燃燃料并维持正常的燃烧，保证在燃烧时有足够的温度。

（2）燃烧器的分类　燃烧器根据使用的燃料不同，可分为燃气式燃烧器、燃油式燃烧器和气体/燃油两用燃烧器三种。根据调节方式不同，又可分快速调节式燃烧器和慢速调节式燃烧器。

（3）燃烧器的基本结构　由于殡仪馆或火葬场普遍采用燃油式火化机，因此本章重点介绍燃油式燃烧器的结构。

　　燃油式燃烧器是一种全自动燃烧器，它在结构设计上主要分为三个部分：主供油回路，主要由进油管、油泵、控制阀、油嘴、回油管和回油管油加热器组成；高压点火回路，主要由高压点火变压器、点火电极和电眼组成；风门控制回路，由电机、风叶、风门执行器和风门组成。除此以外，还有保护网和安装机体等燃烧器辅助装置。以德国威索燃烧器为例，其结构如图 2-18 所示。从图中可以看出，燃烧器喷油嘴的直径对燃料的雾化影响很大，直径越小，雾化效果越好，反之效果变差。

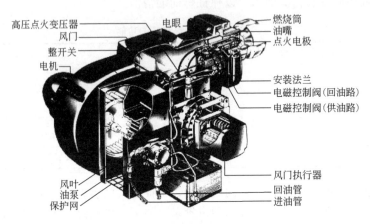

图 2-18　德国威索燃烧器结构示意图

① 供油回路 $\xrightarrow{\text{进油管}}$ 油泵→电磁阀→油嘴→雾化后的油雾→燃烧室

油箱 $\xleftarrow{\text{回油管}}$

② 供风回路 $\xrightarrow{\text{室外空气}}$ 过滤网→鼓风机→风门→喷油嘴→燃烧室

③ 点火回路 $\xrightarrow{\text{220V 电压}}$ 控制开关→高压点火变压器→点火电极→电火花

　　(4) 燃油式燃烧器的工作原理　如图 2-19 所示，当燃烧器开始工作时，燃烧器的点火变压器在控制电路的作用下得电，经升压后接通点火电极，点火电极在高压电的作用下，两极之间将产生电火花；与此同时，燃油在油泵的作用下经油罐从进油管道流入油泵，再经过油泵加压后，由进油管流入电磁控制阀，电磁控制阀得电动作，供油回路接通，压力燃油从油喷中喷出，与周围的空气雾化，在点火电极的电火花作用下，油雾被点燃并开始燃烧。通过适当地调节风门执行器来控制助氧风的大小，从而控制燃烧的温度。如果在压力油到达控制阀时点火电极之间没有产生电火花，此时，压力油就会通过电磁控制阀的回油回路，经过回油管到达回油加热器，最后流回油箱，从而避免了因点火回路失灵，造成燃烧室内的油雾浓度过高，发生燃爆的问题。

　　燃烧器正常工作时，可通过风门执行器来调节助氧风的供量。风门执行器是一个机械执行装置，其内部结构主要由风门、风门转动装置以及一个固定搭配的拨叉机构组成，其结构如图 2-19 所示。当燃料开始燃烧时，通过调节风门执行器的拨叉盘，带动风门转动装置发生转动，转动装置的末端杠杆所连接的风门随之转动，由于风门的角度发生变化，此时进入燃烧筒内部的助氧风量也随之改变，燃烧温度也随之改变，从而达到控制燃烧器的温度、提高燃烧效率的目的。实际火化机的燃油式燃烧器如图 2-19 所示。

　　燃气式燃烧器的工作原理基本与燃油式燃烧器相似，只是在结构上电磁控制阀改为燃气碟阀，通过控制燃气碟阀来相应控制燃气的供给量，以达到控制燃烧的目的。

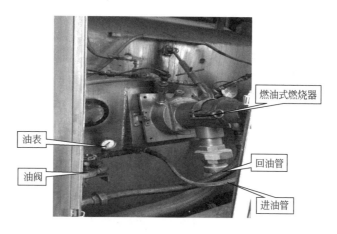

图 2-19 燃油式燃烧器结构示意图

三、供风系统

供风系统的主要作用是为遗体焚化过程中燃烧提供足够的助氧风，以便使燃烧处于最佳状态。

1. 供风系统的结构和要求

火化机的供风系统一般由鼓风机、通风管道、控制阀组成，其中通风管道包括总风管、分风管和分风箱等几部分，其结构如图 2-20 所示。

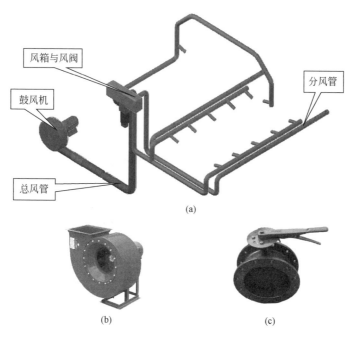

图 2-20 供风系统原理图

鼓风机是火化机供风装置的动力部分，通过它将火化机外面的空气输送到炉膛内，确保遗体焚化对氧气的需要。火化机鼓风机功率一般为 7.5kW，风量大概为 $12500 \sim 13000\mathrm{m}^3/\mathrm{h}$。

通风管道的主要作用是将鼓风机吸入的空气顺利送入炉膛，提供通路。一般通风管道采用镀锌钢管或不锈钢管焊接而成。

风阀，顾名思义，即风量调节阀。它是用来调节进入火化机炉膛风量大小的。一般而言，火化机采用的风阀以手动调节为主，也有少数全自动火化机采用了电动碟阀，以便实现全自动化控制。图 2-20（b）、（c）为常用鼓风机与风阀实体图。

一般对火化机的供风系统有如下技术要求：

① 要使燃烧达到最佳状态；

② 要能使燃烧过程中所产生的有毒有害物质得到充分的氧化和分解；

③ 能自动根据燃烧各个阶段调节氧气和燃料的配比量；

④ 能合理地节省燃料。

2. 供风系统的工作原理

火化机的供风回路主要分为两部分：主供风回路和辅助供风回路。由图 2-20（a）知，室外空气首先经过鼓风机吸入总风管，再经过总风管分成两路。第一路主供风回路，该供风回路又分三路，分别送到三个控制阀：第一路经控制阀、一次顶风管送到主燃烧室，以满足主燃烧室风氧的需求；第二路经控制阀、一次侧风管送到主燃烧室，该路侧风与顶风一起满足主燃烧室风氧的需要；第三路经控制阀、二次侧风管送到再燃烧室中，以满足再燃烧室燃烧的风氧需求。第二路辅助供风回路，该供风回路同样也可分为三路：第一路经控制阀后送入主燃烧器中，协助主燃烧器进行油料的雾化，以满足燃烧的需要；第二路经控制阀后送入再燃烧器中，协助再燃烧器进行油料的雾化；第三路经控制阀后，送入骨灰冷却器中，帮助骨灰迅速冷却。

➤ 四、控制系统

随着，现代科学技术水平的不断发展，火化设备越来越趋向安全化、自动化、无害化和文明化，这不仅是环保的要求，更是殡仪改革的需要。由于火化设备逐步实现自动化操作，这就要求进行火化设备的操作人员，基本掌握与火化设备电气元件操作的相关原理知识。

（一）电路图的基本构成和分类

1. 电路图的基本构成

电路图一般由电路、技术说明和标题栏 3 个部分组成。

（1）电路　用导线将电源、负载以及有关的控制元件连接起来，构成闭合回路，以实现电气设备的预定功能，这种回路就称为电路。

电路通常分为两个部分：主电路和控制电路。主电路也叫一次回路，是电源向负载输送电能的电路，一般包括电源、变压器、开关、接触器、熔断器和负载等。控制电路也叫二次回路，是对主电路进行控制、保护、监测和指示的电路，一般包括继电器、仪表、指示灯、控制开关等。通常主电路通过的电流较大，线径较粗；而控制电路中的电流较小，所以线径相应也小一些。

由于电气元件的外形和结构都不相同，所以必须采用国家统一规定的电气符号来表示电气元件的不同种类、规格以及安装方式等。电气符号主要包括图形符号、文字符号、回路符号三种。

（2）技术说明　电路图中的文字说明和元件明细表等，总称为电路图的技术说明。其中，在文字说明中注明电路的某种要点及安装要求等。文字说明通常写在电路图的右上方。

（3）标题栏　电路图中的标题栏画在图的右上角，其中注有工程名称、图名、图号，还有设计人、制图人、审核人和批准人等项目。标题栏是电路图的重要技术档案，栏目中的签名者对图中的技术内容应承担相应的责任。

2. 电路图的分类

电路图根据其作用不同，可分为三类。

（1）电气原理图 电气原理图表示电气控制线路的工作原理，以及各电气元件的作用和相互关系，而不需考虑各电路元件实际安装的位置和实际连线的情况。图 2-21 为电动机三角形转星形启动电气原理图。

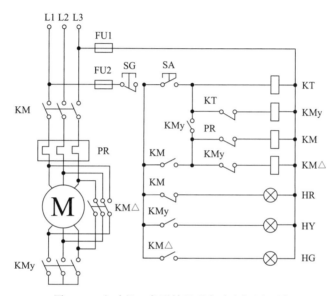

图 2-21 电动机三角形转星形启动电气原理图

（2）电气设备安装图 电气设备安装图表示各种电气设备的实际安装位置和配线方式等，而不明确表示电路的原理和电气元件的控制关系。它是电气原理图具体实现的表现形式。

（3）电气设备接线图 电气设备接线图表示各电气设备之间实际接线的情况。电气设备安装图和接线图是用于安装接线、检查维修和施工的。

3. 电路图的识图基本要求和步骤

一看图纸说明

一般图纸说明中包括了图纸的目录、技术要求、元件明细表等，识图时首先看图纸说明，搞清设计内容和施工要求，这些都有助于了解图纸的大体情况，以便及时抓住识图的重点。

二看电气原理图

看电气原理图时，首先要区分主电路和控制电路或直流电路。其次要按照先看主电路，再看控制电路的顺序进行读图。看主电路时，通常是从下往上看，即从电气设备开始，经过控制元件，顺序地看到电源部分。看控制电路时，则是自上而下、从左往右看，即先看电源，再顺序看各回路，分析各回路元件的工作情况以及对主电路的控制关系。

三看电气安装接线图

在看电气安装接线图时，也要先看主电路，再看控制电路。看主电路时，要从电源引入端开始，顺序经过控制元件和线路到用电设备；看控制电路时，要从电源的一端看到电源的另一端，按元件的顺序对每个回路进行分析研究。安装接线图是根据电气原理图进行绘制的，对照电气原理图是有帮助的。

四看电气展开图

结合电气原理图看展开接线图比较方便，对照动作回路的说明，从上到下进行读图。要注意的是，动作元件的接点常常是接在其他的回路中，不像电气原理图那样直观，因此，在看图时不能丢失接点，否则，元件的动作情况就不会全面。

以上就是识读电路图的一些基本要求和步骤，但这些并不是不变的，在看图时，要根据图纸的具体情况，采用最为适宜的看图的方法，以达到高效、准确、全面的要求。

（二）常用的电气元件

火化设备中常用的电气元件有电动机、熔断器、继电器、按钮、行程开关、断路器、压力控制仪、温度控制仪、电压表、电流表、热电偶，以及压力变压器、电磁阀等。下面分别进行介绍。

1. 电动机

电动机是火化设备中必不可少的电气设备，在火化机中常用的是三相异步电动机。

三相异步电动机分为定子与转子两部分。当定子中三相绕组通过三相电流时，就会产生一个旋转的磁场，这个旋转的磁场使转子的绕组切割磁力线而产生转动，从而带动负载进行转动，把电能转化为机械能。

(1) 电动机的容量的选择 电动机的额定功率是选择电动机的主要条件，其功率必须根据被拖动的生产机械所需的功率而定。对于直流电动机，其额定功率为负载的功率 $1.1\sim 2.0$ 倍；对于采用带传动的电动机，其额定功率为负载功率的 $1.05\sim 1.15$ 倍。

如果已知拖动的负载功率，可按式（2-1）估算电动机的功率：

$$P_E = \frac{P_1}{n_1 \times n_2}(kW) \tag{2-1}$$

式中　P_E——电动机的额定功率，kW；

　　　P_1——生产机械轴上的功率，kW；

　　　n_1——生产机械的效率，一般为 $0.6\sim 0.7$；

　　　n_2——传动效率，一般为 $0.6\sim 0.7$。

如果是已知电动机轴上的负载转矩，则可用式（2-2）进行计算：

$$P_E = \frac{T_E \times N}{9550}(kW) \tag{2-2}$$

式中　T_E——电动机轴上负载转矩，N·m；

　　　N——电动机额定的转速，r/min。

(2) 电动机的连接 三相异步电动机的定子绕组可按电源的不同和电动机铭牌的要求，接成星形（Y）或三角形（△）两种形式。

① 星形连接　将 3 个绕组的末端连接在一起，首端分别接三相电源，如图 2-22（b）所示。

② 三角形连接　将 3 个绕组的首末两端分别相连，再由三个连接点引出三条电源线接三相电源，如图 2-22(c) 所示。

2. 熔断器

熔断器是低压电路及电动机控制电路中用于过载和短路保护的电器。它一般是串联在电路中，以保护线路或电气设备免受短路电流的损坏。常见的熔断器如图 2-23 所示。

(a) 三相电动机外形

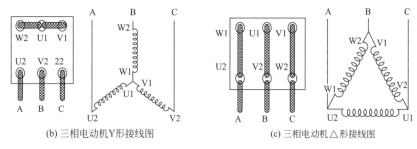

(b) 三相电动机Y形接线图　　　　(c) 三相电动机△形接线图

图 2-22　三相电动机

(a) 插式熔断器　　　　　　　　(b) 螺旋式熔断器

图 2-23　熔断器

　　熔断器主要由熔体和安装熔体的熔管组成。熔体是熔断器的主要部件，当通过熔体的电流小于或等于其额定电流，熔体不会熔断，只有超过其额定电流时，熔体才会熔断。

　　选择熔断器，主要是选择熔断器的种类、额定电压、额定电流等级和熔体的额定电流。

　　额定电压是根据所保护电路的电压来选择的。熔体电流的选择是熔断器选择的核心。

　　对于一般的没有冲击电流的负载，如照明线路，应使其熔体的额定电流等于或稍大于线路工作电流 I，即

$$I_R \geqslant I$$

式中　I_R——熔体的额定电流；

　　　　I——工作电流。

　　对于一台异步电动机，其熔体可按下列关系选择：

$$I_R = (1.5 \sim 2.5) I_{CD}$$

式中　I_{CD}——电动机的额定电流。

　　对于多台电动机由一个熔断器保护，熔体按下列关系选择：

$$I_R \geqslant \frac{I_M}{2.5}$$

式中　I_M——可能出现的最大电流。

如果几台电动机不同时启动，则 I_M 为容量最大的一台电动机的启动电流，加上其他台电动机的额定电流。

例如，两台电动机不同时启动，一台电动机额定电流为 14.6A，另一台为 4.64A，启动电流为额定电流的 7 倍，则熔断体电流为：

$$I_R \geqslant (14.6 \times 7 + 4.64)/2.5 = 42.7A$$

可选择用 RL1-60 型熔断器，配用 50A 的熔体。

熔断器的种类很多，有插入式、填料封闭管式、螺旋式以及快速熔断器等。火化设备中常用 RL 系列（螺旋式），其技术数据如表 2-9 所示。

表 2-9　火化设备中常用 RL 系列熔断器参数

型号	熔管额定电压/V	熔管额定电流/A	熔体额定电流等级/A	最大分断能力/kA
RL1-15	交流 500,300,220	15	2,4,6,10,15	2
RL1-60	交流 500,300,220	60	20,30,40,50	3.5
RL1-100	交流 500,300,220	100	60,80,100	20
RL1-200	交流 500,300,220	200	100,125,150	50
RL2-25	交流 500,300,220	25	2,4,6,15,20	1
RL2-60	交流 500,300,220	60	25,35,50,60	2
RL2-100	交流 500,300,220	100	80,100	3.5

3. 接触器

接触器用于带有负载主电路的自动接通或切断，分交流和直流两种。火化设备中应用最多的是交流接触器。

接触器的动作原理是利用电磁吸力，结构上是由电磁系统、触头系统和灭弧装置等部分组成的。在生产机械电气设备的自动控制中，交流接触器应用广泛。下面主要介绍交流接触器。

图 2-24 是 KCJ-20 型交流接触器的工作原理示意图。当电磁系统的铁芯线圈通入交流电时，线圈产生磁场，铁芯磁化成电磁铁将衔铁（动铁芯）吸合，动触点随衔铁的吸合与静触

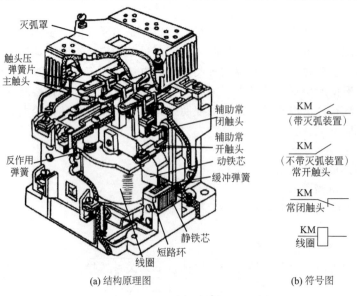

(a) 结构原理图　　　　　　　(b) 符号图

图 2-24　KCJ-20 型交流接触器结构原理图

点闭合而接通电路；当线圈断电或外加线圈电压降低太多时，在弹簧的作用下，衔铁释放，动触点断开。

我国常用的交流接触器有 CJ_0、CJ_{10}、3TB 等系列，它们的铁芯都为山形。为了减小涡流损失，动、静铁芯都由硅钢片叠制而成。此外，为了防止铁芯在吸合时产生震动和噪声，在铁芯的端部都装有短路环。

4. 按钮、低压开关的选用

（1）按钮 按钮通常是用来短时接通或断开小电流的控制电路的开关。目前按钮在结构上有多种形式：旋钮式，用手旋转进行操作；指示灯式，按钮内装入信号灯以显示信号；紧急式，装有蘑菇形钮帽，以表示紧急操作。

火化设备中常用的按钮为 LA 系列，其形状见图 2-25。

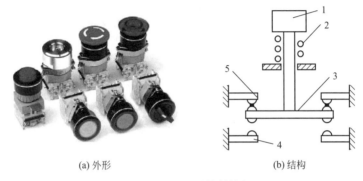

(a) 外形　　　　　　　　　(b) 结构

图 2-25　LA19 型控制按钮

（2）刀开关 刀开关的主要作用是接通和切断长期工作设备的电源，如图 2-26 所示。

(a) 外形图　　　　　　　　　(b) 结构

图 2-26　三相刀开关

一般火化设备中的刀开关额定电压不超过 500V，额定电流由 10A 到几百安。不带熔断器的刀开关的主要型号有 HD 型和 HS 型，带熔断器的刀开关有 HR3 系列。

刀开关主要根据电源的种类、电压等级、电动机容量、所需极数，以及使用场合来选择，其结构如图 2-26 所示。

（3）自动空气开关 自动空气开关又称自动空气断路器。它的主要作用是接通或分断主电路，并有欠压和过载保护作用，其结构与工作原理如图 2-27 所示。

选择自动空气开关要考虑其主要参数：额定电压、额定电流和允许切断的极限电流等。自动空气开关脱扣器的额定电流等于或大于负载允许的长期平均电流。自动开关的极限分断能力要大于或等于电路最大短路电流。

（4）组合开关 组合开关主要是作为电源引入开关，所以也称电源隔离开关。它也可以

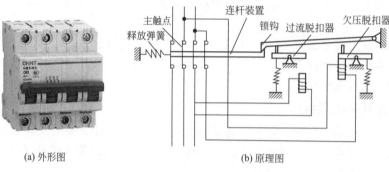

(a) 外形图   (b) 原理图

图 2-27 空气开关

启停 5kW 以下的异步电动机。组合开关的外形如图 2-28 所示。组合开关主要是根据电源种类、电压等级、所需触点数及电动机容量进行选用。火化设备常用的组合开关为 HZ-10 系列，其额定电流为 10A、25A、60A 和 100A 四种，适用于交流 380V 以下、直流 220V 以下的电气设备。

5. 继电器

继电器是根据一定的信号（如电压、电流、时间、速度等）来接通或分断小电流电路和电器的控制元件。继电器一般不用来直接控制主电路，而是通过接触器或其他电器来对主电路进行控制，因此，同接触器相比较，继电器的触头断流容量较小。继电器的种类很多，按照它在自动控制系统中的作用，可分为控制继电器和保护继电器两大类。控制继电器主要包括中间继电器、时间继电器和速度继电器等。保护继电器主要包括热继电器、电压继电器和电流继电器等。

（1）中间继电器 中间继电器主要在电路中起信号传递与转换作用，用它可实现多路控制，并可将小功率的控制信号转换为大容量的触点动作，以驱动电气元件工作。中间继电器触点多，可以扩充其他电气控制作用。图 2-29 为中间继电器的结构。

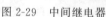

图 2-28 组合开关   图 2-29 中间继电器

选用中间继电器，主要是依据控制电器的电压等级，同时还要考虑触点的数量、种类及容量是否满足控制线路的要求。

（2）时间继电器 时间继电器是火化设备中常用的电气元件之一，是控制线路中的延时元件。按其工作原理可分为以下几种。

① 空气阻尼式时间继电器 空气阻尼式时间继电器是利用空气阻尼延时的原理制成的。它的特点是延时范围较宽，可达 0.4～18s，工作可靠，是火化设备中常用的时间继电器。

时间延时继电器一般有通电延时继电器和断电延时继电器两种类型。图 2-30 是通电延时继电器的结构原理。从图中可以看出，当线圈通电时，衔铁向上吸合，拉杆在原来被压缩的弹簧作用下开始向上移动，但与拉杆相连的橡皮膜在向上运动时要受到空气的阻尼作用，所以，拉杆向上做缓慢运动，与拉杆相连的杠杆运动也是缓慢的，经过一定时间后，拉杆运动到最上端，杠杆将微动开关 XK$_2$ 压动，使常闭触点断开，常开触点闭合。这两对触点都是在时间继电器通电后经过一定的延时后才动作的，所以，分别称为延时断开和延时闭合触点。延时的长短可以调节螺钉改变进气口的大小来实现。而微动开关 XK$_1$ 是在衔铁吸合后立即动作，所以，微动开关的触点称为瞬时动作触点。

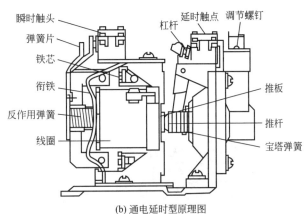

(a) 外形图　　　　　　　　　　(b) 通电延时型原理图

图 2-30　JS7-A 型空气阻尼式时间继电器

② 电子式时间继电器　电子式时间继电器是根据电子线路控制电容器充放电的原理制成的。它的特点是体积小，延时范围可达 $0.1\sim300s$，其实物如图 2-31 所示。

③ 电动式时间继电器　它是利用同步电动机的原理制成的。它的特点是体积较大，结构复杂，但延时时间长，可调范围宽，可从几秒到数十分钟，最长可达数小时。

选择时间继电器，主要考虑控制回路所需要的延时方式（通电延时或断电延时），以及瞬时触点的数目，根据不同的使用条件选择不同类型的电器。

时间继电器根据其工作原理，可分为通电延时接通、通电延时断开、断电延时接通、断电延时断开四种类型，其符号如图 2-32 所示。

图 2-31　电子式时间继电器

（3）热继电器　热继电器是一种保护电器，主要是利用电流的效应来使触头动作。它是利用两块热膨胀系数不同的双金属片，当电路中通过的电流大于其额定电流时，会使金属片的温度升高并弯曲变形而推动触头动作，因其常闭触头是与接触器的吸引线圈相串联的，所以当热继电器的触头动作后，接触器的线圈将断电，从而将主电路中的主触头分断，电动机停转，达到过载保护的目的。图 2-33 为热继电器的结构原理图。

选择热继电器，主要考虑其额定电流、热元件的整定电流以及控制回路的工作类型等。

6. 行程开关

行程开关又称为限位开关或终点开关，如图 2-34 所示。它根据生产机械的行程（位置）而自动切换电路，实现行程控制、限位控制或程序控制。有触点的行程开关是利用生产机械

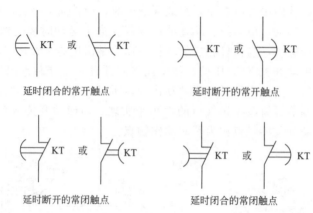

延时闭合的常开触点　　　　延时断开的常开触点

延时断开的常闭触点　　　　延时闭合的常闭触点

图 2-32　时间继电器四种符号

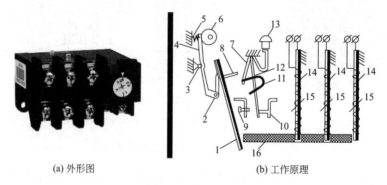

(a) 外形图　　　　　　　(b) 工作原理

图 2-33　热继电器

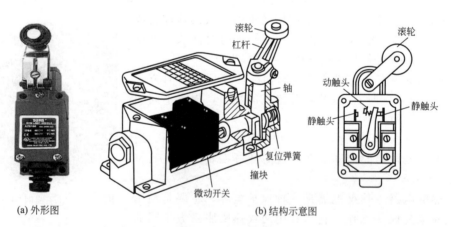

(a) 外形图　　　　　　　(b) 结构示意图

图 2-34　行程开关

的某些运动部件的碰撞而动作。当运动部件撞到行程开关时，其触点改变状态，从而自动接通或断开电路。有触点行程开关分直线运动式和旋转式两类。

当控制电路工作时，闭合电源开关，按下 QA 电动机转动开始工作。当机身运动部位的撞块撞到行程开关 XK 时，其常闭触点断开，电动机自动停转。如需重新工作时，再次按下启动按钮 QA，电机又重新运转起来。

7. 热电偶

热电偶的作用是测量炉膛内温度的变化，并将其变化转变为电信号，以达到实时控制的目的。热电偶的实物如图 2-35 式或镍硅式两种，共装有 2 只，主燃烧室 1 只，再燃烧室 1 只。

图 2-35 热电偶

（三）火化机常用电路的工作原理

根据火化设备中电气电路特点，本节从三个方面对火化机的电气电路原理进行介绍。

1. 电动机启动控制电路

三相异步电动机有直接启动和降压启动两种启动模式。由于火化设备中常用电动机的功率不是很大，所以多采用直接启动的方式。

常用启动方式一般采用组合开关或交流接触器启动。图 2-36 为直接采用组合开关进行直接启动的电路。图 2-37 为电动机采用接触器直接启动线路，如火化机中的主燃烧器电机、引风机、鼓风机、烟闸升降电机等均是采用这种方式启动的。

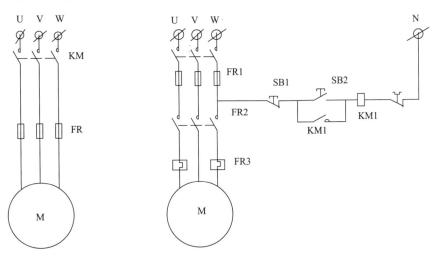

图 2-36 刀开关直接启动电路　　　　图 2-37 用接触器直接启动电路

控制线路中的接触器辅助触点 KM 是自锁触点。其作用是，当放开启动按钮 SB2 后，仍可保证 KM 线圈通电，电动机运行。通常将这种用接触器本身的触点来使其线圈保持通电的环节，称为自锁。

2. 电动机的正、反转控制电路

在火化机中，烟闸要经常根据燃烧时炉膛内压力的需要进行升降运动，这就要求带动烟闸的电动机能实现正、反转控制。从电工学知道，只要把电动机的定子三相绕组任意两相对调一下再接入电源中，电动机定子相序即可改变，从而使电动机改变旋转方向。

如果用两个接触器 KM1 和 KM2 来完成电动机定子绕组相序的改变，那么把正转与反转启动电路结合起来，就成为电动机正、反转控制电路，如图 2-38 所示。

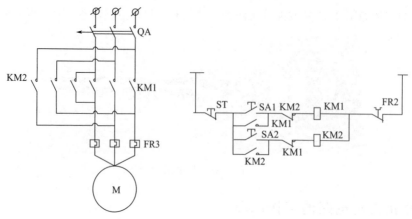

图 2-38　异步电动机正反转控制电路

电路分析：

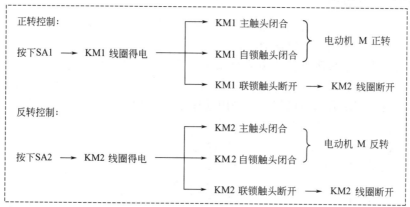

3. 行程控制电路

行程控制电路是利用行程开关对电路进行控制的电路。如火化机中炉门、烟闸、尸车的各种动作都必须相应地控制在一定的范围内，这些范围控制都是由行程开关来完成的。火化机炉门升降控制电路如图 2-39 所示。

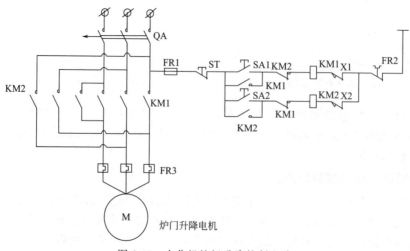

图 2-39　火化机炉门升降控制电路

电路分析：

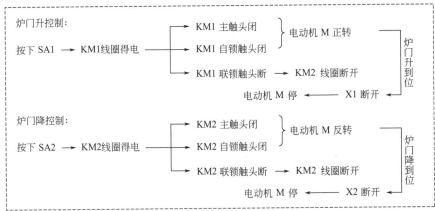

4. 时间控制电路

在火化机的自动控制中，常常会遇到一些要延长一定时间或定时地接通和分断控制电路的情况，如尸车在进入预备室后，要等到炉门全部开启后，方可进入炉膛内，当尸车完全退出炉膛后，炉门才能开始关闭；燃烧器工作过程中，供风、点火和供油等电路启动需要延时控制。在延时控制电路中，主要是由时间继电器来达到延时效果的。

图 2-40 为火化机中燃烧器的点火控制电路。图中 S1、S2 是两个空气阻尼式时间继电器，其延时时间大约为 5s。当按钮 QA 接通后，KM 线圈通电，其主触头闭合，主燃烧电动机启动，开始工作，其并联在 QA 上的常开触头闭合，形成自锁，其串联在主燃烧器变压

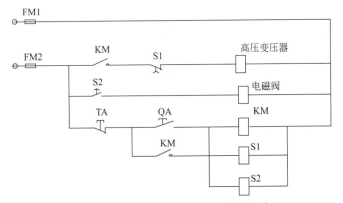

图 2-40　火化机燃烧器的点火控制电路

电路分析：

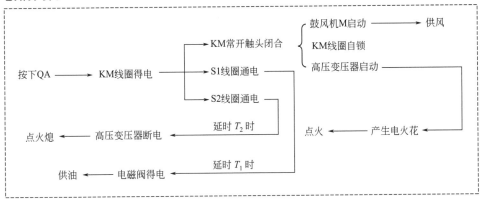

器上的常开触头也闭合，此时变压器通电，开始点火，同时，并联在 KM 上的 S1 和 S2 的两个绕组通电并开始工作。当延时 5s 后，S1 动作，其状态由常开变为接通，此时，电磁阀的线圈通电，其阀芯运动，燃料经油嘴雾化后喷入炉膛内，经变压器点火后开始燃烧。接着 S2 动作，其状态由常闭变为断开，变压器断电并停止打火，主燃烧器的点火工作结束。

5. 保护电路

火化设备电气控制系统除了能满足燃烧时的要求外，要想长期地正常无故障运行，还必须有各种保护电路。保护环节是所有电气控制系统中必不可少的组成部分，利用它来保护电动机、电气控制设备以及人身的安全等，都是十分必要的。

电气控制系统中常用的保护环节有过载保护、短路保护、零电压和欠压保护，以及弱磁保护等。在火化机控制系统中，主要用到的是过载保护和短路保护，如图 2-41 所示。

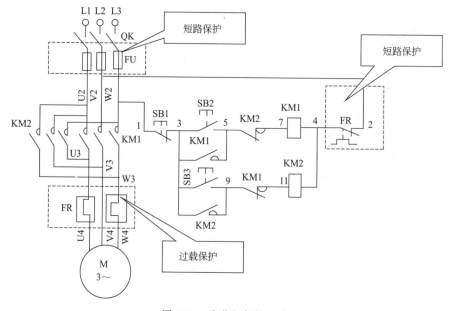

图 2-41　火化机保护电路

（1）短路保护　电动机绕组的绝缘、导线的绝缘因温度过高而损坏或线路发生故障时，都会造成电路短路现象。由短路造成的短路电流很大，会直接造成电气设备的损坏和人员的伤亡，因此，在发生短路现象后，必须迅速地切断电源。常用的保护元件有熔断器或自动空气开关保护。

（2）过载保护　电动机长期超载运行时，电动机的绕组温升会超过允许值，其绝缘材料可能变脆，使其寿命缩短，严重时会使电动机损坏，所以有必要采用过载保护元件来保护电动机等其他电气设备。常用的过载保护元件是热继电器。热继电器可以满足电路的以下要求：当电动机为额定电流时，电动机的温升为额定温升，热继电器不动作；当过载电流很小，热继电器要较长时间才会动作；当过载电流较大时，热继电器会在较短的时间内切断电源。

6. PLC 控制电路

火化设备中使用的电脑自动控制器，实际上就是工业上使用的可编程序控制器（Programmable Controller，PLC），它是近 20 年发展起来的一种新型工业用控制装置。它可以取代传统的继电器控制系统，实现逻辑控制、顺序控制、定时、计数等功能，大型高档的 PLC 还能像微型计算机那样进行数字运算、数据处理、模拟量调节以及联网通信等。它还具有通用性强、可靠性高、指令系统简单、编程简便、易于掌握等一系列优点，已广泛应用于冶金、采矿、建材、石油、化工、机械制造、汽车、电力、纺织以及火化等行业。

火化设备中使用的可编程控制器是专为火化炉的自动控制而设计的控制器，实质上也是一种工业控制专用计算机。它主要包括硬件和软件两大部分。

(1) PLC 的硬件　PLC 的硬件主要包括基本组成部分、I/O 扩展部分和外部设备三大部分。其基本组成部分主要包括中央处理器（CPU）、存储器、输入接口、输出接口、电源板等。I/O 扩展部分有数显板、开关量输出驱动板等。

(2) PLC 软件　PLC 的软件是指 PLC 工作所使用的各种程序的集合，包括系统软件和应用软件两大部分。

PLC 的系统软件也称为系统程序，是由 PLC 生产厂家编制的用来管理、协调 PLC 各部分的工作，以充分发挥 PLC 的硬件作用，方便用户使用的通用程序，通常是被固化在 ROM 中，与机器的其他硬件一起提供给用户。一般系统程序包括以下功能：系统配置登记及初始化、系统自诊断、命令识别及处理、用户程序编译以及模块化子程序及调用管理等。

PLC 的应用软件也称为应用程序，是用户根据系统控制的需要，用 PLC 的程序语言编写的。在火化设备中使用的 PLC 的应用程序，主要是通过汇编语言进行编写的，其特点是便于快速测量和实时控制数据，并可随时根据运行的经验，对设定的技术参数进行更改。

(3) 可编程控制器的工作过程　火化设备的可编程控制器主要是对火化炉工作时各种参数进行处理，并产生相应控制的指令，从而达到对焚化的各个阶段进行自动控制的目的。图 2-42 是 PLC 控制的基本过程。

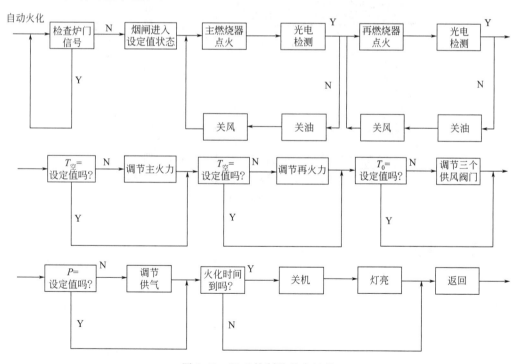

图 2-42　PLC 控制的基本过程

(4) 火化设备可编程控制器的操作步骤

① 先合上控制器和主回路电源，按下"引风机开/关"启动引风机。

② 按下"烟闸"按钮，再按上升键，使炉膛内的负压大于 -80Pa。

③ 进遗体后，根据遗体的胖、瘦来选择合适的程序。在进尸车控制箱上按下"程序 1"

为普通遗体，"程序 2"为胖遗体，"程序 3"为小孩遗体。待炉门关闭后，再按下"鼓风机开/关"键启动鼓风机。

④ 遗体在高温下自燃约 8min 后，按下"主炉 1 点火"键，主燃烧室被点燃。

⑤ 进行自动控制。先按下"手/自"键，再按下"自动火化"键，整个系统将进入自动运行阶段。待预定的火化时间结束，系统将关闭鼓风机自动退出自动火化状态，进入手动火化状态。若遗体仍未火化结束，按下"鼓风机开/关"键，启动鼓风机再进行火化；若遗体已火化完毕，按下"主炉 1 点火"键，关闭主燃烧室喷油。

⑥ 耙灰后，按下"烟闸"键，再按下上升键，使炉膛内的负压再次下降到－80Pa，最后按下"完成"键，整个焚化过程完成。

⑦ 补充说明：

a. 其系统在自动火化过程中，万一出现紧急情况，应按下"手/自"键一次，系统将退到手动操作状态；

b. 遗体全部火化完毕后，准备停机时，应先按"鼓风机开/关"键关闭鼓风机，然后再按下"引风机开/关"键或"关机"键关闭整个系统，最后按下"烟闸"键和下降键，使炉膛的负压小于－20Pa，实现炉膛保温，然后关闭控制器主回路电路。

实际火化机的 PLC 运行界面如图 2-43 所示。

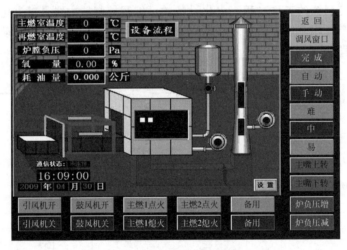

图 2-43　火化机 PLC 控制

五、排放系统

火化机的排放系统主要由排烟系统、烟气后处理系统和烟气监控系统组成。排烟系统是将燃料燃烧、焚化物燃烧所产生的各种气体排入大气中的装置，主要由排烟机构、烟道、引射装置和烟囱组成。烟气后处理系统的作用是处理遗体焚化时产生的烟气中的污染物质，一般由换热装置、除尘装置和除臭装置几部分组成。烟气监控系统是对火化机排放烟气的形态、颜色等进行监控，帮助火化师实时监控火化机工作情况，便于后续操作。

火化机的输出部分组成结构如图 2-44 所示。

（一）排烟系统

排烟系统主要是利用烟囱或引风机产生的抽力将烟气排出炉外的。火化机的排烟装置主

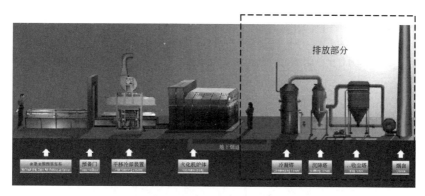

图 2-44 火化机输出部分结构示意图

要由烟道、烟闸、烟囱等几部分组成。

1. 烟道

烟道是连接燃烧器与排烟系统的通道，主要是为烟气的排放提供通路。由于烟道是烟气从燃烧器流向排烟系统的主要通道，所以在设计安装时要注意以下几个技术要求。

① 尽可能地保持烟道畅通，特别不能有直角弯道，这样有利于减少烟气流动时的阻力，能够使烟气流动畅通。

② 烟道的结构要有利于烟气的无焰燃烧。所谓无焰燃烧是指烟气通过主燃烧室和再燃烧室的充分燃烧、分解、氧化后，残余的污染物质在高温下继续在烟道中进行燃烧、分解、氧化。由于这种燃烧是看不见火焰的，所以又称为无焰燃烧。

③ 烟道的结构和体积必须有利于弥补主燃烧室和再燃烧室烟气滞留时间不足的问题。燃烧是否充分与烟气的滞留时间是紧密相关的，烟气在燃烧室内滞留时间越长，燃烧就越充分。由于在设计火化机时为了减小体积和节约能源，所以火化机的主燃烧室和再燃烧室的体积就不可能过大，从而就无法使烟气在燃烧中有过多的滞留时间，这一滞留时间不足的问题就由烟道进行弥补。

④ 烟道内必须保持干燥，不能出现积水的现象。如果烟道内出现了潮湿或积水，烟气就不可能实现无焰燃烧，同时，烟气中残余的污染物还会对金属有较强的腐蚀作用，直接损坏排烟系统的金属构件，造成排烟系统的损坏，严重影响火化机的整体技术性能。

⑤ 燃烧室与烟道的连接处，必须要有清灰井。因为烟道在长期工作后，会在内部产生积灰的现象，如果不及时进行清理，就有可能加大气体流动的阻力，严重的可能会导致烟道的阻塞，所以，要通过清灰井对烟道进行经常的清理。

根据以上几方面的技术要求，一般将烟道设计为半圆拱型，如图 2-45 所示，其横截面积 S 可用以下公式进行计算：

$$S = \frac{W_{烟}}{3600 \times V_{烟}}(\mathrm{m}^2)$$

式中　$V_{烟}$——排烟量，m^3/h；

　　　$W_{烟}$——烟气在烟道中的流速，$\mathrm{m/s}$。

2. 烟闸

火化机的烟闸主要用于控制烟道内烟气流量，从而实现对火化机炉膛负压的调节。烟闸一般安装在火化机烟道内，通过电动或手动的烟闸升降装置，实现烟气流量的控制，其结构与工作原理图如图 2-46 所示。

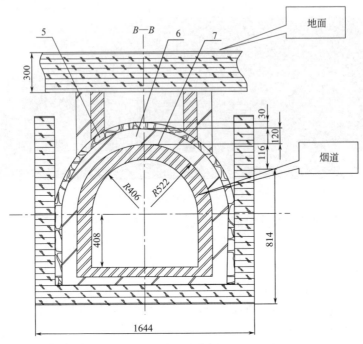

图 2-45　烟道横截面

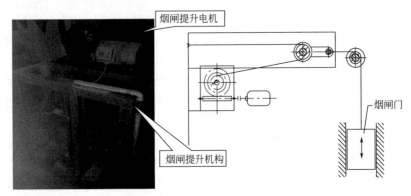

图 2-46　烟闸结构与工作原理图

3. 烟囱

烟囱是烟气排放系统的最后一个环节。根据排烟的阻力不同，排烟的形式一般可分自然排烟和机械排烟两种。自然排烟是通过气压差来进行排烟的，主要用于排烟阻力小于 $50\sim60mmHg$[❶] 的场合，采用的烟囱形式主要是以高烟囱为主。机械排烟是通过强制抽力来进行排烟的，主要用于排烟阻力大于 $60mmHg$ 的场合。根据动力部件的不同，机械排烟又可分为鼓风机排烟和引风机排烟系统两种，采用的烟囱形式多为低烟囱或隐藏式烟囱。

（1）高烟囱　高烟囱主要是利用气压差和温度差的原理来进行自然排烟的。其结构多采用砖或钢筋混凝土砌成圆形或方筒形，其形状如图 2-47 所示。

高烟囱之所以能排烟，是因为烟囱的高度和烟气的温度会在烟囱的底部产生负压，由于炉膛内的烟气压力要比烟囱底部所产生的负压大，因而炉膛内热的烟气会自然地由炉膛经烟

---

❶ $1mmHg \approx 133.32Pa$。

道流到烟囱的底部，再经烟囱排到大气中。
烟囱底部所产生的这种负压实际是烟囱的抽
力，这个抽力的大小主要是由烟囱的高度、
烟气的温度所决定的，因此烟囱越高，烟气
温度越高，则在烟囱底部所形成的负压就越
大，烟囱对炉膛内烟气的抽力也就越大。但
烟囱并不是越高越好，太高会造成施工困难
和对周围居民心理造成阴影，所以一般烟囱
的高度要选择适中。

图 2-47　高烟囱

烟囱的高度主要是依据烟气在烟道内流
动的总阻力、满足烟气顶部出口动压力和克
服烟囱本身的摩擦阻力损失等因素所决定的，其计算公式如下：

$$H = \frac{(W_2/2) \times \rho_{烟} + 1.2 P_{失}}{\rho_{空} - \rho_{烟} - \Psi/D_{均} \times W_{均}/2 \times \rho_{烟}}$$

式中　H——烟囱的计算高度，m；

　　　$\rho_{空}$——烟囱所在地最高气温下的大气密度，kg/m^3；

　　　$\rho_{烟}$——平均温度下的烟气密度；

　$1.2P_{失}$——烟道的总阻力损失，Pa；

　　　$D_{均}$——烟囱的平均直径，m；

　　　W_2——在实际烟气温度下烟气出烟囱口的速度，m/s；

　　　$W_{均}$——平均温度下烟囱内烟气的平均流速，m/s；

　　　Ψ——烟囱内壁对烟气的摩擦阻力系数。

由于高烟囱是利用海拔气压差原理和内外烟气温度差原理进行工作的，所以不需要外界的能
源。因此，只需一次性投资，节省能源，并且使用寿命也比较长，同时一座高烟囱可以为全火化
车间所有的火化机排风，大大地节省了设备的成本，因此这种高烟囱在低档火化设备中使用较为
普遍。但由于殡仪馆的焚化物是人的遗体，造成人们对殡仪馆高烟囱中所排放烟气十分反感，所
以殡葬行业要逐步取消高烟囱的使用，多采用低烟囱，最好是采用隐蔽式低烟囱。

（2）文丘里引射装置的低烟囱　采用引风机和引射装置进行排烟，就是利用强大的机械
排风方法，由引风机产生机械抽力，从而达到排烟的目的。由于其产生的抽力的大小与引风
机的功率大小成正比，因此采用引射装置进行排烟的多少就与烟囱的实际高度无关，从而可
以实现低烟囱排烟，以克服高烟囱的不足。

文丘里引射排烟装置是目前比较先进的火化设备中常用的一种引射排烟装置。其主要原
理是利用气体的黏性特点，在钢质低烟囱内设置高压引射风管，由引风机产生的高压风经引
射风管排出口排出时，其高压风迅速地把周围的烟气带入大气中，从而达到排烟的目的，参
阅图 2-48。这种排烟装置有如下几个优点：

①可以极大地稀释烟气中污染物质的浓度；

②通过控制引射风量的大小达到控制燃烧室压力的目的；

③其耗电量要小得多；

④极大地延长了引风机的使用寿命。

采用这种引射排烟装置要注意：不能让高温烟气从引风机中直接通过，而是利用引风机
的强大风力，通过引射装置产生强大的喷射力，从而对烟气产生足够的抽力，使遗体焚化过
程中产生的烟气顺利地排入大气中去。如果让高温的烟气从引风机中通过，高温的烟气就会

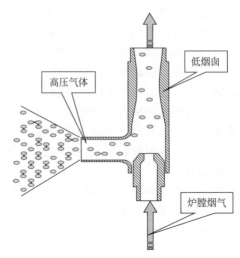

图 2-48　文丘里引射装置的低烟囱

对引风机产生热损坏和腐蚀损坏，从而导致引风机提前报废，造成设备的浪费。

钢结构的低烟囱可以裸露在室外，也可做成隐蔽烟囱，既可安装在车间外，也可以安装在预备室内，同时还可根据需要，利用其产生的余热进行取暖、烧水和制冷等，因此，低烟囱结构被殡仪馆所广泛采用。

（二）烟气后处理系统

烟气后处理系统也称尾气处理系统或烟气净化系统，它是用来处理火化机烟气中污染物质的装置。殡仪馆火化炉尾气净化处理系统是集除酸、杀菌、除尘等为一体的净化处理系统，采用先进的技术处理工艺，使火化炉尾气排放完全达到国家标准。

烟气后处理系统主要完成烟气的冷却、脱酸和除尘，一般由换热器、脱硫装置、活性炭吸附装置、布袋除尘装置等部分组成。在除尘器前的烟气管道中加入活性炭，达到对二噁英和汞等重金属去除效率的目的。

从图 2-49 可以看出，从燃烧室出来的高温烟气经过换热器降温后进入脱硫装置，经过脱硫装置净化后的烟气进入除尘器和活性炭吸附装置过滤，实现脱硫、除尘和二噁英和汞等重金属去除后，通过引风机从低烟囱排入大气。

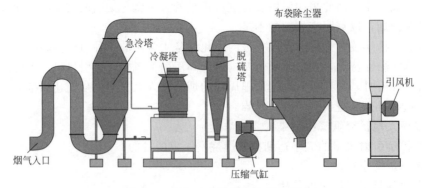

图 2-49　烟气净化装置结构示意图

（1）换热器　换热器的主要作用是给烟气降温。由于火化炉在遗体焚化过程中排出的烟气温度高达 700～900℃，如此高温的烟气如果直接进入电除尘器中，会造成除尘器内的阴极和阳极板在高温下发生变形，从而直接影响除尘的效果和除尘器的寿命。一般除尘器的工作温度不能超过250℃，所以必须先将进入除尘器的高温烟气由换热器进行降温到250℃以下，才能通过除尘器。从除尘器出来的烟气温度仍有200℃以上，这种烟气中的粉尘和炭黑已被基本净化，但除尘器不能消除烟气中的恶臭和异味，必须由除臭器进行除臭和除异味，而除臭器只能消除80℃以下烟气中的恶臭和异味，如果烟气温度高于80℃，不但不能除臭，还会将以前吸附的恶臭和异味释放出来，所以，烟气在进入除臭器之前，还要再一次通过换热器进行第二次降温，将通过除臭器中的烟气温度降到80℃以下才行。

　　换热器的种类很多，一般火化设备中常用的换热器是热管换热器和列管换热器。

　　① 热管换热器　热管换热器是一种新型、超导、高效、节能的换热设备。热管换热器的工作原理：通过密封真空的金属管内的工质（热管内的工作液体），受热"气化"、受冷"液化"的气液互换传导热量。当高温烟气通过热管换热器下箱体时，热管吸收热量，管内工质沸腾变为气相，气相的工质上升进入热管上部，遇到管外的冷气体，气相工质又迅速冷却，并沿着热管壁流回下部，接触高温烟气瞬间又变成气相。这样反复进行，就可不断地将下箱体中的热量传到上箱体，从而达到给烟气迅速降温的目的，参阅图2-50。

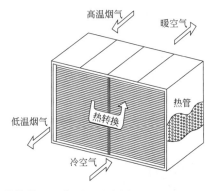

图 2-50　热管换热器结构及工作原理示意图

　　热管换热器是靠管内的工质气、液转化进行换热的，其热导率是铜管的几十倍乃至几千倍，所以热管有"超导"传热元件之称。同时被热管加热的热空气没有受到任何污染，可利用其进行供暖或制冷，被加热的冷水可作为生活用水使用。

　　表2-10为一般热管换热器的性能参数。

表 2-10　热管换热器的性能参数表

参数名称	工作压力	进口温度 /℃	出口温度 /℃	设计流量 /m³	换热面积 /m²
烟气	微负压	800	200	4300	127
水	需压	20	40	10(t/h)	1.89
空气	需压	20	200	11000	350

　　② 水冷式列管换热器　水冷式列管换热器主要由箱体、封盖和芯子组成。芯子是由一组焊接在柜体上的换热管、折流板、旁路挡板、拉板和定距板组成。在水冷式列管换热器中，一般是冷却水在管内流动，烟气在管间流动。管内流动的水可以设计为单程，也可设计为双程或多程曲折前进，从而完成热交换，达到降低烟气温度目的，以满足除尘、除臭装置对烟气温度要求。一般常见水冷式列管换热器结构如图2-51所示。

　　（2）除尘器　由于火化机在工作过程中所产生的高温烟气中含有大量的烟尘，如果让这

图 2-51　水冷式换热器结构示意图

些烟尘排入大气中，就会造成对周围环境的污染，因此，在烟气排出烟囱前，有必要采用除尘装置对烟气进行有效的除尘，以达到净化烟气的目的。现在除尘的方法很多，有机械式除尘法、湿法除尘法、过滤除尘法和静电除尘法等。

　　机械除尘法可分为重力沉降除尘器、惯性除尘器和旋风除尘器三种。过滤除尘法有布袋除尘器、颗粒除尘器等。静电除尘器有板式和原式两种。

　　① 原式静电除尘器建立在一个高压电场净化烟气，使烟、气分流，装置采用管式阴极和鱼骨式阳极，并带有负电的辅助电极。输入高压电流后，烟气受电场作用，在鱼骨针状阳极附近发生电离，如图 2-52 所示。

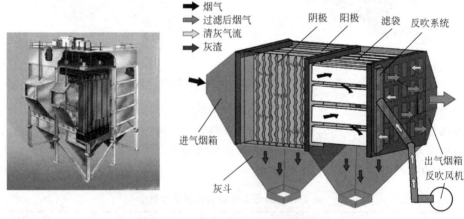

图 2-52　静电除尘器结构示意图

　　电离后烟气中存在着大量的电子和正负离子，这些电子和离子与粉尘微粒结合，使粉尘微粒带上正、负性电荷，在电场的作用下，带负电荷的粉尘微粒集中在辅助电极周围，并且带正电荷和带负电荷的粉尘微粒相互集积，变成直径较大的尘粒下沉附着在极板上，当尘粒聚积到一定厚度以后，通过振打装置的振打作用，粉尘受惯性作用从沉淀极表面脱离下来落入灰斗中，排入到容器中，收尘过程即告结束。这个过程在遗体焚化过程中是反复进行的，而且每个过程都是在瞬时完成。其结构特征如图 2-52 所示。

　　② 布袋式除尘器是目前火化机设备尾气处理装置使用最多的一种除尘器，其结构如图 2-53 所示。当火化机的烟气由灰斗上部进风口进入后，在挡风板的作用下，气流向上流动，流速降低，部分大颗粒粉尘由于惯性力的作用被分离出来落入灰斗。烟气进入中箱体经滤袋的过滤净化，粉尘被阻留在滤袋的外表面，净化后的气体经滤袋口进入上箱体，由出风口排出。

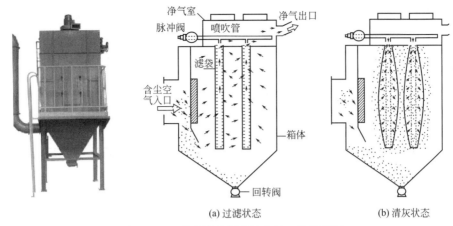

(a) 过滤状态　　　　　　　(b) 清灰状态

图 2-53　布袋式除尘器的结构及工作原理图

随着滤袋表面粉尘不断增加，除尘器进出口压差也随之上升。当除尘器阻力达到设定值时，控制系统发出清灰指令，清灰系统开始工作。首先电磁阀接到信号后立即开启，使小膜片上部气室的压缩空气被排放，由于小膜片两端受力的改变，使被小膜片关闭的排气通道开启，大膜片上部气室的压缩空气由此通道排出，大膜片两端受力改变，使大膜片动作，将关闭的输出口打开，气包内的压缩空气经由输出管和喷吹管喷入袋内，实现清灰。当控制信号停止后，电磁阀关闭，小膜片、大膜片相继复位，喷吹停止。

（3）活性炭吸附装置　火化机在遗体焚化过程中产生的烟气中含有毒有害气体，主要有二噁英、氨、硫化氢、甲硫醇、甲硫醚、三甲胺和少量的脂肪酚类。

二噁英实际上是一个简称，它指的并不是一种单一物质，而是结构和性质都很相似的包含众多同类物或异构体的两大类有机化合物，全称分别叫多氯二苯并-对-二噁英（简称 PCDDs）和多氯二苯并呋喃（简称 PCDFs），我国的环境标准中把它们统称为二噁英类。这类物质非常稳定，熔点较高，极难溶于水，可以溶于大部分有机溶剂，是无色无味的脂溶性物质，所以非常容易在生物体内积累。自然界的微生物和水解作用对二噁英的分子结构影响较小，因此，环境中的二噁英很难自然降解消除。二噁英的最大危害是具有不可逆的"三致"毒性，即致畸、致癌、致突变。同时二噁英又是一类持久性有机污染物（POPs），在环境中持久存在并不断富集。一旦摄入生物体，很难分解或排出，会随食物链不断传递和积累放大。人类处于食物链的顶端，是此类污染物的最后集结地。因此，对火化机烟气的净化处理，必须对二噁英进行有效的处理。目前国际上通行的方法是采用活性炭吸附方式进行，其工作原理如图 2-54 所示。

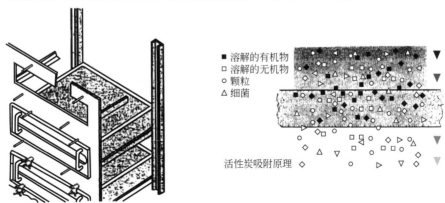

- ■ 溶解的有机物
- □ 溶解的无机物
- ○ 颗粒
- △ 细菌

活性炭吸附原理

图 2-54　活性炭吸附原理

活性炭吸附装置的工作原理：在吸附装置的出口端，在引风机机械抽力的作用下，烟气通过活性炭层；活性炭在低于80℃的条件下，发挥很强的吸附作用，不断地将烟气中的二噁英和其他物质吸附在活性炭中，从而实现了净化烟气的功能，经过净化后的烟气再通过引风机从烟囱中排入大气。

（4）脱硫装置 脱硫设备一般是指在工业生产中用于除去硫元素，防止燃烧时生成SO_2的一系列设备。硫对环境的污染比较大，硫氧化物和硫化氢对大气的污染，硫酸盐、硫化氢对水体的污染，是目前环境保护工作的重点。遗体处理过程中因燃烧大量燃料、遗体及随葬品，将产生一定量的硫元素，这些硫元素经过燃烧之后会释放出大量SO_2，如果不加以治理，就会对环境造成巨大危害。因此目前火化机尾气净化处理要使用脱硫设备。

目前行业内的脱硫方法主要有三种：燃烧前脱硫、燃烧中脱硫和燃烧后脱硫。脱硫工艺也有十几种，不同的工艺可使用于不同的生产系统，脱硫设备的选择也会有所区别。目前石灰石-石膏法脱硫工艺是世界上应用最广泛的一种脱硫技术（图2-55）。此工艺的基本原理是将石灰石粉加水制成浆液，作为吸收剂泵入吸收塔，与烟气充分接触混合，烟气中的二氧化硫与浆液中的碳酸钙以及从塔下部鼓入的空气进行氧化反应，生成硫酸钙，硫酸钙达到一定饱和度后，结晶形成二水石膏。经吸收塔排出的石膏浆液再浓缩、脱水，使其含水量小于10%，然后用输送机送至石膏储仓堆放。脱硫后的烟气经过除雾器除去雾滴，再经过换热器加热升温后，由烟囱排入大气。由于吸收塔内吸收剂浆液通过循环泵反复循环与烟气接触，吸收剂利用率很高，钙硫比较低，脱硫效率可大于95%。

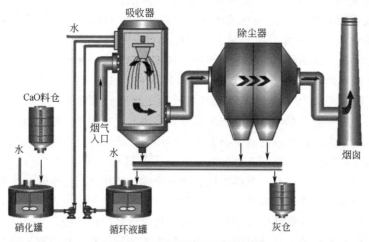

图2-55 石膏法脱硫工艺原理图

总之，火化机的烟气后处理系统，可根据需要消除污染物质的量来进行设置，既可把它作为火化机的有机部分，也可把它作为独立的环保设备来进行考虑。对烟气的流程而言，烟气后处理系统不但是排烟系统的一部分，并且也给排烟系统增加了相应的阻力，后处理系统对烟气中污染物质的处理是属于被动型的，同时它的装置复杂、体积庞大、耗能多，也就增加了火化机的使用和维修的难度。所以，对今后而言，随着火化设备的不断发展，烟气后处理系统将逐渐退出，取而代之的是那些科技含量高，又不需要后处理系统的新型火化设备。

（三）烟气监控系统

火化机在火化过程中排放出的烟气，必须达到相应的国家排放标准。由于现阶段我国的火化机环保性能还达不到无害化排放，这就要求遗体火化师在进行火化操作时，严格按操作规程操作，但实际工作中遗体火化师不可能又进行火化操作，又去看烟囱冒不冒烟，为此，一些殡仪馆在火化机烟囱出口处安装了电视监控设备。

电视监控系统是火化设备的重要组成部分，它通过遥控摄像头及辅助设备、镜头、云台等，直接观看火化间顶部烟囱出口处的情况，可以把烟气排放的图像内容传送到安装在火化机操作面的监视器上，也可以传输到监控中心，对图像记录存储，以备将来查验。

电视监控系统由摄像、传输、控制、显示、记录登记 5 大部分组成。摄像头通过同轴视频电缆将视频图像传输到控制主机，控制主机再将视频信号分配到各监视器及录像设备，同时可将需要传输的语音信号同步录入到录像机内。通过控制主机，操作人员可发出指令，对云台上、下、左、右的动作进行控制及对镜头进行调焦变倍的操作，并可通过控制主机实现在多路摄像机及云台之间的切换。利用特殊的录像处理模式，可对图像进行录入、回放、处理等操作，使录像效果达到最佳。加装时间发生器，将时间显示叠加到图像中。在线路较长时加装音视频放大器，以确保音视频监控质量。

摄像头是电视监控系统的主要设备，它是一种把景物光像转变为电信号的装置。其结构大致可分为三部分：光学系统（主要指镜头）、光电转换系统（主要指摄像管或固体摄像器件）以及电路系统（主要指视频处理电路）。

光学系统的主要部件是光学镜头，由透镜系统组合而成。这个透镜系统包含着许多片凸凹不同的透镜，其中凸透镜的中部比边缘厚，因而经透镜边缘部分的光线比中央部分的光线会发生更多的折射。当被摄对象经过光学系统透镜的折射，在光电转换系统的摄像管或固体摄像器件的成像面上形成"焦点"。光电转换系统中的光敏元件会把"焦点"外的光学图像转变成携带电荷的电信号。这些电信号的作用是微弱的，必须经过电路系统进一步放大，形成符合特定技术要求的信号，并从摄像头中输出。

光学系统相当于摄像头的眼睛，光电转换系统是摄像头的核心，摄像管或固体摄像器件便是摄像头的"心脏"。当摄像机中的摄像系统把被摄对象的光学图像转变成相应的电信号后，便形成了被记录的信号源。录像系统把信号源送来的电信号通过电磁转换系统变成磁信号，并将其记录在录像带上。如果需要摄像头的放像系统将所记录的信号重放出来，可操纵有关按键，把录像带上的磁信号变成电信号，再经过放大处理后送到电视机的屏幕上成像。

从能量的转变来看，摄像机的工作原理是一个光、电和磁的转换过程。

摄像头把监视到的内容变为图像信号，通过视频服务器将数字音视频信号传送到控制中心的监视和存储设备。摄像部分是系统的原始信号源，摄像部分的好坏以及产生图像的质量影响着整个监控系统的质量。因此，电视监控系统采用清晰度高、灵敏度好的彩色摄像一体机，光圈、聚焦、变焦三可变的镜头，在水平方向和垂直方向均可旋转的电动室内用云台，防尘性能强的防尘罩。

电视监控系统的传输部分主要有图像信号的传输、声音信号的传输，以及对摄像头的镜头、云台等进行控制的控制信号的传输。可用视频服务器来传输图像、声音和控制信号，其主要的优点就是图像经过传输后不会产生噪声失真，可以保证原始图像信号的清晰度及灰度等级。

显示部分一般用 12in 电视监视器即可满足要求，采用计算机控制的监控系统，可以采用计算机显示器和大电视监控器双重显示，其中电视监控器设在火化机上用于辅助遗体火化师火化操作，计算机显示器设在监控中心供管理人员对前端监控点进行控制时使用。图2-56 为火化机烟气监控装置图。

六、骨灰处理系统

遗体火化过程结束后，须认真收集、清理骨灰，严格做到不漏灰、不混灰，绝对禁止错

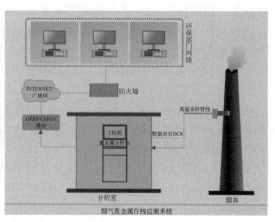

图 2-56　火化机烟气监控装置图

灰。随着台车式火化机的普及与发展，客户亲自收集亲人骨灰的现象与日俱增。骨灰的收集方式因火化机结构的不同而略有差异。

1. 架条型火化机的骨灰收集方式

架条型火化机在火化遗体的过程中，所形成的骨灰不断地从架条之间掉落到下面的清灰炕面，待火化结束时，由遗体火化师经出灰口收集清灰炕面的骨灰。由于一些遗体火化师在火化时的不规范操作，连续火化容易造成混灰的后果，致使很多客户对此不满，这是遗体火化师在收集骨灰时应特别注意的。

2. 平板式火化机的骨灰收集方式

平板式火化机的主燃烧室的炕面是完整的，遗体火化所形成的骨灰都保留在平板炕面上，在火化结束时，遗体火化师可由操作门将骨灰扒出。这种骨灰收集的方式不易造成混灰，为多数客户所接受。

3. 台车式火化机的骨灰收集方式

由于台车式火化机的进尸车与炕面是合为一体，并且能整进整出，所以在遗体火化后，能将承载骨灰的炕面整体退出火化机的主燃室，既可由遗体火化师收集骨灰，也可由客户亲自收集骨灰，能提供个性化服务，很受客户的欢迎。

4. 其他收集方式

近年来还出现了多用的火化机，如兼具平板式和台车式结构的火化机，其骨灰收集方式可以根据客户的要求进行选择。

不管采用哪种火化机，其基本收集、整理骨灰的工具主要有灰斗、骨灰夹、长铁耙、小铁铲和清扫毛刷等，图 2-57 为常用的骨灰收集工具。

骨灰收集完毕后，需对骨灰进行筛选与分拣处理。骨灰分拣是利用碾压、挤压、切削原理对大块骨灰进行粉碎，以获得颗粒均匀的粒状骨灰的过程。粉碎骨灰的方法一般采用人工碾压和骨灰粉碎机粉碎。骨灰筛选是将收集到的骨灰进行筛选，其作用：一是能剔除混入骨灰中的金属纽扣、皮带夹、鞋钉、棺钉、拉锁头、表链等杂物；二是能分离遗体体内所镶的金属牙齿和骨折固定件等医疗用品；三是能去除骨灰中个别未完全氧化的含碳颗粒。骨灰的筛选工作可以人工整理完成，也可以使用骨灰筛选设备进行。无论是人工操作还是使用自动骨灰整理机，其过程都必须文明，不得暴力操作。骨灰粉碎机如图 2-58 所示。

图 2-57 常用骨灰收集工具

图 2-58 骨灰粉碎机

 七、火化机附属结构

火化机炉体外结构主要包括炉骨架、装饰面板等结构。

1. 炉骨架

火化机的炉骨架主要由支柱、炉外墙钢板及固定构件的各类型钢组成。尽管火化机的型号很多，但一般其炉骨架主要包括前立架、后立架和侧立架。

设计炉骨架时，要考虑到炉口装置、燃烧装置、窥视孔及其他炉用构件的安装关系。炉骨架的主要作用是固定砌体、保护砌体和承受砌体的部分重量，侧立架与拱脚梁承受拱顶产生的水平推力；后立架承受砌体的热张力和某些构件的重量；前立架承受炉门及炉门启闭装置的重量。为了便于运输，整个炉骨架分成前立架、侧立架和后立架发运，运到工地后再对接组装。

拱脚梁安放位置应使其受力中心与炉拱旁推力中心相吻合。有些炉的拱脚梁焊接在侧立架上，也可以自由搁置炉墙砌体上，能自由调整拱脚梁受力中心与炉拱推力的一致性，在维修过程中便于适应炉拱高度的变更。拱脚梁焊接在侧立架上的优点是对提高炉骨架的整体强度有利，能固定在规定的设计高度上而避免施工中由于疏忽而引起的高度误差，还便于在不更换炉顶的情况下拆修炉墙。

（1）前立架 位于火化机的进尸端。遗体是从前立架进入炉膛的。它的主要作用就是支撑炉门及炉门启闭装置，并有收集余烟的作用。前立架由 1.60×60×6 和 1.50×50×5 角钢焊接而成，见图 2-59。横挡 1 与横挡 2 按图纸和工艺要求用电焊把它们焊接在一起形成一体，图中的横挡是支撑炉门轨道用的。在前立架的蒙板上开有与炉膛横剖面形状相应的孔，后面与两旁的侧立架相连，顶部有烟罩，侧面用普通钢板蒙上，底脚置于水平基础上。

（2）后立架 位于炉体的后端，也就是火化机的操作面，用∟50×50×5 按图纸和工艺要求焊接而成，它可承受砖砌体热膨胀所产生的力。档次较高的火化机的后立架蒙面板是不锈钢，普通炉则用普

横挡1

横挡2

图 2-59 前立架结构图

通钢板蒙面。在这个立面上装有清灰门、出灰门、操作门和燃烧器，对炉膛内燃烧所需助氧风的控制机构也在此立面上。

从图 2-60 中可以看出，后立架也同样是由横挡 1 和横挡 2 按工艺要求和图纸尺寸组合而成。它与前立架不同的是：前立架是双层的，后立架是单层的；它的操作面上装有上述装置，另两边与侧立架相连。后立架的竖直方向不承受力，而水平方向承受力的作用。距离热体很近，设计后立架要考虑在较高温度下不能变形，否则就会影响火化机的性能。

（3）侧立架 如图 2-61 所示，由横挡 1 和横挡 2 按图纸尺寸和工艺要求焊接形成，它是连接前立架和后立架的连接体，又是砌体的护体。它在竖直方向不承受力的作用，而在水平方面承受炉拱旁推力的作用。侧立架使用的材料与后立架相同，也是单层的，外侧用普通钢板蒙上，内侧与保温材料相接触。因其距离热源较近，在设计时除考虑受炉拱旁推力外，还要考虑在较高温度下不变形。

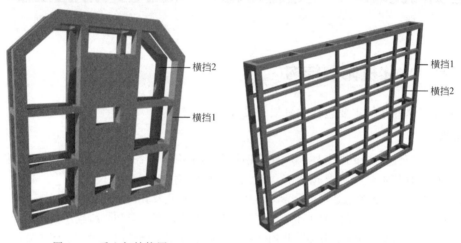

图 2-60 后立架结构图　　　　　　　图 2-61 侧立架结构图

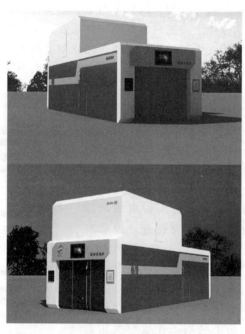

图 2-62 高档彩板火化机

2. 装饰面板

火化机炉膛安装到位后，需要在火化机炉骨架上安装不锈钢装饰板，以便保护与美化火化机炉体。目前一般火化机的装饰板材质都是原色不锈钢，由于彩色不锈钢装饰板比原色不锈钢具有更强的耐腐蚀性能，且色彩鲜艳，因此有越来越多的火化机厂采用各种彩色不锈钢板来装饰火化机。图 2-62 所示为当前先进的具有美学色彩的火化机。

第三节 炉体结构

知识目标

① 了解火化机的各种炉体结构。

② 了解耐火材料的性能。

③ 熟悉火化机炉体砌筑的方法。

一、耐火材料的基本性能及选择

现在的火化炉主体结构一般均采用耐火砖、耐火纤维等耐火材料砌筑而成，该结构能保证炉子在正常炉温下达到较好的热稳定性和刚度，同时不受燃烧残渣以及由各个燃烧阶段不同而引起炉内温度变化的影响，并且该结构能保持较好的绝热性能。

耐火材料是指能抵抗高温及高温下的物理、化学作用的非金属筑炉材料。火化机的耐火材料一般要求耐温在 1580℃ 以上，高温下热变形小，能保持较好的强度和刚度，并且在反复热胀冷缩的情况下不会出现裂纹，同时还应具有一定的耐侵蚀能力。常用的耐火材料主要包括耐火砖、耐火混凝土、耐火纤维、耐火泥浆等。

砌筑火化机的炉衬，要根据炉内温度、气氛，选用不同类型的耐火材料。

1. 耐火材料的基本性能

① 耐火度 是耐火材料在高温下抵抗熔化的性能。耐火度主要取决于耐火材料的化学成分和材料中易熔杂质的含量。耐火度并不代表耐火材料的实际使用温度，因为在高温载荷作用下耐火材料的软化变形温度会降低，所以耐火材料的实际允许最高使用温度比耐火度低。耐火度一般通过测试测定。

② 高温结构强度 是指耐火制品在高温下承受压力而不发生变形的耐力，常以载荷软化温度来评定。

③ 热稳定性 是指抵抗温度急剧变化而不破裂或剥落的能力，有时也称为耐急冷急热性。

④ 体积稳定性 是指耐火制品在一定温度下反复加热、冷却的体积变化百分率。一般在多次高温作用下，耐火制品内的组成将会发生再结晶和进一步烧结，产生残余的膨胀或收缩现象。

⑤ 高温化学稳定性 是指耐火制品在高温下，抗金属氧化物、熔盐和炉气侵蚀的能力，常用抗渣性来评定。这种性质主要取决于耐火制品本身组成物的化学特点和物理结构，如气孔率、体积密度等。

⑥ 体积密度 是指包括全部气孔在内的单位体积耐火制品的重量。

⑦ 气孔率　分显气孔率和真气孔率。显气孔率是耐火制品上与大气相通的孔洞体积与总体积之比。真气孔率是指不与大气相通的空洞体积与总体积之比。

⑧ 透气率　常以透气系数评定。

⑨ 热导率　表示耐火材料的导热性能。

⑩ 比热容　表示耐火材料的蓄热能力。

⑪ 热膨胀性　即耐火制品在 $t(℃)$ 时的长度 L_t 与 $0℃$ 时的长度 L_0 之比的百分数。

2. 常用的耐火制品

(1) 黏土质砖和高强度耐火制品

① 黏土质砖　耐急冷急热次数可达 20 余次，高于其他耐火制品；热容量、热导率、膨胀系数均低于其他耐火制品。

② 高铝质砖　具有良好的抗急冷急热性和化学稳定性。这类耐火砖可用于砌筑高温炉的炉衬。

(2) 隔热耐火砖（俗称轻质砖）　由于轻质砖内的气孔率高，故其密度小，可减轻炉体重量；热容量小，减少了炉体蓄热，升温快；热导率小，减小了炉体的传热损失，增加了节能效果。缺点是抗熔渣、液态金属和盐液的侵蚀能力低；结构强度、抗冲击、抗磨能力低。轻质砖可用于砌筑炉顶、炉壁。超轻质砖多数用于砌筑保温隔热层和低温炉的炉衬。

(3) 耐火纤维　这是一种新型的筑炉材料，兼有耐火和隔热保温两方面的作用。根据其成分不同，可分为硅酸铝、石英、氧化铝和石墨等多种耐火纤维。普通火化机应用硅酸铝耐火纤维较多，而高温炉应用石墨纤维较多。

(4) 耐火混凝土　是一种不定型耐火材料，耐火骨料、掺和料、水泥（胶结料）和适量的水混合均匀后，再经成型、干燥、硬化等过程而制成整体炉衬以及各种预制件。耐火混凝土按其所用胶结料的不同，可分为铝酸盐、磷酸盐、硫酸盐和水玻璃四种类型。火化机应用较多的是铝酸盐耐火混凝土和矾土水泥耐火混凝土。

二、炉体基本结构图纸识别

图 2-63 为火化机炉体砌筑结构图。图 2-64 为单燃烧式台车式火化机结构图。图 2-65 为三次燃烧式台车火化机结构图。

三、炉体砌筑的原则

筑炉是焚烧炉和火化炉建筑施工的一个重要部分，炉体施工质量的好坏，直接影响到炉体火化和焚烧的热效率以及正常的生产运行。

(一) 砌筑的基本原则

为使砌体的质量符合施工验收和操作规程，在砌筑过程中必须认真掌握错缝砌筑、泥浆饱满、横平竖直和成分一致的基本原则。

炉体安装和结构

1. 错缝砌筑

砖块排列的方式应遵循内外搭接、上下错缝的原则，而且至少应错开 1/4 砖长。砖块的排列，应使墙面和内缝中不出现连续的垂直通缝（或称同缝），否则将影响砌体的强度和稳定性。

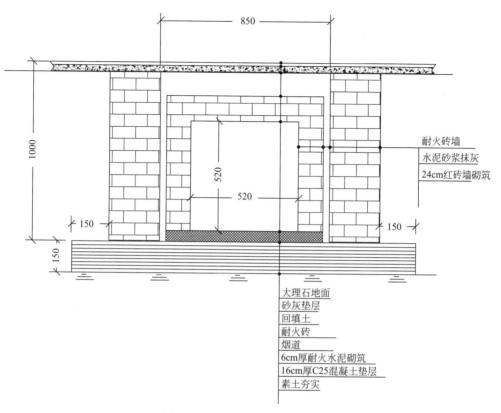

图 2-63　火化机炉体砌筑结构图

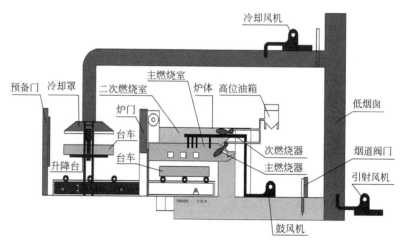

图 2-64　单燃烧式台车火化机结构图

2. 泥浆饱满

砖缝是砌体中强度最薄弱的地方，极易被炉气等侵蚀，砌体的损坏往往从这里开始。因此，砌筑时泥浆必须饱满均匀，没有空缝和"花脸"，使砖块紧密连接成一个整体并保证受力均匀。砌筑时，泥浆的饱满度应不低于 90 度。

3. 横平竖直

砌体的横平竖直能保证各部位的线尺寸准确。横平就是每两层砖块的结合面必须水平，

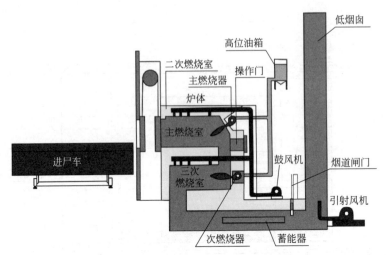

图 2-65　三次燃烧式台车火化机结构图

否则在此能产生一种应力，使泥浆与砌体分离而引起砌体破坏。竖直就是砌体表面必须垂直，否则砌体在垂直载荷作用下，容易使砌体失去稳定而倒塌。

4. 成分一致

耐火砖的化学成分与耐火泥浆的化学成分应完全一致，不准任意使用。耐火黏土砖必须采用耐火黏土质泥浆，如成分不一致，两者的化学成分不同，在高温下相互间会发生化学作用；膨胀系数也可能不一样，加速炉衬的破坏，大大缩短其寿命。

（二）砌砖注意事项

① 认真选砖，检查砖面，观察外形、颜色，把烧结良好的无缺陷的砖块摆在正平墙面，砌在炉膛里面。

② 砌在墙上的砖必须放平，且砖缝不能一边厚、一边薄而造成砖面倾斜。

③ 砌砖必须跟着准线走。即砌砖时砖的上棱边要与准线约离 1mm，下棱边要与下层已砌好的砖棱平，左右前后位置要准，上下层砖缝要错开，相隔一层要对直。

④ 当墙砌到一定高度时，要用靠尺板全面检查一下垂直度及平整度。

⑤ 缺棱掉角的砖或经过加工的砖面应砌在砌体的内部，不能用在直接与高温炉气接触的地方。

⑥ 不得使用受冻或受潮的耐火材料，砌筑过程中禁止向砌体上浇水。

⑦ 砌好的墙不能砸。如发现砖墙有较大的偏差，应拆掉重砌才能保证质量。

⑧ 砍砖要注意砍得整齐和准确，泥浆要随拌随用。

四、炉体砌筑的方法

1. 工序交接

检查基础尺寸、标高、垂直度、前后拱需要挂砖的受热面的间距、平整度，确认合格后方可移交给砌筑施工。

2. 材料准备

① 根据设计图和砌筑说明准备材料，一般材料达到 70%，方可开工。

② 炉体砌筑前应检查购回的耐火材料及保温材料的质量，是否有材质证明书，外形尺寸是否符合图纸及规范要求。

3. 设备及工器具

上料设备、脚手架用的各种材料、灰槽等工具配备齐全。

4. 砌筑基本要求

① 首先做好基础找平、放线工作，并在钢架上画出砖的层数标志。

② 砌筑按由下至上、由左至右、由里向外、先耐火砖后红砖的次序进行。

③ 砌筑时，要拉线绳和水平尺进行找平。

④ 砌筑前应根据砌体类别，通过试验确定泥浆稠度和加水量，确保泥浆的砌筑性能满足设计要求。

5. 选砖

为了达到砌体砖缝的要求，砌筑时应进行选砖和砖的加工，防止不合格的砖砌入砌体之中，影响砌体质量。

6. 砖墙砌筑

① 红砖砌体在常温下施工时，必须用水浇湿。砌砖时必须挂线，先摆砖、排缝，采用一铲灰一块砖的铺灰挤浆揉砌法，保证灰浆饱满。墙面大角要勤吊，保证平直。

② 耐火砖砌体砌筑时每一层砖都必须拉线校平，随时注意松紧适当。根据砌体的砌筑高度，还应采用挂坠吊线的方法，控制炉墙的垂直度偏差，挂线以离开墙面2~3mm为宜。

③ 上下层砖应错缝，砖缝应横平竖直，且泥浆饱满（采用浆揉砌法）。需重新砌筑时应将砖上的灰浆刮干净，然后抹新灰浆后砌筑。砖的加工面和有缺陷的表面不应朝向炉膛或炉子通道的内表面。砌体各部位砖缝的允许厚度，应符合表2-11的规定。

表 2-11 砌体各部位砖缝的允许厚度

部位名称	砖缝允许厚度/mm			
	Ⅰ	Ⅱ	Ⅲ	Ⅳ
落灰斗			3	
燃烧室			3	
前后拱及各类拱门		2		
折焰墙			3	
炉顶			3	
硅藻土砖		2		5
烧嘴砖				
外墙砖				8~10

注：1. Ⅰ、Ⅱ、Ⅲ、Ⅳ为耐火砌体分类。

2. 砖缝厚度应用宽度15mm的标准塞尺检查，塞尺插入深度小于20mm时为合格。

④ 砌砖时应使用木槌或橡胶槌找正，不得在砌体上砍凿砖。泥浆干固后，不应敲击砌体。

7. 炉墙表面平整度要求

炉墙砖砌体在砌筑时应表面平整，墙体垂直度符合设计要求。砖砌体的允许偏差应符合表2-12的规定。

表 2-12　砖砌体的允许偏差

项目			允许偏差/mm	检查方法
垂直度	黏土砖	每米	3	吊线
		全高	15	
	红砖墙	全高≤10m	10	
		全高>10m	20	
表面平整度	黏土砖墙面		5	用 2m 长靠尺检查靠尺 与砌体间的间隙
	挂砖墙面		7	
	红砖清水墙面		5	
	拱脚砖下的炉墙上表面		5	
	底面		5	
炉膛的长度和宽度			±10	—
炉膛的两对角线长度之差			15	—
烟道的宽度、高度			±15	—
拱顶跨度			±10	—

8. 砌体表面间隙与受热面之间间隙控制

炉墙砌筑时，砌体内表面与各受热面之间的间隙，应符合随机技术文件规定。

实施中应注意，为了满足受热膨胀的需要，正偏差允许略大一些，负偏差控制较为严格，有的甚至不允许有负偏差。

9. 砌体勾缝

砌筑完成后应对外墙进行勾缝，划缝深度应以 6～8mm 为宜，要均匀一致，露出砖的棱角成方口，缝内和墙面应打扫干净，不得留有干砂和灰浆。砌体砖缝灰浆的饱满程度不应低于 90%。砌体砖缝的厚度应在炉子每部分砌体每 5m² 的表面上用塞尺检查 10 处，其中比规定砖缝厚度大 50% 以内的砖缝，不应超过下列的规定：

① Ⅰ 类砌体为 4 处；

② Ⅱ 类砌体为 4 处；

③ Ⅲ 类砌体为 5 处；

④ Ⅳ 类砌体为 5 处。

砖缝厚度和泥浆饱满度是衡量砌体质量的两项重要指标。灰浆内不应掺杂和混有其他易燃物质。泥浆饱满度的检查是抽查性质。当发现不合格后，不宜再频繁地进行。不足 5m² 按 5m² 计。

10. 炉拱砌筑

按设计要求制作拱胎，拱脚要与洞口尺寸弧度相适应。拱角表面应平整，角度正确，不得用加厚砖缝的方法找平拱角。

发碹前要干摆排缝。计算灰缝厚度时，应将干缝的厚度计算在内，一般每个干缝按 1mm 计算为宜。

如受砖型和层数限制，不能满足设计要求时，可以加片，但厚度不应小于 3mm，且应砌在碹角处。

拱砖应从两侧拱角砖开始，同时向中心对称砌筑。拱碹的放射缝应与半径方向吻合，纵向缝应砌直。

锁砖应在拱中心位置，砌入拱顶深度约为砖长的 2/3～3/4。砌入锁砖时用木锤并垫木块敲击，严禁用铁锤直接打击。不得采用砍掉 1/3 以上砖的办法或砍凿长侧面的办法使大面构成楔形的锁砖。

拱砌筑时需要先按图纸设计形状制木模（拱胎），砌拱工作完成后，经过 2～3h 才可拆模。

11. 耐火浇注料施工

（1）耐火浇注料试块制作 在现场施工时，耐火浇注料的配置比例是采用技术资料给定的配合比，而技术资料给定的配合比为一个范围值。由于地方和气候不同，同样的配合比耐火浇注料的质量是不一样的，因此在耐火浇注料施工前有必要按随机技术文件规定的配合比制作试块，试块大小一般为 100mm×100mm×100mm，每个检测项目一般需要 3 个试块，按《耐火材料常温耐压强度试验方法》GB/T 5072 有关规定进行各项指标（耐火度、耐压强度、荷重软化等）检测试验，合格后再投入施工以确保施工质量。

（2）施工时耐火浇注料试块留置 耐火浇注料现场浇筑时，对每一种牌号或配合比，应以每 20m³ 为一批留试块进行检验，不足 20m³ 做一批检验，采用同一牌号或配合比进行多次施工时，每次施工均应留置试块检验，必要时进行检验以验证浇注质量。检验项目和要求，应按国家现行标准的有关规定执行。

（3）耐火浇注料质量要求 浇注体表面不应有剥落、裂缝和空洞等缺陷。考虑到耐火浇注料拆模时已有很大强度及脆性，不易修补，投产后又将工作于高温环境，提出严格要求是适当的。但是，即使精心施工，一些干燥裂纹也在所难免，因此允许有轻微的网状裂纹。

（4）耐火浇注料的养护 耐火浇注料在浇注后的凝固过程中，应保持在一定的温度和湿度下进行养护，在 10～20℃ 的正常天气，耐火浇注料表面应盖上湿锯末和草袋，浇灌 1 昼夜后，应在其表面洒水，保养期不小于 3 昼夜。在夏季太阳下浇注后 3～4h 即应洒水。在秋季施工应采取防寒保暖措施，确保施工部位及周围的平均温度达到 5℃ 方可施工，一般多用蒸汽加热法。采用蒸汽养护时，高铝水泥耐火混凝土不得超过 ±30℃。

（5）砌体冬季施工要求 砌筑及耐火浇注料冬季施工时，工作地点和砌体周围温度均不应低于 5℃。黏土结合耐火浇注料、水玻璃耐火浇注料、磷酸盐耐火浇注料施工温度不宜低于 10℃，必要时调制耐火浇注料用水可进行加热，硅酸盐水泥耐火浇注料的水温不应超过 60℃，高铝水泥耐火浇注料的水温不应超过 30℃。不得对水泥直接加热。耐火浇注料施工过程中另加促凝剂。

5℃ 是个安全的下限值。在 0℃ 时水分的体积会发生膨胀而使结合体强度降低。

（6）耐火浇注料施工的注意事项 搅拌好的料必须在 40min 内用完，严禁第二次加入磷酸盐结合剂，初凝后的料应弃之不用。

材料施工现场环境温度应控制在 10～18℃ 之间，冬季施工环境温度低于 10℃ 时应有适当的保温措施，夏季施工环境温度高于 30℃，应有降温措施。雨期施工应有防雨措施。

五、炉体保温

根据使用情况和施工经验，在外墙与内墙耐火砖墙之间应用耐火硅酸铝纤维毡材料填充，以保证炉墙砌体的隔热效果。这一措施在炉墙砌筑图里没有，一般设计图在内外墙之间为 20mm 的留空。

砌筑烧嘴砖时，砖孔的中心位置、标高和倾斜角度，应符合随机技术文件规定。砌在炉内的管子与耐火砌体接触的表面，应铺贴耐火纤维隔热材料。在施工中，与金属结构接触处常用耐火硅酸铝纤维毡作为隔热材料。

砌体膨胀缝的留设

砌体膨胀缝的大小、构造及分布位置，应符合随机技术文件规定。技术文件无规定时应按表 2-13 留设。各类耐火砌体的线膨胀数值国内外至今没有成熟的资料，表中是根据耐火制品的线膨胀数值和结合生产、施工实践得出其平均值。留设的膨胀缝应均匀平直，膨胀缝宽度的允许偏差为 0~5mm。膨胀缝内应无杂物，并应用尺寸大于缝宽度的耐火纤维材料填塞严密，朝向火焰的缝应填平。炉墙垂直膨胀缝内的耐火纤维隔热材料应在砌砖的同时压入。硅酸铝纤维毡条使用温度可达 1050~1250℃，故推荐在朝向火焰的缝内使用。

表 2-13　每米长砌体的膨胀缝数值　　　　　　mm

项目	膨胀缝数值	项目	膨胀缝数值
黏土耐火砖砌体	5~6	镁铝砖砌体	10~11
高铝砖砌体	7~8	硅砖砌体	12~13
刚玉砖砌体	9~10	镁砖砌体	10~14

第四节　燃烧器的原理与操作

知识目标

① 了解燃料油的特性。
② 了解火化机燃烧器的各种形式。
③ 掌握常见燃烧器的操作原理。

一、燃料油的特性

目前我国各地殡仪馆绝大部分都是采用燃油式的火化设备，只有少部分地区使用燃气式的火化设备，也有极个别的边远地区殡仪馆还在使用以煤为燃料的火化机。这里主要介绍燃油的特性。

燃料油的主要特性由黏度、含硫量、闪点、水、灰分和机械杂质等技术指标表征。

1. 燃料油的化学组成

燃料油主要由碳（C）和氢（H）等元素组成，当然还含有少量硫（S）、氧（O）、氮（N）、水分（W）和灰分（A）等，常用质量分数表示。氧、氮含量很少，可以忽略，而硫含量一般要给出。各元素组成的数量可用元素分析法直接测定，在生产装置上也可用下列经验公式估算氢和碳的含量：

$$H = 26 - 15d_4^{20}$$
$$C = 100 - (H + S)$$

式中　H、C、S——燃料油中的氢、碳、硫的质量分数；
　　　d_4^{20}——燃料油的相对密度。

2. 相对密度和密度

燃料油的相对密度 d_4^{20} 表示 20℃时单位体积的燃料油质量与 4℃时同体积水的质量之比。

燃料油的密度表示单位体积燃料油的质量。20℃时燃料油的密度用 ρ^{20}（kg/m³）表示。温度 t（℃）时的密度用 ρ^t 表示。ρ^t 与 ρ^{20} 之间关系如下：

$$\rho^t = \rho^{20}/[1+\beta_t(t-20)]$$

式中，β_t 是燃料油的膨胀系数，m³/(m³·K)。

3. 黏度

黏度是燃料油最重要的性能指标，是划分燃料油等级的主要依据。它是对流动性阻抗能力的度量，它的大小表示燃料油易流性和易雾化性能的好坏，有动力黏度、运动黏度和条件黏度之分。目前国内较常用的是40℃运动黏度（馏分型燃料油）和100℃运动黏度（残渣型燃料油）。油品运动黏度是油品的动力黏度和密度的比值。用符号 γ 表示，单位为 m²/s，即斯托克斯，简称斯。运动黏度与同温度下燃料油密度的乘积即为燃料油动力黏度。动力黏度用符号 μ 表示，单位 Pa·s。燃料油的黏度随温度的升高而降低，其变化与原油的性质、炼油工艺、石蜡及胶质的含量等许多因素有关。

4. 比热容

燃料油的比热容是1kg燃料油温度升高1℃时所需的热量，其值随温度和密度而变化。近似计算时重质燃料油比热容取为2.09kJ/(kg·℃)。

5. 闪点、燃点及自燃点

闪点是在大气压下，燃料油蒸气与空气混合物在标准条件下接触火焰，发生短促闪蓝色亮光时的油品最低温度，用以表明燃料油着火的难易程度。其测定的方法有开口杯法和闭口杯法两种。开口杯法测定的闪点一般比闭口杯法测定的闪点高30～40℃。在无压系统（非密闭系统）中加热燃料油时，加热温度不应超过闪点，一般应低于闪点10℃，以免发生火灾。在压力系统（密闭系统）中不受此限，可加热到燃烧器要求的黏度所相应的温度。

在大气压力下，燃料油加热到所确定的标准条件时，燃料油蒸气和空气的混合物与火焰接触即发生燃烧，且燃烧时间不少于5s，此时最低温度称为燃点。一般燃料油的燃点比闪点略高，重质燃料油的燃点比闪点高10～30℃。

自燃点是指燃料油缓慢氧化而开始自行着火燃烧的最低温度。自燃点的高低主要取决于燃料油的化学组成，并随压力而变化，压力越高，油质越重，自燃点就越低。重质燃料油的自燃点比轻质油的自燃点要低得多。例如汽油在空气中的自燃点为510～530℃，而减压渣油自燃点只有230～240℃。所以燃料油在使用过程中一定要妥善管理，如果燃烧器或阀门等部位泄漏，易引起火灾。有些节能型火化机使用的热风在250～300℃，如果燃烧器漏油流入风管路，也易造成火灾事故。

6. 凝点和倾点

凝点是燃料油丧失流动能力时的温度，即燃料油在倾斜45°的试管里，经过5～10s尚不流动时的温度。国外用倾点表示燃料油的流动性。倾点是燃料油在标准实验条件下刚能流动的温变，凝点加2.5℃即为倾点的数值。燃料油的密度越大，石蜡含量越高，则凝点也越高。一般情况下，燃料油温度在凝点以上，才能自流到泵入口或从管中流出。因此，凝点的高低对燃料油的选用、运输、储存都有影响。

7. 硫分

燃料油中都不同程度地含有硫。按含硫量的多少，燃料油可分为低硫燃料油（含硫量<0.5%）、含硫燃料油（含硫量0.5%～1.0%）、高硫燃料油（含硫量>1.0%）3种。

硫的影响在于它燃烧后生成 SO_2 和 SO_3，它们在不同情况下与灰分反应或在低温下与水生成酸，造成高温硫腐蚀、露点腐蚀及大气污染等。

8. 灰分

燃料油中的灰分一般小于 0.2%，其中包括钠、镁、钒、镍、铁、硅等及少量其他金属化合物。灰分对火化机燃烧器能形成积灰堵塞、高温腐蚀以及对耐火砖的侵蚀等，尤其是其中的钒和碱金属，燃烧后生成 V_2O_5 及碱金属硫酸盐（Na_2SO_4、$MgSO_4$、$CaSO_4$），危害很大。

9. 水分

燃料油含水（水呈非乳化状态）会使火焰脉动、间断甚至熄火。一般燃料油含水 3% 会使燃烧不稳定，含水 5% 就会造成燃烧中断，因此燃料油在供给燃烧器之前应进行充分脱水，水分应控制在 2% 以下。

10. 机械杂质

燃料中的机械杂质含量为 0.1%～2.0%。新安装的火化机，管线中的焊渣、砂石、焦块等混入燃料油中，使机械杂质（特别是大颗粒的机械杂质）增加。机械杂质易造成燃烧器喷孔、阀门的堵塞和磨损，因此燃料油在供给燃烧器前应进行严格的过滤。新安装或大修后的火化机燃油管线，使用前应充分吹扫，以减少杂质对燃油的污染。

11. 残炭

燃料油的黏度越大，胶质和沥青越多，一般残炭值就越高。燃烧器连续使用时，残炭一般不会造成不良影响，如果燃烧器常因熄火而停运时，残炭易在燃烧器喷口积炭结焦，会产生雾化不良的影响，严重时还会造成火焰偏烧和流淌燃料油等现象。

12. 发热量

燃料油的发热量是燃料定温完全燃烧时放出的热量。按燃烧产物中水蒸气所处的相态（液态或气态），有高、低发热量之分。火化机的排烟温度远超过水蒸气的凝结温度，为避免低温腐蚀和结垢堵塞问题，也不可能将排烟温度降到水蒸气的凝结温度，因此在火化机的热平衡和热效率计算中均采用低发热值。燃料油的发热值可按元素组成计算：

$$Q_H = 339C + 1256H - 109(S-O)$$

$$Q_L = 339C + 1030H - 109(S-O) - 25W$$

式中　　　　Q_H——燃料油的高发热值（高热值），kJ/kg；

　　　　　　Q_L——燃料油的低发热值（低热值），kJ/kg；

C、H、O、S、W——燃料油中碳、氢、氧、硫和水分的质量分数。

如碳含量为 86%，则 $C=86$。燃料油的元素含量一般不易得到，可估算出无水燃料油的低发热量（由于燃料油中氧含量很少，推导中忽略不计）：

$$Q_L = 51874 - 10362d_4^{20} - 230S$$

二、燃料油的雾化

燃料油通过喷嘴破碎为细小颗粒的过程，称为油的雾化。根据雾化理论的研究，雾化过程主要包括以下几个步骤进行：

① 液体由喷嘴流出时形成薄幕或流股；

② 由于流体的初始湍流状态和空气对液体流股的作用，使液体表面发生弯曲波动；

③ 在空气压力的作用下，产生了流体薄膜；

④ 靠表面张力的作用，薄膜分裂成颗粒；

⑤ 颗粒的继续碎裂；

⑥ 颗粒（互相碰撞时）的聚合。

燃油的雾化需要消耗一定的能量，根据其能源性质，可分为蒸汽或空气介质式雾化和机械式雾化两大类。

① 蒸汽或空气介质式雾化是利用高速蒸汽（或空气）的运动，将燃油雾化成细粒。这类方法还可根据雾化介质压力不同分为：

a. 高压雾化，雾化剂压力在 100kPa 以上；

b. 中压雾化，雾化剂压力在 $10 \sim 100kPa$；

c. 低压雾化，雾化剂压力在 $3 \sim 10kPa$。

② 主要靠液体本身的压力把液体以高速喷入相对静止的空气中，或以旋转方式使油流加强搅动，使油雾化，这种方法称为机械式（或油压式）雾化。

表征喷嘴雾化质量的特性参数，有雾化气流（或称雾化锥）中液滴群的雾化细度、雾化气流的扩张角度（雾化角）、雾化气流的流量密度分布、射程及流量等。

① 雾化锥液滴细度　雾化锥中液滴大小各不相同，液滴直径越小，则表面积越大，蒸发、混合及燃烧速度也就越快。例如，$1cm^3$ 球形液滴的表面积仅为 $4.83cm^2$，如将它分成 10^7 个相同直径的小液滴，其表面积增加到 $1200cm^2$，表面积约增加 250 倍。采用离心式机械喷嘴雾化的油滴直径在 $5 \sim 500\mu m$，而多数在 $150\mu m$ 左右；蒸汽介质雾化的油滴多数在 $100\mu m$ 左右。雾化后的平均粒径要小，而且要尽量均匀。当粒径分布不均匀，大小颗粒较分散时，较大的油颗粒影响燃烧效果。

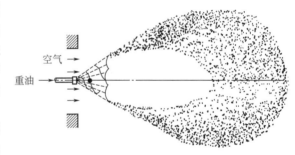

图 2-66　油雾化锥

② 雾化角　喷嘴出口处的燃料油形成细油滴组成的雾化锥（图 2-66），喷出的雾化气流不断卷吸炉内气体并形成扩展的气流边界。从雾化锥根部至出口不远的距离内雾化锥呈圆锥形，圆锥尾部由于动能的消失及中心压力的减低使扩展渐渐减小，故雾化锥并非正圆锥形，雾化锥的形状和扩展程度与喷嘴结构有关，配风也对其有一定影响，参见图 2-67。度量雾化锥的扩张程度常用雾化角表示。因为雾化锥为非正圆锥，故只能用拍摄照片后作图求得雾化角的大小，参见图 2-68。

图 2-67　结构不同油雾的形状

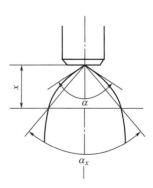

图 2-68　雾化角的定义

雾化角常用以下两种表示方法：

① 在喷嘴出口处做雾化锥外边界的切线，切线的夹角即为出口雾化角 α；

② 以喷嘴中心为圆心，距离为 x（一般 x 取 200mm）作直线，与边界线得两交点，连接喷口中心与两边界线交点的连线，这两条连线间的夹角即为条件雾化角，可用 α_x 表示（图 2-68）。

由于条件雾化角能反映油雾的运动方向，便于测量，故试验时常采用条件雾化角表示或比较不同工况的雾化角。

根据流体力学原理，雾化角的大小取决于流股断面上质点的切向分速度与轴向分速度之比。所以有助于提高切向分速度的因素，都能使雾化角增加；有助于提高轴向分速度的因素都会使雾化角减小。例如，采用带旋流装置的喷嘴，可得到大的张角，甚至可得到空锥体的油雾矩，张角可达 60°～90°或更大；而采用直流喷嘴，油雾矩的张角较小，只有 10°～20°。

③ 流量密度分布　油雾中的油粒流量密度是指单位时间内通过垂直油雾速度方向的单位面积上的燃油流量，其单位为 $cm^3/(cm^2 \cdot s)$。流量密度与喷嘴结构及工况参数有关。

④ 油雾射程　在水平喷射时，油粒降落前的轴线方向移动的距离为油雾的射程。油雾中油粒直径是不均匀的，它们移动的距离是不相同的，甚至有极细小的颗粒会悬浮于气流之中而不降落。因此所谓油雾射程的数值是非常粗略的。一般来说，轴向速度越大，射程就越远。切向分速度越大，射程就越近。射程在一定程度上可以反映火焰长度，射程比较远的喷嘴常常形成长的火焰。但是射程与火焰长度是两个不同的概念，两者并不等同。

三、燃料油燃烧的特点

燃料油是应用范围最广泛的能源之一，它的发热值高、储藏运输方便，适合包括火化机在内的各种热力设备。燃料油在火化机的炉膛中是以火炬的方式燃烧。其燃烧过程大致可分为两个阶段：燃油雾化并使油雾加热、汽化和分解与空气混合阶段；燃油的着火燃烧阶段。其中第一阶段在燃烧器中完成，第二阶段是在火化机炉膛中完成。

燃料油的燃烧方式有两种：一种为预蒸发燃烧；另一种为喷雾燃烧。预蒸发燃烧是使燃料在进入燃烧室之前先蒸发为油蒸气，然后以不同比例与空气混合后进入燃烧室中燃烧。例如汽车就是采用预蒸发燃烧方式。

火化机燃烧器采用的是喷雾燃烧方式，它是将液体燃料通过雾化喷嘴形成一股由微小油滴（50～200μm）组成的雾化锥气流。因在雾化的油滴周围有空气存在，当雾化锥气流在燃烧室被加热时，油滴边蒸发、边混合、边燃烧。油的沸点比着火温度低，所以不会直接在油滴表面形成燃烧的火焰，而是蒸发的油蒸气离开油滴表面扩散并与空气混合燃烧，因此火焰面离开油滴表面有一定的距离。

油的雾化燃烧过程大致经历：雾化、蒸发、扩散混合、着火和燃烧等五个阶段。其中雾化、蒸发、扩散混合是物理过程，是保证稳定着火、充分燃尽的必要条件，特别是雾化和混合的好坏直接影响到燃烧化学反应的进程和燃烧的效率。

燃料油及其蒸气都是由碳氢化合物组成的，它们在高温下若能以分子状态与氧分子接触，便能发生燃烧反应。但若在与氧接触前便达到高温，则会因受热而发生分解，即发生所谓的热解现象。油的蒸气会产生固体的碳和氢气，这种固体碳称为炭黑。另外，尚未蒸发的油滴本身，如果剧烈受热而达到较高温度，液体状态的油滴会发生裂化现象。裂化的结果产生一些较轻的分子，呈气体状态从油滴中飞溅出来。气体状态的碳氢化合物，包括油蒸气以及热解、裂化产生的气态可燃物与氧分子接触后，达到着火温度时，就会产生剧烈的燃烧反应，在这种情况下油蒸气及热解、裂化产物等可燃物不断向外扩散，氧分子向内扩散，两者混合达到化学当量比例时，便开始着火燃烧，形成火焰锋面。由火焰锋面上释放出来的热量又向油滴传递，使油滴不断重复受热、蒸发、燃烧。

在油滴的燃烧过程中，有两个互相依存的方面。一方面燃烧反应需要燃料油的蒸发提供反应物质，另一方面燃料油的蒸发又需要燃烧反应提供热量。在稳态燃烧时，燃料蒸发的速度和油蒸汽燃烧的速度是相等的，只要有蒸气蒸发出来就能立即烧掉，那么整个燃烧过程的速度就取决于燃料油的蒸发速度。如果油蒸发的速度很快而蒸气的燃烧很慢，则整个过程的速度就取决于油蒸气的燃烧。所以在稳定燃烧时，油滴从火焰中获得热量而蒸发的油量等于油滴周围烧掉的油蒸气量。燃油雾化成细油滴，大大地增加了燃油表面积，加快了油蒸气与空气中氧的混合。从喷油嘴喷出的油雾，到达燃烧区时一部分直径很小的细油滴已经完全蒸发，变成油蒸气与空气均匀混合后进行燃烧；一部分较大的油滴则没有完全蒸发，保持单个油滴状态。油雾和油滴都是液态，所以油雾的燃烧既有均匀混合气的燃烧，也有油滴的燃烧，并且油滴燃烧时间和它的直径平方成正比。油雾化颗粒越小，燃烧时间就越短，火焰长度也越短。从加强混合和提高燃烧热强度的角度出发，要求燃油雾化得越细越好。当燃油雾化得很细时，油雾才可能和空气混合得很均匀，并很快蒸发和燃尽。如果雾化燃油中有粒度较粗的油滴，常常会在炉膛内来不及燃尽而产生大量火星，引起火化机冒黑烟，极大的油滴还会喷射到耐火砖墙上或落到炕面产生结焦。所以一般要求燃油雾化平均油滴直径在 $100\mu m$ 以下。

使燃油雾化成很细微的油滴，并送入炉膛足够的空气与雾化油滴充分混合，可以保证燃油的燃烧过程正常地进行。为了使雾化油与空气充分混合，通常适当提高燃烧器出口速度，气流速度越快，湍流脉动越大，混合也就越强烈。空气流要与油雾化流沿径向分布相配合，沿圆周分布尽量均匀，以保证空气与雾化油滴充分混合。加强出口气流的扰动，形成复杂的速度场，可加强出口气的混合。把燃烧器四角或对面布置，使气流相互冲击，加强混合，油雾没有着火前，送入一定量的一次风与油雾预先混合，以防止油热分解产生炭黑粒子。

四、燃油燃烧器结构与原理

燃烧器主要由喷油嘴和配风器组成，喷嘴的作用是把燃油雾化成均匀的油雾颗粒，配风器的作用是为油燃烧提供所需要的空气，并使供入炉内的空气与喷入的油雾均匀混合以提高燃烧效率。

1. 喷油嘴

火化机上一般采用机械雾化喷油嘴，比较常用的喷油嘴为压力式和回油式喷油嘴。喷油嘴的任务是把油雾化成很细的雾滴，以利于燃油迅速而完全地燃烧。

压力式喷油嘴的结构见图 2-69。喷油嘴的接头与燃油系统的输油管相连，油泵产生的压力为 0.2MPa，燃油经过滤网 6 过滤后流入芯子 3 的中央，穿过芯子前端的横孔，进入油头 2 的环形空间，充满开有切向槽的雾化片 1 的背面外围空间，再沿切向槽高速地流入雾化片中央的旋涡室，在此产生强烈的旋转运动，然后从喷孔中高速喷出。喷射的油滴在离心力和空气摩擦力的作用下被粉碎成雾状，并且沿轴向速度和径向速度合成的速度方向运动（螺旋线运动），从而扩散成 60°～70°的空心雾化锥。雾化片是喷油嘴的主要零件，与燃油的雾化质量密切相关，因而要注意维护保养，定期检查和清洗。发现诸如喷孔不圆，内壁有缺口、毛刺等，应及时予以换新。

回油式喷油嘴（图 2-70）有两个管接口：一个接供油管，燃油由此进入喷油嘴旋涡室；

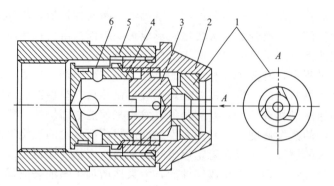

图 2-69 压力式喷油嘴结构

1—雾化片；2—油头；3—芯子；4—网座；5—套座；6—滤网

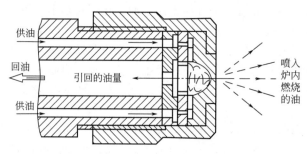

图 2-70 回油式喷油嘴结构

另一个接装有回油控制阀的回油管。只要改变回油控制阀的开度，就可以一定比例调节喷油量。这种喷油嘴油量调节幅度较压力式明显扩大，而且不影响喷油压力和雾化质量。其最小喷油量为最大喷油量的 $1/3\sim1/5$。

2. 配风器

配风器常有平流式和旋流式两种，旋流式又分为固定叶片型和可调叶片型。固定叶片型的倾角是固定的，可调叶片型叶片的倾角是可调节的。图 2-71 所示为采用旋流式固定叶片型配风器的燃烧装置。

火化机的燃烧室后立面墙的耐火砖上预留一个锥形圆孔，即为燃烧器的安装孔（亦称火口），喷油嘴位于火口的中心线上，配风器装在火口外面的风箱中，正对着火口。配风器由扩散器罩 3、导向叶片 4、轴向风门挡板 2、火口 5 等组成。导向叶片的作用是使进入炉膛的空气产生旋转运动，即产生旋转气流，并使气流具有一定的扩散角，保证油气混合良好。在安装喷油嘴的中心管架的前方有扩散器罩 3，罩上有一圈小孔，罩内引一股气流至喷油嘴前端，用以防止燃油在高温缺氧条件下裂解，产生难燃的炭黑并冷却喷油嘴。这一部分空气约占总空气量的 $10\%\sim30\%$，风速约为 $10\sim40\text{m/s}$，称为一次风。推拉轴向风门调节杆 7，可使轴向风门挡板 2 移动，改变进风小孔通道的大小，可以调节一次风的风量，从而控制火焰的长度和保持火焰稳定。风箱里绝大部分空气从扩散器罩 3 外围并经切向叶片以一定旋流速度供入燃烧室内，这部分空气称为二次风，风速约为 $25\sim60\text{m/s}$。二次风主要供给燃烧所需的大部分空气，并使其与油雾强烈混合，以达到完全燃烧的目的。由于二次风是从扩散罩外进入炉内，高速气流不会直接吹到喷油嘴喷出的油雾锥体根部，所以火焰稳定。推拉扩散器罩调节杆 8，可使扩散器罩前后移动，以改变二次风的风量，保证火焰和排烟颜色正常，燃烧完全。另外，还靠二次风来建立回流区。由于切向片叶片的作用，在气流中心区域形成

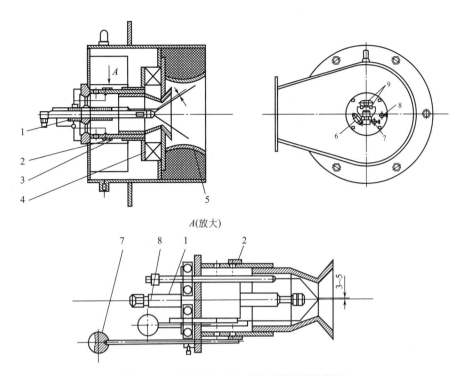

图 2-71　采用固定叶片型配风器的燃烧装置

1—电火花点火器；2—轴向风门挡板；3—扩散器罩；4—导向叶片；5—火口；6—光敏电阻装置；

7—轴向风门调节杆；8—扩散器罩调节杆；9—点火器压板装置

低压区，使炉膛内高温烟气回到根部而形成回流。若回流区合适，则喷出的油雾先与一次风混合后，再与回流区的高温烟气和二次风混合，有利于及时着火和保持火焰稳定。但回流区过大将使油雾在火焰根部裂解。扩散器罩内还装有电火花点火器 1、光敏电阻装置 6 和点火器压板装置 9。

经配风器供入的风量必须合适，因为空气不足会使燃烧不良，空气过多则会降低炉温，不利于燃烧，而且会削弱传热效果，还将因排烟量加大，使排烟热损失增加。由理论计算可知，1kg 油在标准状态下完全燃烧需 $10\sim11m^3$ 空气，但供入的空气不可能全被有效利用，所以实际供入量应稍多些。在保证燃烧良好的条件下，过量空气系数越小越好。燃油雾化正常时，该系数主要取决于配风器的性能。采用较好的配风器时其值为 1.1~1.2 之间，一般的配风器值为 1.3~1.4，当配风器不佳或与喷油嘴配合不良时，其值甚至可达 1.5~1.6。过量空气系数可通过改变风机进风风门的开度进行调节。

3. 典型燃烧器介绍

图 2-72 为德国威索（Weishaupt）燃油燃烧器结构图，它是直流式燃油燃烧器。这种结构的燃烧器是目前燃油式火化机普遍采用的，特点是将燃烧供应空气的风机和燃油喷嘴以及油泵、电子点火装置、火焰监测装置等做成一体，具有结构紧凑、安装运行方便等优点，整体结构看似一台小型风机，小型油泵直接固定在风机外壳上，输油管在风机内部与喷油嘴相连接。油的雾化是靠油泵的压力实现的，供给燃烧的空气经自动或手动控制阀进入风机蜗壳，电动机带动叶轮旋转将空气直接送至燃烧器出口处，与雾化之后的油雾混合，实现稳定高效的燃烧。燃油量与空气供给量用比例调节连杆同步调节，保证燃烧维持在合理的过量空气系数下进行，做到节省能源。

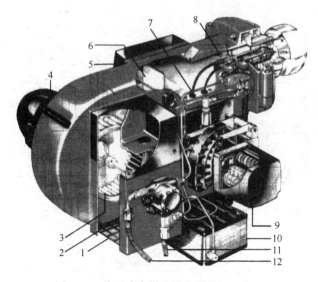

图 2-72 德国威索燃油燃烧器结构示意图

1—防护网；2—油泵；3—风机叶片；4—风机电动机；5—电路控制开关；6—空气调节门；
7—点火变压器；8—光敏接头；9—伺服电动机；10—油预热器；11—回油管；12—输油管

图 2-73 为意大利利雅路（Riello）全自动燃烧器内部结构示意图。该燃烧器将喷油嘴、油泵、风机做成一体，并配有自动点火和燃烧控制装置，其喷油嘴有两个喷油孔，工作时能喷出两段火，可利用电路控制每段火的开闭，从而调节火焰的大小。耗油量为 8～30kg/h，喷油量可通过调节油泵的油压调节螺钉来调节，参阅图 2-74。

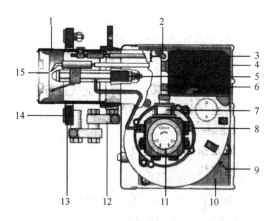

图 2-73 意大利利雅路燃烧器内部结构图

1—燃烧头；2—燃烧头调节螺钉；3—控制盒；4—外壳；
5—预热器；6—光电阻；7—油电磁阀；8—泵压调节螺钉；
9—自动风门挡板；10—消音罩壳；11—油泵；12—连接
铰链；13—安装法兰；14—法兰垫片；15—稳焰盘

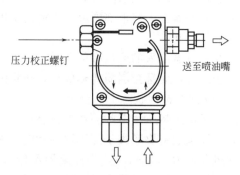

图 2-74 喷油量调节

利雅路全自动燃烧器的油泵和风机共用一台电机，在启动电源后，电机首先启动，带动风机和油泵工作，从喷嘴喷出风油混合气体。同时电子点火器点火电极开始点火。若点火成功，则转入正常燃烧状态；若火焰检测器在 20s 内检测不到火焰，则自动切断风路油路，同时关闭电源，并且在 2min 内不得重新启动燃烧器点火。到保护时间后，须先使保护开关复位，才能重新启动燃烧器点火。燃烧过程中一旦发生熄火现象，火焰检测器马上就能检测到，燃烧器立即进入熄火保护，避免发生事故。

 五、燃烧器的选用

对于火化机中使用的燃烧器，主要要求是雾化火化所需的燃油，增大燃料与空气的接触面积；供给燃烧所必需的空气，实现空气与油雾或燃气充分混合，保证燃烧完全。对于全自动燃烧器还应保证点火迅速，燃烧稳定，能实现程序点火和燃烧过程的自动控制。

燃烧器的选用应根据火化机的结构特点和性能要求，结合用户的使用条件来选用。对于普通平板式火化机，多在县一级或边远的地市级的殡仪馆使用，一般要求设备价格低廉，节省能源，自控程度要求不高，烟气排放环保要求达到国家二、三级标准。应选用机械式喷油嘴（油枪），鼓风机供给烧嘴风和炉膛助燃风；如有条件配高位油箱，可省去油泵；喷油嘴（油枪）可选用喷油量不大于 20kg/h 的喷油嘴。

所选喷油嘴（油枪）火焰的几何形状和尺寸要与平板式火化机燃烧室相匹配，在选用喷油嘴（油枪）时，主要应注意控制火焰直径和长度两个基本参数，不同喷油嘴的火焰直径和长度是不同的。要想使燃烧充分进行，并将燃烧产生的热量有效地用于火化遗体，燃烧室结构一定要与火焰的外形结构尺寸相匹配。如果燃烧室太小，火焰直径和长度大，则会出现火焰直接冲刷受热面，造成未燃尽油雾或气体的急冷而在受热面上积炭。若燃烧室太大，火焰长度、直径太小时，则会出现火焰充满度差，炉内温度低的现象，影响受热面的有效利用。在实际使用中，所选用喷油嘴的火焰直径和长度尽量接近火化机的燃烧室尺寸，以保证遗体的正常火化，火焰尺寸可通过喷油嘴的雾化角度进行适当的调节。

对于自动控制的平板式火化机和台车式火化机，从使用性能来说，一般要由电子点火，有些甚至要程序控制点火，以及火化燃烧过程的自动控制，以选用自动燃烧器为宜。

目前市场上用于火化机的燃油、燃气燃烧器多采用一体化结构，主要由机壳、电动机、风机、风门、风门调节器、油泵、电磁阀、点火装置、火焰监测器、喷油嘴等组成。电动机与风机和油泵通过联轴器相连，电动机转动时，带动风机和油泵一起转动。风机的作用是将燃烧需要的空气送入炉膛，并产生一定的压力。调节风门调节器，可控制进风门开度调节进风量。油泵的作用是将燃料油加压，并为雾化提供能量。控制电磁阀开关，可以控制燃油的供应。火化机燃烧器的喷油嘴数量一般为 1～2 个，可由不同的电磁阀分别控制，可以实现分段燃烧和控制。火焰监测器则起安全点火和熄火保护的作用，每台燃烧器上还带有一个控制器，燃烧器的点火运行程序就是通过它进行控制的。

虽然燃烧器的工作原理大致相同，结构也大同小异，但是在性能上还是有很大差别的，所以在选择时应考虑燃烧器的功率范围、火焰的几何形状和尺寸、安装方式等因素。

平板式火化机密封性较好，主燃烧室空间在 0.8～1.1m³，一般选用 20～30kg/h 耗油量的燃烧器即可满足火化需要。台车式火化机由于主燃烧室炕面（炉底板）是活动的，密封性较差，有一定的热量损失。一般选用 25～40kg/h 耗油量的燃烧器。

另外，自动燃烧器的选择也涉及到火焰的几何尺寸与火化机燃烧室匹配的问题，选用时可参照油枪的选取原则考虑。

 六、燃烧器的调整

1. 火焰的调节

火化机在火化过程中，为了保持良好的燃烧工况，操作人员必须注意观察火焰的颜色、火焰的分布、风量的配合、烟色的变化等。燃烧工况良好时，火焰中心在燃烧室中部，火焰均匀地充满燃烧室但不触及四壁；高低合适，火焰不冲刷炕面，也不延伸到燃烧室出口；着火点距燃烧器出口适中，以免烧坏喷嘴和风口。一般燃烧器出口处油雾均匀、无黑色，火焰中心呈淡橙色，白亮均匀，火焰尾部无黑烟，整个火焰轮廓清晰，外圈无雪片状火星，火焰以外烟气透明。

火焰中心的位置是火化机稳定燃烧的重要保证。一般以火焰中心烧到遗体的腹部为佳，火焰中心过高，不能有效地将热量传递到遗体上，还使燃料在燃烧室内的燃尽时间缩短，烟气中的可燃气体和炭黑不能完全燃烧，不但造成大量的热损失，而且带入烟道后还增加了烟气的污染物排放。火焰中心高低的调节，主要是调整好燃烧器的安装位置，烧嘴砖的位置要在燃烧室操作面的中心，左右对称。火化机的油枪或燃烧器的喷火角度是可调的，可通过手动或电动的调节机构来调整，喷火角增加，火焰的喷射距离变小，喷火角减小，火焰的喷射距离加大。

火化机在运行过程中，应及时调整火焰长度、形状及回流区位置。发现燃烧器喷嘴喷出的油雾不均匀，局部流量密度很大，或者存在较大的油滴，火焰根部可以看到一根根黑条，当大油滴燃烧时，火焰外围有雪片状火星。这时应检查喷嘴是否有局部堵塞或磨损，进行清洗或更换。若火焰外有未完全燃烧的炭黑和可燃气体，则可以看到火焰四周及尾部有火焰回卷及黑烟，炉膛上部烟气混浊，这时应调节风量及风油分配，检查并调整配风器及喷嘴位置；若出现麦黄色、浑浊或灰蒙蒙的火焰，则表明风量过小或混合不良，应及时加大风量或控制燃气量；若烟囱冒黑烟，说明燃料有不完全燃烧而析出炭黑，此时应调节风量和油量等予以改善。

2.供风量的调节

无论是油枪还是自动燃烧器，都配有供风装置。增加送风量，油雾与空气的混合得到改善，有利于燃烧。但是，如果风量过多，会降低炉膛温度，增加不完全燃烧损失；同时由于烟气量增加，既增加了排烟热损失，又增加了风机耗电量。风量不足，又会造成燃烧不完全，浪费燃料，降低火化效率，烟囱冒黑烟，从而导致烟气排放超标。

根据燃烧学原理，通过火化机的热效率试验，可以确定其在不同火化时段的经济风量。炉内空气风量可以用过量空气系数来表示，而且大小可以近似地由烟气中氧气的含量来表示，氧气的含量可用氧化锆氧量测量仪来检测。

在火化过程中，通常根据喷嘴着火情况和烟气中氧的含量来调节助燃风量。对于燃油式火化机，经济合适的燃烧室出口的空气过量系数为 1.1～1.3。如果测得炉膛出口的烟气中氧含量小于 1.1%，则说明风量太大，须要适当关小风机的进风口调节挡板；如果烟气中氧含量大于 1.3%，则说明风量太小，须要适当开大风机的进风口调节挡板。由于火化机一般是负压运行，外界空气会通过炉体上的燃烧器安装孔、炉门及烟道闸板等密封不严处漏进燃烧室或烟道，致使越到烟道后部，烟气中氧的值越大。所以根据氧量表检测值控制送风量时，要考虑测点前漏风的影响，以确定测点处合适的氧含量值。

在进行燃烧调整时，除了要调节进入燃烧室的风量外，还应当注意调整配风。如果配风不合适，火化机烟气中会出现大量炭黑，形成不完全燃烧，或出现燃烧不稳定，甚至引起熄火。这些现象可以通过对火焰和排烟的观察来确定，若火焰和烟气的颜色出现异常，应及时调节燃料量和风量，加强混合，并根据合理配风的原则，调节各路助燃风的配比，以期达到最稳定和最经济的燃烧效果。

此外，随着火化的进行，燃烧室产生的烟气量会发生相应变化，这时应及时调整引风量和炉膛负压，以保证火化机在微负压状态下工作，负压过大，会增加漏风增大引风机电耗和排烟热损失；负压过小，容易喷火冒烟。

七、燃烧器的使用要求及常见故障处理

1. 燃烧器的使用要求和操作方法

火化机燃烧器的安装应按技术要求进行，喷油嘴的中心线应与烧嘴砖的中心线重合，偏心会影响燃烧及火焰形状。固定安装的燃烧器，其安装板和炉体外壳钢板之间应加保温层，起隔热和密封作用，安装板应和炉体外壳连接牢固。移动式的燃烧器应加装退出炉膛后防误点火措施。燃烧器进风口装在上方或两侧，无特殊要求避免装于下方。燃烧器油管连接应紧固，无松动、泄漏现象。

燃烧器在使用前应进行检查，查验供油系统各阀门是否处于开启状态，油压是否达到工作要求。检查油压表、油量表是否正常，电气线路是否处于预工作状态。

燃烧器点火前，应先调整油压和风门开度，将燃烧室助燃风蝶阀开启，对于手动油枪，插入点火火炬点火，随即打开油阀，逐渐开大油阀直至喷出油雾，正常情况下即可点着。对于自动燃烧器，只需开启电子点火器即可直接点火。

点火成功后，慢慢开大蝶阀，加大供风量，以达到火焰刚性好、明亮白炽、火焰长度等要求。调节燃烧器的油压，可以改变每小时的喷油量，也可以调节火焰的长度。操作中保持雾化压力不变，增大油压即可提高炉温，同时应升高雾化气压，保证雾化良好。助燃空气蝶阀用于调节助燃空气的供应量，保证燃烧所需氧气。若燃烧火焰发暗，甚至冒烟时，说明空气量不够，应开大蝶阀开度，加大供风量。但应注意不能使空气过剩系数过大，造成不必要的热损失。

如果点火失败，应立即关闭油阀并开大空气蝶阀，将炉内未燃油雾排除干净，查明原因后，重复以上点火操作，直到火焰稳定。停炉熄火时，对喷油嘴（油枪）应先关闭油阀，待残余燃油燃烧完后再关闭雾化气阀及空气阀门。对自动燃烧器，先关闭油阀，再关闭电源，然后关闭助燃风阀。火化机无论什么原因引起的突发事件或操作不当而熄火时，应迅速关闭燃油阀，切断电路，待到燃烧器复位时间后，再按规定顺序点火运行。

火化机应进行定期检查、维护，保证技术性能和正常使用：供油管路、供气管路是否畅通、严密，油压表、气压表指示是否正确，风机、电动机转向是否正确，风门以及传动装置是否完好，启动是否灵活，负荷调节装置位置是否正确，点火电极、点火位置、大小火位置是否预设好。检查完毕后，风门和挡板应处于点火前所需位置。要定期取下燃油喷头，用柴油或清洗油浸泡，清洗干净，不用时上机油，用油纸或油布封存。油枪内外枪管及进油、进气接头要定期清洗，上油保存。

燃烧器要定期保养维护，每个月进行一次清洁保养、油路系统的保养和电路系统的保养。清洁保养的做法是松开燃烧器铰链轴并打开燃烧头，用清洁剂或抹布擦净燃烧部件，检查和调节点火棒间隙，用清洁软布擦净火焰探测器，仔细清洁风道和风机叶轮。

油路系统的保养方法是拆卸开燃油管路，清洗燃油过滤器。打开日用油箱排污阀，排除水分及油污等杂质。

电路系统的保养方法是检查各接线点连接是否牢固，触点元件是否完好。

2. 燃烧器常见故障的处理

火化机是高温焚烧设备，燃烧器在使用过程中会出现一些故障，表2-14列出了燃烧器常见的故障现象、可能原因及处理方法。

表 2-14 燃烧器常见故障及处理方法

序号	故障现象	可能原因	处理方法
1	燃烧器不能启动	燃烧器点火保护;电源没送上电;电机损坏	检查电源;点火保护按钮复位;检查更换电机
2	燃烧器启动后马上停止	油泵和风机电机缺相	使电机热保护继电器触点复位
3	燃烧器预吹风后马上锁定,火焰不出现	油箱内无油或油箱底部有水;电磁阀不能打开;油嘴堵塞或损坏;点火电极位置不对;高压电缆或点火变压器损坏	给油箱加油或排水;检查调整电磁阀,清洗或更换油嘴;调整点火电极;检查更换高压电缆或点火变压器
4	燃烧器在温度达到时自动停机,但熄火指示灯亮	可能炉内的耐火砖被烧红或还有明火在燃烧,使电眼产生不正常感应所致	降低炉温;熄灭明火
5	火焰出现后燃烧器锁定	点火电极位置不对;光电管或控制器损坏;光电管脏	调整点火电极;更换损坏的元件;清洗
6	两段火燃烧器不能烧大火	控制器的二段火触点没闭合;控制器损坏;二段火电磁阀损坏	检查调整触点;更换控制器;更换电磁阀
7	燃烧器有噪声,并且油压不稳定	进油管内有空气或油箱内有水;过滤器堵塞	将油管接头紧固;油箱内水排净;清洗过滤器
8	冒黑烟,风门调整无效	喷油嘴磨损,雾化不良	更换喷油嘴

第三章
火化设备操作实训

项目一 火化机基本操作流程

情境导入

某殡仪馆正常工作的某一天，火化车间人员开始上岗，作为一名普通的遗体火化师学习人员，在上岗前，需要熟悉哪些火化机基本操作流程？

知识目标

掌握台车式火化机操作流程。

技能目标

能够独立完成基本按钮模拟操作。

任务 了解台车式火化机的操作流程

【任务描述】

以秦皇岛海涛公司左右双炕面台车为例，了解双炕面台车的基本操作流程。

【相关知识】

一、火化机检查规程

① 必须做好火化设备运行前的准备工作，操作人员穿戴好劳动保护用品，做好火化车间前厅和后厅的清洁工作，将各种工具摆放有序。

② 检查火化设备的外观有无异常。

③ 对炉门、燃烧管道、供风管道进行检查，试一试阀门启闭是否灵活。

④ 试一下烟道闸板启闭是否灵活，升降有无异常。

⑤ 试一下进尸车的动作是否正常，控制点是否正确，尸车上的电动机声音有无异常。

⑥ 检查电控系统的各仪表是否正常，控制点是否正确。

⑦ 燃油式火化设备要检查油罐的存油量，管道及炉膛内有无漏油现象。燃气火化设备则要检查供气阀和分阀启闭是否灵活自如，压力是否符合要求，管道及燃烧器有无泄漏，炉膛内是否有富集的可燃气体。

⑧ 燃油式火化设备要打开炉门几分钟，让可能存在的油气混合物逸出炉膛，并检查燃烧器喷油嘴有无滴漏现象。燃气式火化设备也要打开炉门几分钟，使炉膛可能存在的富集可燃气体散去。这都是为了防止点火时发生燃爆。

二、点火升温的操作规程

① 点火前要关闭窥视孔和操作门，防止万一发生燃爆时，火焰窜出，灼伤操作人员。

② 配备了引风机的火化设备，点火前要先启动引风机，并打开烟道闸板；没有配备引风机的火化设备，点火前应先将烟道闸板升至极限，点火后根据燃烧情况和炉膛内的压力情况，对烟道闸板的开合度进行调整。

③ 配备了自动燃烧器的火化设备，点火前要打开保护隔板，将燃烧器推进到工作位置，打开控制球阀。配置了自动脉冲点火器的火化设备，则要严格注意，不能先向炉膛内喷射燃料后再点火，而应当先启动点火器，紧随着供给燃料。用点火棒点火的火化设备，先应点燃点火棒候在炉膛内燃烧器的喷嘴边，然后再喷燃料。

④ 点火后，打开窥视孔，观察火焰的色度，调整燃料和助氧风的配比，使火焰呈黄亮色。同时，根据炉膛内压力的情况，调整烟道闸板的开闭程度，使炉膛内的压力保持在 -5 ~ $-30Pa$ 之间，禁止出现炉膛正压，但负压也不宜过大，保持微负压最好。如果是全自动控制的火化设备，这一切都由控制器按照各种设定进行自动调节，无须人工调节。如果是半自动控制的火化设备，仍需手动调节。如果是低档火化设备，则主要靠操作人员的手工调节。

⑤ 如果是有两个或两个以上燃烧室的火化设备，则是先点燃三燃烧室，再点燃二燃烧室，最后才点燃主燃烧室，这一顺序不能倒置，也不能乱。

⑥ 点火器或人工点火棒点火时，如在 $5s$ 内没有点燃，则不能继续强行点火，应及时查明原因、排除故障后，再按点火要求进行点火。

⑦ 当主燃烧室和再燃烧室的燃烧稳定后，主燃烧室的温度达到 $500℃$ 以上时，就可以进尸焚化。全自动控制的火化设备对进尸的温度要求十分严格，炉温未达到设定值时，炉门无法打开，也就进不了尸。对于中、低档火化设备，火化工也应按要求操作。

⑧ 进尸后，必须严格按照遗体在各个燃烧阶段的不同特点，不断地调节燃料和助氧风的供量，使遗体焚化的全过程始终保持在最佳状态下燃烧焚化。在焚尸过程中，坚决不能片面地追求缩短焚化时间和节省燃料而不断地翻动尸体。

⑨ 当烟道闸板上升到极限时，如炉膛内仍出现正压，应先减少燃料和助氧风的供给，等待负压的出现。数分钟后，如炉膛内仍未出现负压，应首先检查引风机设备有无故障，没有引风装置的火化设备，则要查出影响自然抽力的原因；检查烟道闸板是否滑落或断落；烟道出口有无堵塞现象；烟道内有无堵塞物；烟道的漏风率是否超过了允许值。查明原因并排除故障后，才能继续焚化。

三、遗体焚化操作规程

① 遗体焚化的全过程中，操作人员不得离开岗位，必须经常观察尸体的焚化情况，不断观察火焰、炉温、炉压等到情况，直到焚化完毕。

② 调节好燃料供量、助氧风供量，使火焰保持黄亮灼眼，力求始终处于最佳燃烧状态，随时观察仪表数据。恰当的空气过剩系数是至关重要的：供风量过多则会造成炉温下降，热损失多；供风量过少，则会造成缺氧，燃烧不充分，导致产生大量的有毒、有害物质。

③ 炉膛内压力的大小，对尸体焚化效果及车间环境影响甚大。如果出现正压，烟气就会逸出炉膛而污染车间环境；如负压过大，会造成热损失过多，使炉温上不去，导致浪费燃料，延长焚化时间。所以，要根据炉膛压力的情况，经常调节烟道闸板的启闭程度。

④ 使主燃烧室和再燃烧室保持设定要求，温度不够时，采取措施使炉温升上去；炉温过高时，采取措施，使炉温降到设计温度。主燃烧室的最佳工作温度是 825℃±25℃，如低于 800℃，则应增大燃料和助氧风的供量，高于 850℃，则应减少燃料和助氧风供量。一般来说，温度上不去的情况，都是发生在焚化当日第一具尸体时，连续焚化 2～3 具时，很少出现炉温上不去的情况。当炉温高于 900℃时，可以暂停燃料供给，只适当地供给助氧风，待炉温降至 800℃以下时，再恢复燃料的供给。

再燃烧室的最佳工作温度是 900℃。接近 900℃左右时，可暂停燃料供给，只供必要的助氧风。连续焚化时，只要再燃烧室内的温度在 600℃以上，就不必供燃料，只供助氧风即可。

全自动控制的火化机，只要给电脑输入主燃烧室的炉温和再燃烧室的炉温设定值，控制系统会通过反馈值由指令系统自动控制，使各燃烧室的温度始终符合设定值的要求，不会突破上限和下限。对于大多数自动控制的火化机来说，仍应坚持肉眼观察，因为有时仪表有误，电脑会出现故障等现象。

有三次燃烧室的火化机，操作要求与再燃烧室的火化机相同。

⑤ 电磁阀、热电偶、氧化锆等探头的位置要正确，以免造成仪表假象或反馈失真。

⑥ 遗体焚化的全过程禁止翻动，坚持文明、安全火化。

四、控制系统的操作规程

凡装配中、高档火化设备的殡葬单位，均应配备专职电工，专门负责电气设备的操作、保养和故障的维修工作。

① 首先了解整个火化设备的结构、原理、性能、作用；熟悉电控系统的结构原理、控制原理；熟悉各明线和暗线的走向；熟悉各电气元件的作用。

② 装备多台火化设备的殡葬单位，如动力较大的鼓风机、引风机、电动机，要采取"削峰"措施，不能同时启动，应错开时间启动。

③ 熟知所装备的火化设备运行的操作程序和注意事项，熟悉生产厂家提供的《使用说明书》，按规定程序操作。

④ 如果是带烟气处理装置的火化设备，运行时，先启动引风机，再启动除尘器和换热器的动力，后启动鼓风机；停止运行时，先关停鼓风机，再关停除尘器和换热器动力，最后关停引风机。如是全自动控制不带烟气处理装置的高档火化设备，操作则十分简单。如秦皇岛海涛公司研制的第三代火化炉、江西南方公司研制的欧亚炉和沈阳火化设备研究所生产的升达炉，操作均十分简单。但也应注意，不能多台设备同时启动。

五、骨灰处理

① 遗体焚化完毕，要认真清理骨灰，做到不漏灰、不混灰，绝对不能错灰。这也是殡葬文化的具体体现。

② 骨灰冷却后，拣出炭黑，装入小布袋或直接装入骨灰盒 。骨灰质量以白、酥为佳，从骨灰的质量也可以看出火化设备燃烧的质量。

③ 有些殡葬单位将骨灰粉碎后装入小布袋后入盒；有些殡葬单位是将骨灰筛去粉末后装入小布袋入盒；有些殡葬单位是将骨灰直接入土。骨灰的处理因地而异，不求统一。

六、停机保温

① 随着一个工作日或一个班次的结束，必须停机保温。如果一日两班，当第二班焚尸任务完成时，停机保温。

② 停机保温的作用是：为第二天运行保持一定的温度，以节省燃料；减少砌体热胀冷缩而造成的损坏，延长设备的使用寿命；缩短炉膛的预热时间。

③ 彻底清除炉膛内的积灰，严禁留尸在炉内。

④ 如是配置自动燃烧器的火化设备，在停机时应将燃烧器移出，并关上隔板，防止炉膛内高温烤坏高压线和光敏电阻。

⑤ 关闭所有的燃料阀。如果是以可燃气体为燃料的火化设备，还要关闭总阀，关闭风阀。按如下顺序：先关闭鼓风机电源，再关闭烟气处理装置的电源，最后关闭引风机或引射装置的电源，降下烟道闸板，关闭操作门、炉门、窥视孔。有些炉门由于冲击力的作用，在关闭时会向上反弹，造成关闭不严，影响保温。所以要检查一下，如发现反弹，要及时将炉门配重顶一下，使炉门关闭严。

⑥ 清扫火化车间的前厅和后厅，揩净火化设备炉体的外装修，擦净送尸车上的积灰和熏黑，擦净仪表面板。火化工具要摆放整齐，关掉火化车间的排气扇，关好火化车间的门窗。

⑦ 如果是配用直流电源的进尸车，在停机后要及时充电。充电时调在 10～15A，并注意正、负极不要接错。如果直流电进尸车长期不用，也要每隔 5 天充一次电，每 15 天检查一次电压，如不足，应及时予以充电。

【任务实施】

台车式火化机的结构和操作流程如图 3-1 所示。

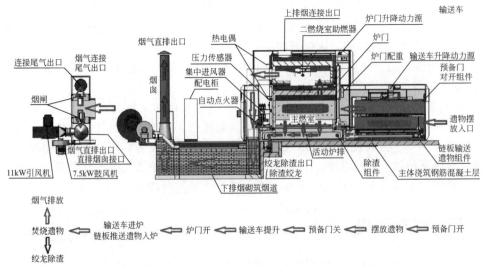

图 3-1　火化机的结构和操作流程

依次按下"烟闸开"按钮—"引风开"按钮—"预备门开"按钮—"车进"按钮—"炉门开"按钮—"车进"按钮—"炉门关"按钮—"预备门关"按钮—"鼓风开"按钮—"点火"按钮—"副燃开"按钮—"主燃开"按钮,进行遗体火化过程,参阅图3-2。

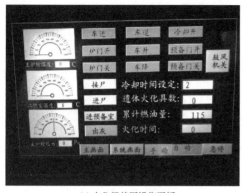
(a) 火化间前厅操作面板

(b) 火化间后厅控制面板

图 3-2　操作流程及前后厅控制面板

关机时依次按下"主燃关"按钮—"副燃关"按钮—"鼓风关"按钮—"引风关"按钮—"烟闸关"按钮。

也可以切换到自动模式,一键全自动进行火化。要进行下一具遗体的火化,按上述程序重复操作即可。当天应焚化的遗体焚化完毕后,关闭引风机、鼓风机。电平板式火化机在使用前,应首先检查现场是否有异常现象,如果有异常现象应及时处理,处理后方可进行下一步工作。

【任务思考】

台车式火化机的基本操作流程是什么?

【任务评价】

触摸面板实训考核标准

考核项目	考核点		检测标准	配分	得分	备注
火化检查	职业技能考核 (80分)	面板识别	(1)整理好所需工具 (2)进行面板识别	20		实际操作结合 职业素质
		模拟操作	正确按动相应屏幕,并能说出正确功能	60		
	素质考核 (20分)	学习态度	认真学习理论知识,积极参与实践操作,认真完成作业,善于记录、总结	10		
		团结协作	分工合作、团结互助,并起带头作用	10		

【知识拓展】

 一、台车式火化机操作注意事项

① 引射风机开启后，一定要保证炉膛内有预定的负压，才能进行下一步操作，否则要进行检查。

② 点主燃烧器时，如果按点火按钮，5s之内还没有点燃燃烧器，应立即按关火按钮；重新操作一次还是点不着火，就不能再进行点火操作了，应打开炉门检查，发现问题及时处理。再点火时必须打开炉门，这样做的目的，是为了防止炉膛内富集的油气在点火的瞬间产生爆炸，这是防止爆炸和爆燃的必要措施。

③ 点燃主燃烧器时，头、眼不要正对着操作门孔，以免炉内压力突然增大时，火焰向外喷射造成灼伤。

④ 电控系统的电脑发生故障时，可以通过门内的硬手操旋钮，转换到手动操作模式下操作，然后通过硬手操进行正常工作。

⑤ 台车式火化机在燃烧的过程中，应密切注意主燃烧室负压的变化。如果主燃烧室出现正压，会使烟气和异味溢出炉外，污染车间环境。如果负压过大，会使炉膛热损失过大，增加燃料消耗，延长焚尸时间。台车式火化机的工作运行中，这两种情况都不应该出现。

⑥ 台车式火化机的台车既是遗体入炉的输送设备，又作为火化遗体时的主燃烧室炕面，在遗体抬上台车前，应先检查台车炕面的温度，注意一定要等到台车炕面冷却后再抬遗体上台车。应定期检查台车式火化机的传动机构，发现台车及轨道上留有异物，应及时清理。减速器和链条等部位应每周加注润滑油一次。

二、火化业务记录

根据火化工作流程：火化车间接收整容或礼厅转来的遗体，应检查火化证及火化业务传递单的内容是否齐全、准确。

火化业务传递单应包括编号、亡人姓名、性别、年龄、遗体入场时间、存尸时间（起止日期）、遗体进入车间时间、死亡原因、炉别、火化号等内容，以及火化师、发灰人、领灰人签字栏等，见表3-1。

表 3-1　火化业务传递单

编号		亡人姓名	
性别		年龄	
遗体入场时间		年　月　日	
存尸时间		从　年　月　日到　年　月　日	
遗体入车间时间		时　分	
火化师		死亡原因	
发灰人		炉别	
领灰人		火化号	

火化证应包括以下内容：死者姓名、性别、年龄、死亡原因、死亡日期、住址、骨灰处理方式、火化证编号等，以及火化申请人姓名、住址、与死者关系等内容，见表3-2。

表3-2　火化证

死亡人	姓名		性别		死亡原因		遗体或尸骨	
	编号		年龄		死亡日期		与亡者关系	
申请人	骨灰处理		住址					
	姓名		住址					
业务地点					告别时间			
备注								

遗体火化师应将与火化业务有关的死者信息登记在火化车间火化记录表上，并安排火化任务，明确操作人员和所使用的火化机号码，相应地做好记录。火化车间火化记录表应包括姓名、年龄、性别、死亡原因、火化证编号、进车间时间、入炉时间、操作人员、炉号等内容，见表3-3。

表3-3　火化车间登记表　　　　　　　　　年　月　日

序号	亡者姓名	性别	年龄	死亡原因	编号	进车间时间	入炉时间	炉号	备注

一些较大型的殡仪馆火化完成后，遗体火化师将骨灰装殓完毕，应将骨灰送交发灰处，并履行骨灰交接手续，填写火化车间骨灰收灰登记表。发灰处在向亡者家属发灰时，应和骨灰领取人做好骨灰的交接，并做好交接记录。骨灰发灰登记表一般应包括亡者姓名、火化编号、火化机类型、登记人、发灰人、取灰人签字等内容，如表3-4所示。

表3-4　火化车间收灰登记表　　　　　　　　年　月　日

月/日	亡者姓名	火化编号	火化机类型	登记人	发灰人	取灰人	备注

 ## 三、火化设备运行记录

为安全使用火化设备，更好地完成火化业务，随时掌握火化设备运行状况，建立并填写设备运行记录制度是非常必要的。火化设备的运行记录是对设备当日运行情况的记录，由遗体火化师每天填写，并向管理部门进行月报和年报，由火化部门负责人签字，保存期不少于一年。它是火化设备的档案，也是设备使用单位考察火化设备效率、油耗、污染物排放等指标的原始依据。火化设备要由固定的具有上岗操作证的遗体火化师操作。

　　火化设备的运行记录应包括以下内容：炉号、火化序号、死者姓名、入炉时间、火化完成时间、油量表读数、主燃烧室温度、再燃烧室温度、主燃烧室压力、炉表温度、烟气排放等级、传动机构情况、电控系统情况等项目。在火化设备开机运行期间，当班的遗体火化师每小时至少对设备运行情况进行一次巡查，检查结果及查出问题和处理情况应填入运行记录表。传动机构和电控系统的运行情况，在每天火化业务结束后重点检查记录。火化设备使用单位应对设备安全做定期检查，主管领导应对火化间工作每月做一次现场检查，火化车间负责人应每周做一次现场检查，查看设备情况及设备运行的原始记录表，发现问题及时解决。表 3-5 是某殡仪馆火化设备运行记录的样本。

表 3-5　火化交接班记录

设备部分	传动机构	燃烧系统	供风系统	排放系统	电控系统	进尸系统
清洁情况						
使用情况						
附件工具						

四、新装火化机的运行准备

　　新火化机在做运行准备时应进行烘炉和试烧。

1. 烘炉

　　为使炉体充分干燥及烧结，在火化炉投入正式使用前，必须进行烘炉，避免炉膛内耐火表面开裂剥落。必须按要求逐渐升温、恒温、保温。此工序关系火化炉的使用寿命，一般可采取两种烘炉方法。

　　（1）木柴、煤炭烘烤法

　　① 详细检查砌体，确保无异常情况；然后，在燃烧室内放置木材，关闭烟道闸板、炉门、风门及油路。

　　② 打开烟囱底部清灰门，投入少许木柴，点火后关门；等烟囱升温产生抽力后，提起烟道闸板，此时炉膛应有负压。如烟囱采用机械引风，则可省去这一步骤。

　　③ 开启前炉门，引燃燃烧室内木柴，关闭炉门，从看孔中观察炉内燃烧情况，调整烟道闸板，使炉温缓慢上升；经 6～8h 升至 150℃时，恒温 24h；然后，逐渐撤火冷却，约需 12h。

　　④ 待炉温下降至 30～40℃时打开炉门，进炉检查炉内部有无异样，然后清扫干净，进行第二次涂刷耐火涂料。有起泡的地方应刮去重涂。

　　⑤ 稍待干燥后，再按前面步骤点火，经 10～12h 升至 350℃左右，每小时升温不超过 35℃，恒温 2～7 昼夜；待砌体完全干燥后，再经 8h 将炉温升到 600℃，每小时升温 30℃，恒温 24h；然后升温至 850℃，恒温 4h 停火。在炉温升至 400℃以上时，可用燃烧器升温烘炉。烘炉结束后，关闭烟道闸板，经缓慢冷却，清除炉渣，检查炉膛无异状，方为合格。

　　（2）电炉烘烤法　　用每台 9kW（可用 3 只电炉并接）3 台共 27kW 电炉接成 Y 型（中

接零线），以铁架架设于炉膛中间；并以控制台上温度控制仪控制炉温，经过 6～8h 炉温达 150℃，恒温 24h；然后，停电冷却。约 12h 炉温降至室温时，撤出电炉检查炉膛，刷第二次耐火涂料；然后，再以电炉烘烤至 350℃，保温 2～7 昼夜，经 4h 后升温至 450℃ 以上，撤出电炉，即可点火用喷油嘴烘炉至 600℃，恒温 4h，检查炉内情况。火化机烘炉过程中应有升温时间的详细记录，以备总结查考。

2.火化机炉体烧结

烧结是使砖砌筑缝经高温硬化达到一定强度的手段。烧结可单独进行，也可与试烧合并进行。但烧结和试烧前必须严格检查并做好下列准备。

① 检查砖结构干燥或者烘炉后有无异常情况。

② 炉体各件是否安装正确；动作是否灵活；仪表、电气元件是否动作正常；炉门是否开闭灵活严密；闸板关闭后是否炉膛压力能降至零；风油路是否畅通；有无渗漏现象；风机有无杂音；炉内是否清洁；燃烧器是否已关闭。

③ 打开烟囱引风机，同时开动鼓风机；打开油阀，但不得开启喷油嘴的油阀；检查炉膛内有无漏油现象，喷油嘴上的风门是否正常。

④ 准备好点火工具。用铁线绕一块硅酸铝纤维毡或布，并浸以柴油引燃，插入点火孔的喷嘴前下方，微开喷嘴风门和油门。此时眼睛应避开孔门，以免喷火时发生危险。着火后待火焰稳定，即可加大油门和风门。如火焰突然熄灭，应马上关闭喷油嘴上的供油阀，稍等一会再点火，直至稳定为止。在炉温未达 400℃ 以上时，工作人员不可离开，以防出现异常情况造成严重后果。如冷炉难点燃时，可用些油布等先在炉内点燃后，再喷油点火。炉温在 400℃ 以上时，可不必另行点火，开油门、风门即可点燃。应特别注意的是，点火时应以火等油，切勿以油等火，否则易发生爆炸事故。

点火正常后，加大风、油门，温度上升到 1000℃ 时，恒温 1～1.5h；然后，调至 850℃ 左右。火焰以亮黄色为好，耀眼的亮白色火焰温度则太高，棕红色带黑烟则表示风量不足，这些情况均不适宜。炉温在 850℃ 时即可焚化遗体。如无尸可焚，则可熄火保温。熄火应先关闭燃烧器油阀，然后，关闭风阀等，降下烟道闸板，关闭风机切断电源。熄火后，应详细记录炉温下降情况，以验证炉体的保温性能。

3.焚化遗体试验

① 将操作室及前厅打扫干净，准备好一切用具，按试烧的方法进行。先点燃二次燃烧室燃烧器（如无二次燃烧则取消这一步），使二次燃烧室温度达到 600℃ 以上；然后，点燃主燃烧器，炉温达到 400℃ 以上时，即可进尸焚烧。

② 进尸准备：将遗体安放于进尸车上，关闭各风门和油门，按动进尸按钮，炉门即自动打开，烟道闸板打开，进尸车伸入炉内，遗体放入炉膛内，退出进尸车，关闭炉门便可进行焚烧。

③ 焚化遗体操作：遗体着火燃烧，产生大量气体，此时不宜供油，否则会缺氧，燃烧不充分，产生黑烟。自观察孔看到遗体毛发、衣物均已化尽时，看温度是否低，如温度低则加油，如温度在 800℃ 以上则只加风不加油。这样不但省油，而且火化时间较快，排放的烟尘也较少。待遗体全部焚化后，关闭油阀、风阀，取出骨灰。这时焚化遗体的全过程完毕。

焚烧遗体时，可调整燃烧器的喷射角度，以达最佳状态。炉膛压力应调整在 -20～ -10Pa 之间。操作时应根据火化炉的特点，掌握规律，以求达到既节油又不污染环境的最佳状态。试验正常后即可投入正常运行。

项目二　火化准备

情境导入

某殡仪馆正常工作的某一天，火化车间人员开始上岗，作为一名普通的遗体火化师工作人员，在上岗前，需要做哪些准备工作？

知识目标

① 掌握火化设备的具体检查及操作方法。
② 掌握火化工作的预备流程。
③ 了解火化机预热原因及原理。

技能目标

① 能够自主做好个人工作准备。
② 能够自主进行基本设备检查。
③ 能够自主进行火化机预热。

火化前准备

任务一　设备检查

【任务描述】

① 了解火化设备检查方法。
② 掌握设备检查的基本顺序。

【任务实施】

一、火化准备工作

① 操作人员穿戴好劳动保护用品，做好火化间前厅、后厅的清洁工作。
② 按项目一中"火化机检查规程"检查火化机的外观、各种阀门和仪表是否正常。

二、风路、油路阀门状态检查

在完成火化机总电源及各控制开关的状态检查后，应在空炉状态下对火化机的风路及油路阀门进行检查。

1. 风路阀门状态检查

分别从鼓风机、引风机开始，沿鼓风管、引风管依次检查火化机各风路阀门，观察各风阀是否有破损或锈蚀。手动控制式风阀开闭构件操作是否灵活、定位是否准确，转动轴承有无锈蚀和卡涩；电动控制式风阀转动轴是否转动灵活，有无卡涩现象，电动执行器是否有外力损害，接电以后是否能正常工作，执行动作是否到位，与负压配合是否合理。

在空炉状态下打开引风机，观察风机是否能正常工作。如能正常启动引风机，则在关闭燃烧室状态下，观察火化机燃烧室内部压力读数是否随风机打开变化，内部负压是否达到火化要求，若达不到则不可进行火化准备，需停炉检修，待故障排除后才可以进行下一步火化准备工作。

在空炉状态下打开鼓风机，观察风机是否能正常工作。如能正常启动鼓风机，则检查各助燃风口有无杂物堵塞，然后检查出风口是否能稳定地吹出助燃风，出风是否顺畅，根据经验判断出风量是否能达到火化机正常工作要求。

风路阀门检查完成后，若无异常状态，则可将各风路阀门打开，完成火化机工作前供风准备工作。

火化机供风阀门故障一般原因主要有以下几个方面：供风系统阀门多为蝶阀，其自身结构和设计要求决定了蝶阀故障要多于其他阀门，蝶阀的密封复合橡胶长期使用易老化；阀体内产生的锈斑，易造成橡胶密封面破损，使蝶阀关闭不严。立式蝶阀在开启状态下阀板轴易挡住管道内漂浮物，如果漂浮物缠绕阀板轴，阀门就会关不严或开关不动，阀门开、关定位调节就不准确。蝶阀的另一自身故障是传动部分，在火化机正常工作条件下，由于空气质量原因，南方气候湿度大，传动部分容易锈蚀；北方空气干燥、沙尘多，容易造成异物进入阀体内部，造成阀门损坏。另外，阀门在长时间不使用的情况下，再用就增加了摩擦系数，导致零件脱落、断裂破损。

2. 油（气）路阀门状态检查

打开火化机燃烧器供油（气）管路总阀门，检查主油（气）路阀门是否处于开启状态，依次检查火化机上主油（气）路和各分油（气）路阀门状态是否正常。目视检查阀门表面有无缺陷和裂纹；阀体有无爆裂现象；多次开闭阀门，开关应仍然灵活轻便。

三、火化机燃料检查

燃料的使用检查，主要是在正确合理选择燃料的基础上，采取各种措施提高燃料的燃烧效率，降低污染物的排放量，保证遗体火化过程的顺利进行。火化机合理使用中可遵循以下措施来检查燃料。

① 严格按照火化机使用说明书的要求，正确选用各种燃料，保证燃料的各项性能指标。严禁使用达不到燃料性能指标、质量低劣的假冒伪劣产品。

② 根据火化机操作使用说明书的要求，对燃油剩余量进行检查，发现油量不足，应及时补充。

③ 对所用燃料的性能指标经常进行检查，如性能指标达不到要求，应采取措施进行补救。对燃料中杂质要想办法清除，保证燃料发热量的充分利用。

④ 炉膛容积、温度，供油量、供风量的大小等，要适应燃料燃烧条件的要求，以达到燃料充分燃烧，保证能耗在最低的状态。

⑤ 在有条件的地区，要在燃料中适当添加助燃剂，以提高燃料的燃烧效率。例如，适当地在燃料油中添加少量的助燃乳化剂、消烟乳化剂等。这些措施在工业炉中使用较为普遍，而在火化机中却不常见，有待进一步研究和探讨。

四、火化机温度仪表和压力仪表检查

1. 温度测量仪表

当前，火化机基本采用热电偶测量各燃烧室温度，再通过智能仪表采集热电偶电信号，并以数字方式反映现场温度，可满足火化机对火化过程中温度参数测量的要求。

在火化机控制面板上找到显示温度的智能仪表，沿着信号输入导线找到热电偶位置。查线过程中，应仔细检查信号线路是否有断裂，线路外包套管是否有开裂，若有，应将断开的线路接上，线路外皮裂开部分用绝缘胶带缠上，以免测量时外界环境变化干扰输入信号而产生测量偏差。找到热电偶时，将热电偶从测量位置抽出，检查保护套管外表有无裂纹，若有，应更换热电偶。若套管外表正常，需打开热电偶上导线连接盖，检查导线与热电偶连接是否牢固，若连接牢固，则应抽出热电偶内金属丝，检查金属丝有无断开，若有，则应更换热电偶。如果现场短时间内没有备用热电偶，在不影响测量的情况下，可先将金属丝连上，然后再另行更换。连接金属丝时，将断开部分用钳子拧上，然后用万用表测量热电偶是否导通，若能导通，则可短时使用，等待更换新的热电偶。

热电偶的检查中应注意以下几个方面：

① 组成热电偶的两个热电极的焊接必须牢固；

② 两个热电极彼此之间应很好的绝缘，以防短路；

③ 若有补偿导线，导线与热电偶自由端的连接要方便可靠；

④ 保护套管应能保证热电极与测量介质充分隔离。

另外，部分热电偶在使用时需注意冷端的温度补偿。在使用热电偶补偿导线时必须注意型号相配，极性不能接错，补偿导线与热电偶连接端的温度不能超过 100℃。

2. 压力仪表的检查

启动压力仪表电源，检查仪表有无读数，若无读数，则打开控制面板后盖，检查仪表电源是否接通；若有读数，则检查读数是否异常，若读数异常，则要排除故障。智能仪表在操作中误设定的需按仪表使用说明书重新设定。

压力仪表检查中重点检查以下几方面：

① 检查压力仪表检测口是否被杂物堵住，由检查口到压力变送器导管是否畅通，同时检查导管密封性，导管不应有泄漏现象；

② 检查压力变送器是否有电信号输出；

③ 压力仪表工作一段时间后，容易使压力传感器产生测量疲劳，检查时应注意传感器是否有老化现象，若传感器过于老化，则应更换整个压力仪表；

④ 检查中应注意压力传感器与智能仪表间连接信号线路，确保线路无断路、外皮开裂等故障；

⑤ 压力传感器、压力变送器和数字压力计等，应注意对电源的要求，若使用前需要预压的，通常情况下应先预压，对好零位或调好零位与满量程输出，以保证仪表正常工作，并要求符合使用条件；

⑥ 火化准备检查中注意压力仪表校验有效期，仪表达到校验有效期限时应及时送检。

【任务思考】

火化机火化前检查如何保证不出差错？

【任务评价】

设备检查实训考核标准

考核项目	考核点		检测标准	配分	得分	备注
火化检查	职业技能考核（80分）	火化准备检查	(1)整理好所需工具 (2)依次进行检查	20		实际操作结合职业素质
		风路阀门状态检查	(1)风路检查 (2)阀门状态检查	20		
		油路阀门状态检查及燃料检查	(1)油路检查 (2)油路阀门状态检查 (3)燃料检查	30		
		相关仪表检查	(1)温度仪表检查 (2)压力仪表检查	10		
	素质考核（20分）	学习态度	认真学习理论知识,积极参与实践操作,认真完成作业,善于记录、总结	10		
		团结协作	分工合作、团结互助,并起带头作用	10		

【知识拓展】

1. 燃料的选用

如何选用火化机的燃料,并且准确合理、科学地选择火化机所需燃料的性能指标、种类,是提高燃料的使用价值,节约能源,降低火化成本的一项重要的措施。目前,在我国大部分城市的殡仪馆均采用燃油式火化机或者燃气式火化机,燃油式火化机其燃料均以轻柴油为主。这种燃料在市场上容易购买,价格又适中,燃烧性能又可得到保证,而且容易实现自动控制,降低劳动强度,减少对环境的污染。燃气式火化机的燃料以天然气为主,天然气管道铺设到的地方均可接入,是一种比燃油更为清洁的能源。

目前,燃油式火化机的液体燃料主要是轻柴油,具体有 5 种类型:10 号、0 号、-10 号、-20 号、-35 号,其价格高低顺序为:10 号、0 号、10 号、20 号、-35 号。这 5 种类型的轻柴油主要是根据凝点的温度确定的。因此,根据各地区气候的不同,以及从价格考虑,在选用燃料时,要因地制宜。如我国的北方,就应考虑气候的变化。冬季选号数低一点的轻柴油,夏季则选用高一点的轻柴油,这样既保证了燃料在管路中的正常流动,也能使轻柴油达到充分的雾化效果,便于充分的燃烧。而在我国的南方,则重点选用号数高一点的柴油。在购买燃料时,还要保证该燃料的各项性能指标,特别应注意燃料中含水量和机械杂质要合乎标准,否则会影响燃料的燃烧,或使油嘴堵塞,所以在检查时应明确燃油的标号。

2. 火化机油枪手动点火

当火化机主燃烧室炉膛温度低于 600℃时,为了提高火化机工作效率,应该对其进行预热。预热温度上升速度不能太急促,特别是炉膛温度很低的情况下,更应使炉温缓慢上升,以免因突然的热膨胀损坏火化机炉膛。

火化机的油枪手动点火前应做好检查和准备，手动点火操作应严格按照操作程序进行，否则可能引起炉膛爆燃。

燃油火化机油枪手动点火操作，应先启动引风机和鼓风机，并将风门放在全开位置，保持炉膛负压为−15～−30Pa，连续吹扫时间应在5min以上，将炉膛在上次停炉熄火时喷出的油滴蒸发成的油气和烟道里可能积存的可燃气体全部排出换成新鲜空气，以防点火时爆燃。

燃油火化机的手动点火可采用点火棒或半自动的电子点火器两种点火方式，无论采用何种点火方式，一定要先开风阀，然后投入点火装置，再开油门；绝对禁止先开油门，后开风阀，再投入点火装置。

采用点火棒点火，应将点燃的火棒伸入炉内，紧贴燃烧嘴前端的下方约200mm处，然后缓慢地开启油阀，调节油枪烧嘴的油压，让油枪喷油点燃，当确认主燃烧器点燃后撤出点火棒，并关上看火孔，逐渐开大风阀和油阀，调整火焰和炉膛负压。

采用半自动的电子点火器点火，先打开油枪的手动风阀，缓慢开启油枪的手动油阀，让少量燃料进入油枪后，立即打燃电子点火器，电火花点燃油枪喷出的油雾，调整好火焰后，然后关闭点火器电源。若一次点火不成功，或在运行中突然熄火时，必须立即关闭油阀，停止向燃烧室供燃料，并充分通风换气后，再重新点火，严禁利用炉膛余火进行二次点火。

油枪的点火过程中很容易发生爆燃事故，其主要原因都是违反操作规程引起的，所以在点火时必须严格按照操作程序进行，切不可疏忽大意。

任务二　设备启动

【任务描述】

掌握设备启动的基本方法。

【任务实施】

 一、火化机引风机启动

1. 引风机启动前的检查

① 风机外壳无破损，电机内部干燥，无损坏。

② 风机内无杂物，叶轮无破损。

③ 风机轴承润滑油状态正常。

④ 打开烟道闸板，烟道内无堵塞。

⑤ 引射风机喷射口无破裂、堵塞。

在完成上述检查后可启动火化机引风机。

2. 引风机的启动操作

启动控制面板总开关，按下引风机"启动"按钮，启动引风机驱动电机，仔细听引风机工作声音是否正常。若出现异常时，应立即按下控制面板上引风机"停止"按钮，停止引风机工作，立即检修。

风机非正常状态一般有如下几种情况：

① 轴承间隙过大，风机启动后可听见轴承处有碰撞声，风机外壳振动大于正常状态；

② 风机叶轮与外壳发生摩擦，风机叶轮与外壳有碰撞声；

③ 轴承损坏，风机叶轮不能转动；

④ 驱动电机过载，电机外壳温度过高。

引风机启动后，通过压力仪表观察火化机主燃烧室内部负压变化，此时，负压一般应保持在－30～－5Pa之间。正常火化过程中负压一般在－5Pa以上，考虑到启动鼓风机和遗体火化过程中产生烟气，主燃烧室压力会上升，因此，空炉启动引风机后主燃烧室的负压应大于正常火化时的要求。火化机引风机启动后，若工作状态正常则可启动鼓风机。

二、火化机鼓风机的启动

1. 鼓风机启动前的检查

① 引风机是否已启动。

② 风机外壳无破损，电机内部干燥、无损坏。

③ 风机内无杂物，叶轮无破损。

④ 风机轴承润滑油状态正常。

⑤ 供风系统风路阀门已经打开。

在完成上述检查后可启动火化机鼓风机。

2. 鼓风机的启动

启动控制面板总电源开关，按下鼓风机"启动"按钮，启动鼓风机驱动电机，仔细听鼓风机工作声音是否正常，若出现异常，应立即按下控制面板上鼓风机"停止"按钮，停止引风机工作。鼓风机非正常状态判断方法与引风机相同。

引风机启动后，通过压力仪表观察火化机主燃烧室内部负压变化，此时，负压应仍在正常工作负压以上。火化机鼓风机启动后，若工作状态正常则可启动火化机燃烧器。

三、自动燃烧器的点火

1. 火化机自动燃烧器点火前的检查

① 检查供油系统仪表、阀门是否灵活好用。

② 检查燃油流程或天然气管线是否畅通。

③ 检查燃烧器保护元件是否正常。

④ 检查燃料油泵是否运行正常。

2. 自动燃烧器点火操作

在完成上述检查后可启动自动燃烧器进行点火，为火化机燃烧室预热。点火的操作要领如下：

① 首先关闭观察孔和操作门，防止炉内爆燃时炉火外窜；

② 打开燃烧器保护隔板，将燃烧器推至工作位置，打开燃料阀门；

③ 按下主控制面板上燃烧器启动按钮，点燃燃烧器，若燃烧器点火不成功，应停止燃烧器工作，不可强行点燃，以免事故发生；

④ 有多个燃烧室的火化机，点火顺序为从后往前依次点火，即先点三次燃烧室，然后是二次燃烧室，最后是主燃烧室。

火化机炉膛温度达到 600℃时，即完成预热准备，遗体可进炉火化。

3. 燃油式自动燃烧器点火操作注意事项

自动燃烧器为机电一体化结构，主要由喷嘴、控制电磁阀、闭合调节螺栓、燃料油泵、空气调节风机、燃料油预热器等组成。操作时应注意以下技术要点。

（1）燃料油系统压力的调节　燃料油系统压力控制在 0.10～0.20MPa 范围内，以保证燃料油泵有足够的吸入压力。如果系统压力低于 0.10MPa，燃料油泵会出现抽空，造成出力不足和泵体过热现象，增加泵内零部件的磨损，使喷嘴雾化不良，燃烧状态恶化，甚至灭火。燃料油系统压力也不能高于 0.20MPa，压力过高，促使燃料油泵憋压，造成泵体渗漏。所以必须用燃料油回油调节阀将燃料油系统压力控制在规定范围内。

（2）两段式自动燃烧器应尽量避免一级火长期运行　点第一级火时，喷嘴雾化不良，炉膛易积灰，还会造成低温腐蚀。最好二级火满负荷运行。

（3）燃烧器的投运　停运时间较长的燃烧器在运行前，切记不可盲目启动风机，特别是在环境温度较低的时候。有的遗体火化师只注重点火前的炉膛吹扫，忽略了启动风机的同时也降低了炉膛温度关键点。因为燃烧器启动前燃料油没有进行预热，燃料油温度偏低黏度大，此时要通过控制引风机和鼓风机的气体流量来缓慢调节火化机负压，待燃烧器完全正常工作后，方可加大风机的气体流量。否则，会造成燃烧器的损坏，造成燃烧效果不良。

（4）燃烧器火焰盘的清洗　火焰盘结焦后，燃烧不稳定，炉膛有"雪花"。这时需将火焰盘卸下来放入洗涤剂中浸泡，用软质的工具清除盘面的油焦，不可敲打和撬压盘面的叶片导风槽。如果导风槽变形，会改变助燃风的角度和火焰形状。

（5）燃烧器喷嘴的清洗　用专用工具卸下喷嘴组件，置于洗涤剂中用毛刷清洗，不得损伤喷嘴的喷孔和锥形阀块。一旦喷孔和阀块因跌落、撞击或维修操作不当造成损伤，则喷嘴关不严，导致漏油乃至报废。

（6）燃烧器喷嘴闭合压力的设定　喷嘴运行时间长了有可能闭合，使压力发生变化。调节的方法是：打开喷嘴压力闭合装置，调节螺栓防护帽，旋动螺栓，旋进为提升压力，旋出为降低压力。设定压力高于闭合压力时，喷嘴打不开，点炉困难；低于闭合压力，点一级火运行时，二级火喷嘴漏油，严重时造成二次燃烧。

（7）喷嘴、点火电极、火焰盘三者间隙的调节　喷嘴根部与点火电极的间隙为 21mm，火焰盘与点火电极的间隙为 2mm，点火电极的放电间隙为 2～3mm，这样摸索出适应于实际工况的最佳调节参数。

熟练掌握燃烧器操作的技术要点，可以及时排除故障，保证燃烧器和火化机安全运行，延长使用寿命，提高热效率。

【任务思考】

什么情况下火化机需要预热？什么情况下不需要预热？

【任务评价】

设备启动实训考核标准

考核项目	考核点		检测标准	配分	得分	备注
火化检查	职业技能考核 （80分）	预热准备工作	(1)整理好所需工具 (2)进行预热前检查	20		实际操作结合 职业素质
		引风机启动	(1)启动前检查 (2)启动 (3)启动后检查 (4)观察负压变化	30		
		鼓风机启动	(1)启动前检查 (2)启动 (3)启动后检查 (4)观察负压变化	20		
		燃烧器点火	(1)炉膛吹扫 (2)正确完成自动燃烧器点火 (3)点火失败处理	10		
	素质考核 （20分）	学习态度	认真学习理论知识，积极参与实践操作，认真完成作业，善于记录、总结	10		
		团结协作	分工合作、团结互助，并起带头作用	10		

项目三　遗体接收与入炉

情境导入

　　王某，男，79 岁，因病于 2019 年 1 月 31 日 21 点 20 分在秦皇岛开发区某小区逝世，享年 84 岁。 21 点 50 分秦皇岛市殡仪馆接尸车到达小区，将尸体运送到殡仪馆遗体停尸间。 三天后进行火化。 对逝者王某遗体进行遗体入炉操作。

知识目标

　　① 了解遗体火化入炉前准备工作。
　　② 掌握火化设备的具体检查及操作方法。

技能目标

　　① 能够自主做好入炉准备工作。
　　② 能够自主进行设备检查。
　　③ 能够自主进行火化机入炉操作。

任务一　遗体接收

【任务描述】

① 了解遗体接收流程。
② 熟悉各种遗体接收注意事项。

接运设备使用

【任务实施】

1. 遗体的接收

遗体包括正常死亡遗体和非正常死亡遗体。正常死亡遗体是指因疾病、衰老等原因死亡的遗体。非正常死亡是指因事故、传染病、刑事伤害等死亡的遗体，也包括无名尸、无主尸、冷冻尸、碎尸、特体尸、患传染性疾病死亡的遗体。

遗体的接收包括正常死亡遗体的接收和非正常死亡遗体的接收。正常死亡者的遗体火化，要凭医疗机构或死者单位、街道办事处、村民委员会出具的死亡证明。非正常死亡的遗体火化，因工伤事故引起死亡的，必须持有由单位的主管部门和劳动部门组织的检验或鉴定证明；因医疗事故引起死亡的，必须持有由卫生部门组织的检验或鉴定的证明；因火灾、溺水、交通事故、自杀、他杀、伤害等原因引起死亡的，必须持有由区（市）公安部门组织的检验或鉴定的证明；经公安机关确认的无名、无主遗体，应由公安部门检验或鉴定后，由公安机关出具委托火化证明，拍照后方可由殡仪馆接运、火化。殡仪馆等殡葬服务单位在受理遗体火化业务时，应先行检查确认火化凭证。

遗体在进行防腐、整容以及告别悼念等仪式完毕后，进入火化预备间，遗体火化师首先要对遗体和标识遗体身份的火化卡片进行查验和核对，以确认各项手续是否齐备，是否需要特殊处理，各项手续必须齐备才能进行下一步操作。

查验和核对的主要项目一般有：
① 遗体的性别；
② 遗体的年龄；
③ 死亡原因；
④ 死亡时间；
⑤ 随葬品是否含有金属异物、玻璃纤维、爆炸品等；
⑥ 有无需要亲属取走的贵重物品；
⑦ 用何种火化机焚化。

火化前发现遗体有异常情况的，应及时与家属核对确认，家属签字同意后，方可进行火化，严禁错烧遗体。

因患传染性疾病死亡的遗体，如病毒性肝炎、伤寒、艾滋病、白喉、脊髓灰质炎等，必须具有医院开具的死亡证明，治疗病人的医疗机构或医疗机构所在的区、县级疾病预防与控制部门按照《中华人民共和国传染病防治法》标准进行消毒、密封处理，并且应立即火化。

因患鼠疫、霍乱和传染性非典型性肺炎死亡的遗体，由治疗病人的医疗机构负责消毒处理后，直接并立即送入殡仪馆，专人专炉、专用工具火化。

检查完火化卡片后，根据卡片确认遗体火化使用的炉型、炉号，按遗体登记本上的项目逐项登记，并按进入预备间的时间顺序在火化卡片上填写顺序号，重号、重名的卡片和没有火化卡片的遗体不准火化，并将情况向上一级汇报。应按遗体进入火化间的顺序火化，如有特殊情况需要提前火化的，必须向上级主管领导请示，得到同意火化的答复后，做好标记，及时火化。

2. 火化单据的接收

火化单据一般和遗体一起由告别厅转交给火化车间，或在丧属办理完业务手续后，由工作人员直接从停尸间和遗体一起转交给火化车间。遗体火化师在接收火化单据时，要当面查验火化单据中的死者姓名和遗体及骨灰盒上的信息是否一致，使用的火化机类型、骨灰寄存或取走等逐项核对，确认无误后方可入炉火化。

3. 遗体火化手续的核对

（1）遗体火化手续的核对　遗体火化手续来自两个渠道：一个是非殡仪馆直接运来的遗体经家属签名"同意火化"后进入预备间；另一个是告别仪式结束后经家属签名"同意火化"后进入预备间。该两个渠道必须有上一工序负责人签名后的《殡仪服务调度单》或相当于其性质的单据，遗体火化师要严格核对调度单，要将调度单内的死者姓名、家属要求使用火化机的档次、骨灰由家属取走还是寄存等项内容，逐项与《准予火化证》和《存尸登记证》进行认真核对。做到《殡仪服务调度单》《准予火化证》和《存尸登记证》三统一，方可入炉火化。

（2）查验　火化师在接到火化通知单后，要与家属共同到存放遗体的地方，对即将火化的遗体进行确认。尤其是对非殡仪馆专用车辆送来的遗体，必须严格检查，装在遗体包装物里的遗体要打开进行再次确认（对因患传染性疾病死亡遗体除外），确认无误后才能入炉火化。

主要查验几类证明：

① 医院病故的，查验医院出具的死亡证明和准予火化证；

② 非正常死亡的，查验公安（或交警）部门出具的死亡证明和准予火化证；

③ 在家中或敬老院（福利院）正常死亡的，查验当地派出所（或村、居委会）出具的死亡证明和准予火化证；

④ 查验遗体表面主要器官部位状况是否与火化单据存在明显异常等。

遗体火化前需对死亡证明、委办人身份证明进行查验，审核《遗体接运表》或《农村村民遗体接运表》，严格实行遗体的确认、客户签字等各项手续，严防无证火化、虚假火化、利用他人遗体顶替火化，杜绝错化。

4. 火化记录的填写

火化记录表格一般是各殡仪馆根据业务需要自行设计，需要填写的内容也自行决定，无论火化记录表格的格式怎样，但必须包括的基本项目有亡者姓名、性别、年龄、死亡原因等。以北京八宝山殡仪馆使用的登记表格为例，其主要内容如表 3-6 所示。

表 3-6　操作间登记表

年　月　日　　　　　　　　　　　　　　　　　　　　　　　　　　登记人

序号	姓名	性别	年龄	死亡原因	编号	入炉时间	火化时间	炉号	备注
1									
2									
3									
4									
5									
6									

遗体火化师应准确、及时地做好各项火化记录，字迹要工整，不得代签和漏记，更不准制造虚假记录。火化记录必须妥善保管，作为档案以备参考和查验。对火化过程中出现的问题应及时在备注中标明，并按程序向主管领导报告。有的殡仪馆很注重燃油的使用量，特别是单具遗体的平均耗油量，故每一次油罐的注油时间必须在火化记录中标明，如表3-6记录表格中当天火化到第六具遗体时，加注燃油，从这时开始累计直到下一次加注燃油，计算每具遗体的平均耗油量，既是考核火化机的耗油量，也是考核火化师节能操作技能的重要依据。

遗体入炉后，遗体火化师要根据火化卡片的内容，在相应火化机的登记本上填写亡者姓名、火化编号、性别、年龄、死亡原因、进入操作间时间及入炉时间，并签名。要持"殡仪服务调度单"进行"火化记录"的登记。火化操作结束后，应在登记表中填上出炉时间、油耗、焚化过程中有无异常等内容。

【任务思考】

1. 如何完成一具普通遗体的接收过程？

2. 如何避免接收遗体中的问题？

【任务评价】

遗体接收实训考核标准

考核项目	考核点		检测标准	配分	得分	备注
火化检查	职业技能考核 （80分）	遗体查验	(1)查验遗体 (2)对家属进行心理抚慰	30		实际操作结合职业素质
		火化单据接收	(1)查验单据完整 (2)核对单据 (3)记录填写 (4)交代家属相关事项	50		
	素质考核 （20分）	学习态度	认真学习理论知识，积极参与实践操作，认真完成作业，善于记录、总结	10		
		团结协作	分工合作、团结互助，并起带头作用	10		

任务二　遗体入炉

【任务描述】

① 了解遗体搬运工具的使用方法。

② 熟悉不同类型进尸车的操作方法。

③ 掌握不同情况下遗体入炉注意事项。

④ 能处理应急故障。

遗体入炉

【任务实施】

 一、使用遗体搬运车移运遗体到进尸指定位置

遗体搬运车是把遗体从停放处运送到进尸车上所使用的专用设备。使用前需检查遗体搬运车外观有无异常，万向轮及 4 个行走轮是否灵活自如。

搬运遗体前，火化师必须做好卫生防护工作，穿戴好劳动保护用品。对进入工作场所的遗体搬运车使用后需要清洗、消毒。

需要火化的遗体确定后，打开棺盖，看清头脚、胖瘦后，盖好棺盖，调整遗体的方向（遗体的头部先入炉），将遗体放置到遗体搬运车上，取下遗体搬运车上的火化卡片，登记遗体火化号、炉号；两手紧握搬运车的握杆，缓慢地将刹车松开，匀速向前推进，推进过程中严禁颠簸，谨防颠掉遗物。遗体运抵进尸指定位置时，要认真调整搬运车方向以及与进尸车的距离，使之与进尸车平行，轻轻将遗体移到进尸车上，为操作进尸车运送遗体入炉做好准备。

 二、火化机炉门开关操作

火化机炉门起着密封燃烧室的作用，炉门关闭装置启闭是否灵活、动作是否到位，是火化机能否正常工作的重要环节。炉门一般采用的运动形式为上下运动，由电机通过减速装置带动链条实现，上升、下降的位置是利用行程开关和接触器来控制的。

常用火化机炉门的开关以下列四种类型为代表。

① 架条式火化机炉门的开关以 82B-1 型燃油式火化机为例，由控制柜中的继电器、接触器配合炉前的接触开关、进尸车上及炉门上的限位器等控制炉门开闭，进尸车送尸入炉及鼓风机、引风机启停等为自动控制，炉门开启后，进尸车自动将遗体送入炉膛后，自动退出，炉门自动关闭。

② 平板式火化机炉门的开关以欧亚全自动燃油式火化机为例，遗体送至火化机操作间后，预备室的预备门自动打开，双向无轨无拖线进尸车的车臂伸出预备门外，放上遗体（棺木），待主燃烧室温度升至额定温度后，燃烧器和鼓风机自动暂停工作，火化机炉门自动开启，预备室门关闭，进尸车的车臂自动将遗体平稳地送入主燃烧室，进尸车的车臂自动退出主燃烧室，炉门自动关闭，进尸车复位。

③ 台车式火化机炉门的开关以 CH-93 型燃油火化机为例。该型燃油火化机的进尸操作通过一个启动按钮便可完成，启动火化程序后，炉门自动打开，台车载遗体进入炉膛到预定位置后停止，炉门自动关闭。自动化程序如下：操作进尸车上的按钮，火化程序开始启动，装饰门打开，进尸车进入预备门，炉门先不开，待装饰门关闭后，炉门再打开，台车载尸进入炉膛，炉门关闭。此外，备有手动按钮箱，也可手动控制炉门的关闭，要求火化师有较丰富的实际工作经验，根据台车进入炉膛的入位情况决定是否关闭炉门，再检查一下输送台车链条上的推进位置是否正确，做好出灰时的准备。

④ 燃气式火化机炉门的开关以 XBF-1 型燃气式火化机为例，其进尸程序实行自动控制。开动中央控制台后，进尸车到预定的火化机前时停车，炉门自动打开，车上的纵向移动装置把遗体送入炉膛内，然后自动退出，炉门自动关闭，自动进尸车再横向移至原位。

三、操作进尸车输送遗体

不论是固定式还是横向可移动式的自动控制进尸车，进尸时先开启炉门，通过进尸系统把遗体安稳地送入燃烧室内指定位置，然后进尸车退出炉门外，同时炉门自动关闭。台车式火化机的进尸系统即台车是构成炉膛的一部分（即炉膛的炕面），因此，台车载遗体送入炉膛后便固定不动，关闭炉门。

手动式进尸车操作，先通过遗体搬运车将遗体推到指定火化机炉门前，开启炉门后，通过多人配合，合力将遗体送入炉膛，并调整好遗体位置，关闭炉门。

操作进尸车将遗体送入主燃室火化的方法是：当主燃烧室和再燃烧室的燃烧稳定后，主燃烧室的温度达到600℃时，可以进尸。全自动控制的火化机对进尸温度的要求很高，炉温达不到设定的进尸温度炉门不开。对中、低档火化机，也应自觉地按照要求，炉膛温度未达到600℃时，最好不要进尸。遗体进入燃烧室前，必须关闭燃烧器和助氧风，但引风机不能停。

进尸系统根据火化机的具体档次和条件不同，可分为自动进尸、电动进尸、程控进尸、手动进尸四种方式，下面做一简要介绍。

（1）自动进尸　遗体放到进尸车上后，进尸车的行进、炉门开、进尸、退车（台车式除外）、炉门关闭、进尸车复位等一系列动作自动完成。

（2）电动进尸　遗体放到进尸车上后，进尸车的行进、炉门开、进尸、退车（台车式除外）、炉门关闭、进尸车复位等一系列动作，均靠按动相应的按钮来完成。

（3）程控进尸　进尸动作可设定为分段完成、连贯完成等不同的模式。进尸车将按照操作人员设定的程序动作来完成。

（4）手动进尸　将遗体文明地抬到进尸车上，用人力平稳、准确地将遗体送进燃烧室后将进尸车退出。注意不要碰撞砌体。

手动式进尸车目前在国内使用不多。手动式进尸车的结构，就像医院运送病号用的手推车。在车上放好装遗体的棺材之后，推到主燃烧室前，当炉门打开时用手把棺材推进主燃烧室内。这种手动式进尸车使用的条件是，遗体必须用硬包装物（即棺材）。有些民族认为用手推动遗体进炉是对客户的尊重，并且能减少火化机前的机械设备，使火化前厅更加整洁、肃穆。

进尸操作时，应恪守职业道德，文明操作，善待死者。火化遗体时，入炉平稳，做到不拖、不拉、不抛，不发生坠尸现象。

无论什么形式的进尸系统都应运行平稳、动作可靠、灵敏，噪声小，进尸文明卫生。前厅不仅是进尸的工作场地，也是进行丧葬活动的场地，因此，进尸系统的动力用拖线、大铁轨以及大型的遗体传送装置等应尽可能取消或采取隐蔽措施。特别要注意保持环境的安静、肃穆。

四、出现机械故障时的遗体入炉操作

进尸系统出现故障后，应及时采取措施进行处理，可以通过手动操作继续进尸焚化的，应通过手动操作进尸。进尸系统的故障包括两个方面，一个是控制故障，一个是机械故障。出现控制故障时，能进行后续工作的，可通过手动进行后续工作。出现非致命性机械故障的，跳过故障所影响的动作后能进行其他操作的，可通过手动进行后续工作。待当天的火化任务结束后，对故障进行检查和维修。

1. 进尸系统出现控制故障时的手动进尸

① 控制系统中部分线路故障，导致进尸车不能横向移动或纵向移动的，需要人工操作进尸车完成进尸。手动移动进尸车到指定炉门前，按动炉门提升按钮，提升炉门，手动操作进尸车进尸（如果进尸车不能向炉膛送入遗体，应安上手摇柄摇动履带送遗体入炉），关闭炉门，并检查炉门的密封情况。将进尸车退回原位。

② 炉门控制失灵，自动操作无法进行，应将进尸动作分步操作。手动操作进尸车横向移动到指定炉门前，通过手轮提升炉门至需要高度，操纵进尸车完成进尸，然后通过手轮关闭炉门。这种情况必须检查炉门的密封情况。

③ 台车式火化机自动控制失灵后，如因线路问题，可以通过手动操作完成各步操作的，通过手动操作各环节完成进尸，并检查台车是否到位，炉门是否密封。

2. 出现机械故障

出现机械故障后，自动化操作已不能完成相应的动作，而且强行操作还可能造成更严重的后果，故应首先确认机械故障的影响程度。

① 发生在进尸车上，电机不能带动进尸车横向移动，而纵向可以移动的，可以通过人工推动进尸车将其移动到炉门前，并将进尸车对准炉膛和炉门中央，手动开启炉门，手动操作进尸车，完成进尸过程并退出进尸车，手动关闭炉门，完成进尸操作。

② 发生在进尸车上，电机能带动进尸车横向移动，而纵向不能移动的，也就是说进尸车到预定炉门位置后，不能向炉膛送遗体，这时，火化师有应关掉移动进尸车电源，防止损毁电机和其他易损部件，通过手动按钮提升炉门，利用人力将用纸棺装殓的遗体送入炉膛，并调整好方向和位置，再通过手动关闭炉门，完成进尸操作。

③ 如果进尸车横向和纵向都不能移动，自动控制的炉门也就不能按时打开，只能通过手动操作进尸，其操作同②。

④ 炉门出现故障，自动操作过程中炉门不能按时打开，或不能打开，其他动作正常，应该改用手动分步操作。进尸车行进到预定火化机炉门前，通过手动提升炉门，按动进尸车的纵向进尸按钮完成进尸操作，自动或手动退出进尸车，手动关闭炉门，并检查密封性。对于因爆燃或高温引起的滑道变形，应能通过简单处理后继续使用，当天的焚化任务结束后，必须进行维修。

⑤ 台车式进尸车出现机械故障后，当故障不影响台车进入主燃烧室火化遗体时，全自动火化机不能继续启动自动程序，而应该改用手动分步操作进尸。当故障可能影响到台车的进出时，必须进行维修。

➡ 五、检查炉门的密封情况

炉门是遗体进入炉膛焚化的通道，是主燃烧室必须具备的结构，通过炉门把遗体送入主燃烧室，炉门必须启闭灵活，坚固耐热，密封性好。

① 自动控制的炉门可以通过观察按钮指示灯的颜色变化来判断炉门是否升降到位，还可以通过听觉听接触器吸合发出的响声来判断炉门是否升降到位。

② 手动控制的炉门关闭后，用手推动炉门外侧面板，炉门如果密封不严，可以发现炉门是悬空的，炉门可以前后晃动。这时需要查找原因，如果是爆燃造成滑道变形，应通过简单维修或用简单工具将炉门关严，待当天的火化任务结束后对滑道进行维修和更换。

③ 炉门由于下降过程中受到剐蹭而下降不到位，致使炉门与炉膛之间存在缝隙，这时应找出造成剐蹭的原因和位置，通过维修处理，解决剐蹭问题，使炉门能下降到位。

④ 如果从炉门周围冒黑烟或出现漏烟、窜火，说明炉门未关严，应找出原因关严炉门。如果问题不能及时解决的，临时措施是提升烟道闸板，增大炉膛负压，通过调整炉膛负压来缓解冒烟情况，这就需要根据烟气排放情况调整再燃烧室的燃料供给，来强化燃烧因烟气流速加快而未燃尽的物质。焚化任务结束后，要检查原因，对故障进行处理。

【任务思考】

1. 如何解决遗体入炉中的突发状况？
2. 如何发现遗体入炉中的故障？

【任务评价】

遗体入炉实训考核标准

考核项目	考核点		检测标准	配分	得分	备注
火化检查	职业技能考核 （80分）	遗体搬运	(1)正确移动遗体到炉门 (2)对家属进行心理抚慰	30		实际操作结合 职业素质
		操作遗体入炉	(1)熟悉各个电控按钮 (2)正确开启炉门 (3)正确进尸并关闭炉门 (4)交代家属相关事项	50		
	素质考核 （20分）	学习态度	认真学习理论知识，积极参与实践操作，认真完成作业，善于记录、总结	10		
		团结协作	分工合作、团结互助，并起带头作用	10		

项目四　遗体火化

情境导入

王某的遗体已经入炉，请完成王某的遗体火化任务。

知识目标

① 掌握火化设备的点火操作方法。
② 掌握火化工作的控制过程。

技能目标

① 能够自主进行点火工作。
② 能够自主进行不同情况下的操作控制。

任务一 火化点火

【任务描述】

① 点火前的准备工作。
② 遗体火化的一般点火操作及失败处理。
③ 根据遗体情况确定点火时间。
④ 处理应急故障。

【任务实施】

一、遗体火化的一般点火操作

1. 燃油燃烧器点火前的准备工作

① 检查油箱或油罐的燃油，应备有充足的燃油。
② 检查油路管线，不应存在漏油现象。
③ 打开油路开关。
④ 点火前应开启引风机，以清除可能残存的可燃油气，防止点火时发生爆燃或爆炸。

2. 全自动燃油燃烧器的点火操作

全自动燃油燃烧器分两种：一种是经过改装可以固定在炉体上不动的，这种燃烧器不怕燃烧室的高温反灼；另一种是燃烧器不能长时间经受燃烧室高温反灼，根据需要可伸入和退出主燃烧室。当炉膛温度较高且遗体自燃状况良好，不需要开启燃烧器时，为避免高温情况下燃烧器受到高温反灼，造成燃烧器烧嘴结碳，需要将燃烧器拉出主燃烧室，插好隔温挡板。需要燃烧器点火时，再推机入位，打开隔温挡板，开启燃烧器。

燃烧器准备工作做好后，启动引风机，打开油路阀门，调节风门大小至满程的1/3，按启动按钮，开启燃烧器。点火成功后，逐渐加大风门，观察并调整火焰的长度和亮度至最佳燃烧状态。如果点火不成功，通过顺控系统，迅速按动"开/关"按钮，关闭燃烧器。如需重新启动，调整风门（一般向小调），再次按动"开/关"按钮开启燃烧器。两次启动的时间间隔有一定限制，在此时间间隔内燃烧器处于自保状态，自保时间内按动启动按钮也不会点火，自保时间一般为120s。自保时间过后，再次按"开/关"按钮，才能再次点火。如果两次点火不成功，可以用人工方法点火，人工点火方法与喷嘴点火类似。

燃油火化机喷嘴点火过程如下。

（1）点火前的操作 燃油火化机对喷嘴的要求比较严格，点火前需要认真检查。喷嘴的安装应稳固严密，喷口的角度要合适。长久未用的喷嘴应卸下进行清洗，并清除各种污垢，特别是油焦垢。如果油泵与燃烧器一体，还要检查或清洗油泵，使之运转良好。

（2）燃料的点火 一般采用电点火装置。电点火器一般与燃烧器装在一起，在燃烧器喷出燃料时电点火器准确进行点火，使火焰送到被燃物周围。对电点火器的技术要求是准确点火、保证点火。

① 准确点火，是指准时点火，燃料由燃烧器出口刚开始喷出的时刻就要点火。如果超前（即燃料从燃烧器喷出之前）点火，因燃料未喷出而点不着火；如果滞后点火，就会使未

燃烧的燃料进入燃烧室，造成未燃气体的产生，或未燃燃料的超额积累，当突然燃烧时炉膛在短时间内增加大量气体，使燃烧室内压力突然提高。当这一压力超过燃烧室最高承受压时，就会产生爆燃或爆炸等不安全情况。

② 保证点火，是指电点火器的工作可靠程度。点火的成功率，一是与电点火器产生的电火花强度有关，二是与燃烧器的燃料雾化程度有关。对于气体燃料而言，点火的成功率比液体燃料高得多。例如，对液体燃料而言，在同样电点火器和同样燃烧器条件下，油标号越低，点火成功率就越低，油标号越高，点火成功率也越高。因此，应根据设备所使用的燃料特性，选择或设计所适合的电点火装置，但必须注意点火的准确性和可靠性，使火化机保证安全正常运行。固体燃料一般用人工点火。

(3) 点火操作 用点火装置（如明火点火装置、炽热丝点火装置）点火时，供风器的风量不可开得太大，是正常情况下风量的 30% 即可。风量过大，冷炉点火易发生熄火。大多数的点火失败都是由于喷嘴的供风器风量过大，将点火装置的火焰吹灭造成的。点火时，可用油棉纱点燃成火炬伸进喷嘴处作引导火焰，点燃喷嘴。点火时必须有空气存在，因此也必须向炉膛内少许送风，送入的顺序为风、雾、油（或风、油）。点火时采用小流量、小功率点火原则。

点火操作过程如下：

① 检查喷嘴，关好燃油喷嘴（雾化剂阀门）及风阀；

② 关闭炉门，开启烟道闸板；

③ 启动引风机和鼓风机，将助燃用空气送至喷嘴或供风器；

④ 将燃烧器的风门开度及烟道闸板开度调小至适当位置；

⑤ 点燃引火炬并使之旺燃，将引火炬从点火孔伸入炉内喷嘴前的适当位置，并送入适量的助燃风，吹动火炬使之旺燃；

⑥ 送入适量的燃油，经雾化器雾化后形成油雾，适当移动火炬使火焰同油雾接触良好，将火点着，然后取出火炬，调整燃烧器风门和烟道闸板的开度至适当位置，使燃油雾化炬旺燃。

若喷油持续一定时间后仍未点着火，应停止燃油供给，取出火炬，开大风门，排走油雾后再重新点火。一般点不着火的主要原因除炉膛温度过低外，操作不当及油雾化效果不理想也是重要的原因。操作者应掌握好油、雾化剂与助燃风的量及比例，以获得最佳的雾化效果及适宜着火的浓度和速度。燃油的给入速度要适中，并在适量处反复变化调节给油量，以获得好的着火浓度。火炬同油雾的接触应良好，并处于适中的位置。

在对热炉点火时，也应采用火炬点火，一定要避免向炉内喷入油流，使油流在赤热耐火砖上燃起火焰而燃烧，它既对耐火材料产生损害，而且极易使喷嘴结焦，使炉膛冒黑烟。

油雾与空气混合物着火较难，在点火时要掌握雾化剂与助燃空气的量及比例。操作时一定要细心观察，积累经验。一旦点不着火，要及时关闭给油阀。

(4) 燃气燃烧器的点火 点火前应检查燃气燃烧器是否堵塞，位置是否正确等，开启鼓风机吹扫炉膛、烟道和烟囱内残留的燃气；用燃气吹扫出管路中的空气，开启吹扫阀和排放阀，使管道中的空气排尽，然后再关闭排放阀。

燃气燃烧器的喷嘴点火是使流动的燃气着火，若流速过快，则会使气流无法达到着火温度而点不着，所以气流不宜过高。流速低（小流量）时点火较为容易，这是燃气流着火的特点。点火时必须有空气存在，这是燃气点火所必须具备的基本条件。在燃烧器类型不同和环境不同的情况下，可用不同的方法来实现这个条件，如助燃空气可来自于大气，也可靠风机供给，助燃空气供给的不同就形成了点火方法的差异。根据点火时燃气和风阀的开启顺序，一般采用"先风后气"法，即首先启动点火装置，送入少量空气，再开燃气阀，送入燃气，将火点着，并调整燃气与空气比例至适宜程度。点火方式有人工点火装置法、炽热丝点火装置法、电火花点火装置法，还有催化点火装置法。

燃气燃烧器点火时，为安全起见，千万不要先气后风法，否则容易发生爆炸和人身伤亡危险。

（5）不同条件下的燃烧器点火

① 冷炉条件下的燃烧器点火操作　冷炉一般是指火化机连续36h以上没有火化遗体，火化机炉膛内温度下降到300℃以下时的火化机状态。这种情况下，遗体入炉后不能自燃，需要启动燃烧器燃烧。

② 热炉条件下的燃烧器点火操作　热炉相对于冷炉而言是指连续火化时，由于炉膛温度较高，遗体入炉后由于可燃物自燃，数分钟内不需要开启燃烧器，当快速燃烧的可燃物燃尽后，炉膛温度开始下降，遗体自燃状况不佳时，需要燃烧器喷射燃料燃烧时的火化机状态。这种情况下的燃油燃烧器开启比较简单，因为炉膛温度较高，且是连续燃烧后的重新开启，按动燃烧器启动按钮，燃油喷射形成的雾化炬在高温下自动引燃并燃烧，通过观察火焰颜色，调节风油配比，使燃烧器达到最佳燃烧状态即可；燃气燃烧器只需要开启燃气阀门，燃气在高温下自动燃烧，根据需要，通过控制配风器的风量和燃气流量，将火焰工作状态调节至最佳。

③ 火化过程中的点火操作　遗体火化过程中，燃烧器并不需要始终喷射燃料燃烧，当炉膛温度超过设定温度的上限后，且遗体自燃状况良好时，为了节省燃料，可以关闭燃烧器数分钟，待炉膛温度下降到设定温度下限后且需要燃烧器燃烧时，再重新开启燃烧器火化。点火操作同热炉的点火操作。

二、烟道闸板操作控制

烟道闸板的升降控制分自动控制和手动控制两种。

1. 烟道闸板的自动控制

中高档火化机的进尸、点火、炉膛压力调节、烟道闸板的升降等，可以通过控制面板的按钮操作来实现。控制面板的控制按钮中，一般设有"烟道闸板升"和"烟道闸板降"的按钮，在仪表显示正常的情况下，按下"烟道闸板升"按钮可提升烟道闸板位置，同时调大主燃烧室工作负压；按动"烟道闸板降"按钮可降低烟道闸板位置，同时调小主燃烧室工作负压。

自动控制的烟道闸板上、下限位都设有行程开关，可根据需要调整其位置。控制按钮的操作根据火化机的控制方式不同，其工作原理也不同，可以分为"自动型"和"点动型"。

（1）自动型　需要提升或降低烟道闸板时，按下相应的操作按钮，启动升降电机，烟道闸板会自动升降到位，到位后，升降指令自动结束。烟道闸板升降是否到位，通过行程开关和接触器控制，可以通过指示灯的变化来识别和判断：以红绿灯变化为例，控制面板上"烟道闸板升"按钮和"烟道闸板降"按钮未启动时显示颜色为绿色，启动后，运行过程中变为红色，升降到位碰到行程开关后，接触器断开，升降动作结束，按钮灯颜色又变回绿色。

（2）点动型　需要提升或下降烟道闸板时，按下相应的操作按钮，启动闸板升降电机，升降到需要位置后，松开按下的操作按钮，烟道闸板停止升降运动，带动烟道闸板的电机和螺杆机构会自动锁死，闸板不会自己下落，升降动作结束。烟道闸板可以运行到升降范围内任意需要的位置，从而通过改变烟道横截面积来控制烟气流通速度。例如，根据火化机炉膛温度的控制要求，需要加大炉膛负压，可以通过提升烟道闸板完成，这种情况烟道闸板的提升一般凭经验用"点动型"控制完成，在烟道闸板上升过程中，可以通过观察压力仪表中显示的炉膛负压变化情况，待烟道闸板上升到合适位置，松开操作按钮，烟道闸板提升动作结束。

2.烟道闸板的手动控制

烟道闸板设置了手动升降的手轮，作为维修和调节行程开关时升降烟道闸板使用，五级火化工应能在他人指导下，转动烟道闸板的升降手轮，升降到指定位置，配合检修和行程开关的调节工作；同时也是为满足特殊情况下提升和下降烟道闸板的要求，例如断电后，需要升降闸板的高度，只能通过手动操作来完成。

【任务思考】

如何解决火化点火中的突发状况？

【任务评价】

火化点火实训考核标准

考核项目	考核点		检测标准	配分	得分	备注
火化检查	职业技能考核（80分）	火化点火	(1)正确判断点火时机 (2)对家属进行心理抚慰	30		实际操作结合职业素质
		具体点火操作	(1)一般点火操作 (2)点火失败处理 (3)正确操作烟道闸板 (4)处理应急故障	50		
	素质考核（20分）	学习态度	认真学习理论知识，积极参与实践操作，认真完成作业，善于记录、总结	10		
		团结协作	分工合作、团结互助，并起带头作用	10		

【知识拓展】

一、燃烧器点火失败的处理方法

燃烧器点火失败后，如不能及时切断燃料的供给，炉膛内积存的油气的浓度或燃气的浓度到一定程度后，遇到明火会发生爆燃事故，严重的会发生爆炸事故，所以燃烧器点火失败后的首要任务就是切断油气供给，并在排除掉炉膛内的油气或燃气后切断风路，关闭鼓风机和引风机。

全自动燃油燃烧器点火失败后，为防止炉膛内油气和空气的混合浓度上升至危险的程度，火化师应迅速关闭燃烧器，继续引风 $1\sim2$min，把喷入炉膛内的油气排放掉，过燃烧器的自保时间后，调整风门大小和燃油喷射量，按下复位按钮，重新启动燃烧器点火，如点火仍不成功，应及时关闭燃油阀门，切断燃油供给，在排放掉炉膛内残存的油蒸气后，关闭鼓风机和引风机，并向上级汇报。全自动燃油燃烧器点火失败后，如仍要继续火化，可采用明火点火装置点火（人工点火），用火炬引燃。

采用电火花装置点火或炽热丝点火装置点火的燃油燃烧器，点不着火时，关闭燃烧器，继续引风 $1\sim2$min，把喷入炉膛内的油气排放掉，调整配风量和燃油喷射量，重新点火，如点火仍不成功，应关闭燃油管路阀门，切断燃油供给，关闭鼓风机和引风机，并向上级汇报。采用电火花装置点火或炽热丝点火装置点火失败后，如仍要继续火化（因遗体已经入炉，无法退出更换火化机），采用明火点火装置点火（人工点火），改用火炬引燃。

采用明火点火装置的燃烧器，若给油持续一定时间后仍未点着火，应停止燃油的雾化和喷射，取出火炬，开大风门，排走油雾，后再重新点火。如点火仍不成功，马上关闭供油阀门，待排掉燃烧室内油气后，关闭鼓风机和引风机，并向上级汇报。

燃气喷嘴采用电磁阀点火装置，燃气燃烧器的启动和停止一般为自动控制和程序控制。燃气燃烧器的点火是使流动的燃气着火，若流速过快，则可能使气流无法达到着火温度而点不着。当点火失败后，要马上切断燃气供应，继续开动引风机和鼓风机，将炉膛内残存的燃气排放掉。重新点火仍不成功的，排掉炉膛内残存的燃气后，关闭鼓风机和引风机，并及时向上级汇报。

二、火化机烟道闸板的功能作用

① 调节烟气流通速度，从而达到调节炉膛负压的作用。通过调节烟道闸板的升降及风量供给，使火化机在设定的炉膛负压下运行。

② 起到调节炉膛温度的作用，如果炉膛温度过高，则通过提升烟道闸板，加大热量的流失，如果炉膛温度过低，则通过降低烟道闸板，减少热量的流失，从而起到调节炉膛温度的作用。

③ 保温功能。因为凉炉火化速度慢，热炉火化速度快，较高的炉膛温度能加快火化速度。由于火化机非一天 24 小时连续工作，当日的火化工作结束后，为了保持较高的炉膛温度（俗称炉膛保温），需要关闭烟道闸板，第二天需要火化时，开启烟道闸板。所以要对炉膛采取保温措施，关闭烟道闸板是必不可少的步骤。

三、根据遗体情况确定点火时间

遗体焚化在下列三种情况下需要点火和确定点火时间。

① 对于当日的第一具遗体火化时，炉膛温度可能达不到遗体包裹物和随葬品自燃的温度，需要开启主燃烧室的燃烧器点火焚化。遗体入炉后，关闭炉门，确定密封后，升降烟道闸板，通过控制风阀调整炉膛负压至 $-10 \sim -15$Pa 之间，开启主燃烧室全自动燃烧器或手动点燃主燃烧器。

② 当连续火化时，由于炉膛温度较高（一般在 700℃ 以上），遗体包裹物和随葬品一般为易燃品，入炉后能自燃。包裹物和随葬品燃烧时，炉膛温度飙升至一定高度后又回落，当遗体包裹物和随葬品燃尽，遗体自燃状况不佳，且炉膛温度达不到设定的遗体燃烧温度下限时，需要开启燃烧器或喷嘴喷射燃料焚化遗体。遗体包裹物和随葬品的多少也影响着点火时间。特殊说明一点：如果是当日的第一具遗体焚化，需要燃烧器引燃，待随葬品燃旺后，炉膛温度上升很快，可以先关闭燃烧器，待随葬品燃尽，炉膛温度回落时，再给燃烧器点火。

③ 在遗体易燃部分燃烧阶段，由于遗体自燃状况好而关闭燃烧器和喷嘴，在易燃部分燃尽后，遗体主要部位和难燃部分燃烧需要开启自动燃烧器或喷嘴的，应该开启燃烧器燃烧。

任务二 过程控制

【任务描述】

① 了解火化过程的各个阶段。
② 熟悉火化过程中风油（气）配比结合。
③ 掌握不同情况下的操作控制。
④ 处理应急故障。

【任务实施】

 一、遗体焚化的八个阶段

第一阶段 是遗体包裹物和随葬品入炉后的快速燃烧阶段。这一阶段大约需要 2～4min。如果是当天第一具遗体，主燃烧室的燃烧可以供给少量的燃料，以引燃为目的，主燃烧室的起始温度一般在 400℃ 以下。开始燃烧后，主燃烧室温度迅速爬升到 900℃ 左右，然后又慢慢回落至 700℃ 左右，因为是炉膛内的表面温度升高的原因。炉膛负压由于快速燃烧而减小，稳定 1～2min 后，负压又能下降到设定的 −5Pa 左右。如果是连续火化，遗体入炉时，燃烧温度一般在 700℃ 左右，遗体可自燃，温度由开始的 700℃ 左右升到 1000℃ 左右后又回落到 800℃ 左右，压力也是先升而后降至 −5Pa 左右。连续火化时，可只供给适量的助燃风，而再燃烧室则加强燃料和助燃风的供给。助燃风既是给再燃烧室的燃烧器提供氧气，使燃料充分燃烧，又是给再燃烧室提高氧气，使主燃烧室内未燃尽物质和粉尘在再燃烧室最大可能地氧化分解，起到降低烟气中污染物的作用。如果再燃烧室的温度达到设置温度的上限的 700℃ 时，可只供助燃风而不供燃料。其仪表显示曲线如图 3-3 所示。

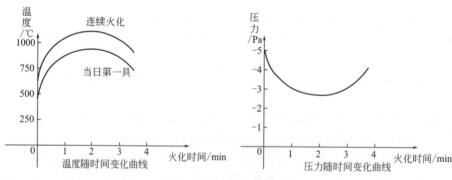

图 3-3 第一阶段仪表显示

第二阶段 是遗体水分的蒸发阶段。这一阶段大约需要 2～4min。如果是当天第一具遗体，主燃烧室温度一般在 700～800℃ 之间，如是连续火化，温度则在 800℃ 左右。由于遗体的特性不同，遗体水分蒸发的差异也就较大。这时的主燃烧室可供给较多的燃料和足够的助燃风，但必须保证炉膛负压在规定的范围内。再燃烧室应供给适量的助燃风。对于中、高档火化机，助燃风的供给通过燃烧室的含氧量分析控制系统，会自动反馈和自动发出指令。对于低档火化机，则靠经验根据火焰的颜色和大小来判断：如果火焰呈黄亮刺眼的颜色，说明助氧风供给充足，燃烧状况良好；如果火焰呈黄亮，但较低较短，火焰摇摆，或出现燃烧室温度下降，则说明助燃风供给过多，烟气流动较快，热损过多而造成燃烧缓慢，这时应适当减少助燃风的供给；如果火焰呈深红色或暗红色，说明燃烧缺氧，烟气中又存在大量未燃尽物质，烟囱冒黑烟或浓烟，这时应加大助燃风的供给量。由于主要靠燃烧器供给燃料焚化，焚化的状态比较稳定，温度波动不大，压力变化也不大，仪表显示曲线如图3-4所示。

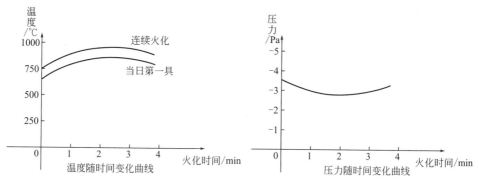

图 3-4　第二阶段仪表显示

第三阶段　是遗体易燃部分开始燃烧阶段。这一阶段大约需要2～3min。易燃部分包括手、脚、颈、脸、臂等部。由于遗体的特性各不相同，焚化过程中水分蒸发的时间差异也较大，即使是同样重量的遗体，女尸比男尸好烧；年轻的比年老的好烧；脑力劳动者比体力劳动者好烧；正常尸体比患肝腹水的好烧；未冷冻的比冷冻的好烧。还有一种蜡尸，自始至终如同烧蜡一样，由于燃料供应的减少，要确保必要的助氧风，温度稳定在800℃之间，压力调整在-5Pa以内稳定运行。其仪表显示曲线如图3-5所示。

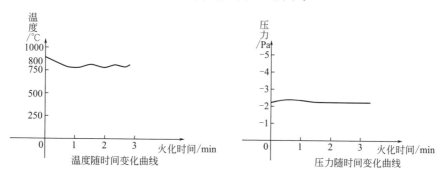

图 3-5　第三阶段仪表显示

第四阶段　是遗体易燃部分基本燃烧完毕，遗体全面燃烧阶段。这一阶段大约需要5～8min。遗体的躯干、四肢部、脂肪与肌肉进入全面燃烧状态，这时应根据遗体的性别与体重胖瘦来供给燃料和助燃风，使主燃烧室的温度始终保持在额定温度的上限。如果是女性肥胖尸体，这时的炉温又达到800℃以上，遗体的自燃状况比较良好，这时可不供燃料或少供燃料，只要供足助燃风就行。遗体既是被燃物，又是自燃物，一方面被焚化，另一方面又自身参与燃烧；一方面吸收热量，另一方面又释放热量，这就是在焚化过程中，燃料与助燃风的比例供量有时多，有时少，有时甚至不供的原因。在这一阶段，特别是连续火化，要注意燃烧室的温度，如果温度居高不下，应增加负压，人为地加大热损失来控制温度。遗体在一、二、三、四阶段是产生污染物质的高峰期，所以必须控制燃烧状况为最佳状态。其仪表显示曲线如图3-6所示。

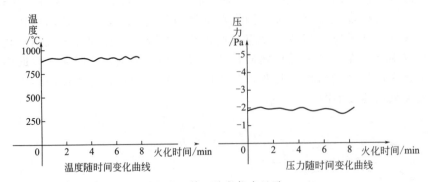

图 3-6　第四阶段仪表显示

第五阶段　是遗体的易燃部分（手、脚、颈、脸、臂、腿）全部焚化完毕的阶段。这一阶段大约需要 2～4min。在这一阶段主燃烧室温度可上至 900℃，只要主燃烧室温度不突破上限，可逐渐加大燃料和供氧风量。主燃烧室保持微负压就可以，注意不能太大。其仪表显示曲线如图 3-7 所示。

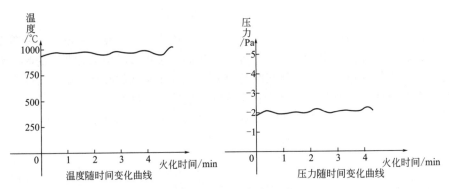

图 3-7　第五阶段仪表显示

第六阶段　是遗体的难燃部分全面燃烧的阶段。其特点是吸热，温度逐渐下降至 750℃左右，压力显示在 −15～−5Pa 之间。因为主燃烧室内剩余的是遗体的腹部、腰部和内脏，肌肉和含有大量水分的部分难以燃烧，这时，需要适量的燃料和充足的助燃风，保证主燃烧室的温度不低于额定的下限。程控平板炉可将剩余骨骸适当集中燃烧，这一阶段大约需要 10～15min。这一阶段主要靠增大燃料供给量和供氧量保持燃烧室温度不低于额定的下限。仪表显示曲线如图 3-8 所示。

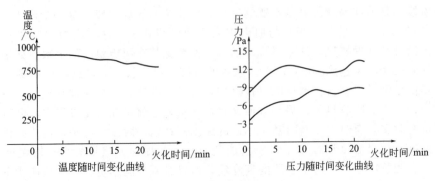

图 3-8　第六阶段仪表显示

第七阶段　是遗体的难燃部分剩下少量骨骸进行燃烧阶段。其特点是剩余骨骸虽少，但是容易产生骨灰尘。这一阶段温度在700℃左右，压力在−5～−1Pa之间。由于其他可燃物已经完全燃尽，剩下的主要是人体大的骨骼关联处，所以这一阶段燃料供应量应逐渐减少，甚至停止供应，只供给少量的助燃风，而且允许主燃烧室的温度低于额定温度的下限，直至遗体的全部骨骼燃烧尽，这一阶段大约需要4～7min。其仪表显示曲线如图3-9所示。

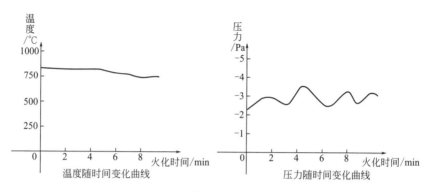

图3-9　第七阶段仪表显示

第八阶段　是已经全部燃尽的骨灰脱硫、保质酥、保色白和除异味阶段。其特点是在无明火、温度又高的状态下对骨灰进行烘焙。这一阶段只供给少量的助燃风而不供给燃料，温度在700℃，压力在−3～−1Pa之间。这一阶段的时间要保持8～10min，以保证减少骨灰中的异味和炭黑等。最后这一阶段特别要注意助燃风不能开得太大，否则会出现骨灰尘的污染。其仪表显示曲线如图3-10所示。

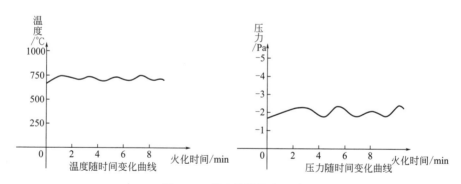

图3-10　第八阶段仪表显示

二、燃烧调整措施

火化机内遗体的焚化速度和焚化效果，不仅取决于设备的先进程度，而且和燃烧过程的调整有直接关系。燃油火化机燃烧调整的任务是使火化机在微负压下运行，烟囱不冒黑烟，尽可能地降低过量空气系数，在烟气排放达到国家标准的前提下，尽可能地提高燃油使用效率和火化速度。燃气火化机燃烧调整的任务是：通过控制燃气阀门的开度，调节供风器的风量大小，使设备在微负压下运行，在烟气排放达到国家标准的前提下，尽可能地提高燃气使用效率和火化速度。

燃烧调整的措施有风量调整、燃烧器调整、火焰调整等。

由于遗体焚化分八个阶段完成，每个阶段需要的燃料和助燃风也不同，火化机燃烧状态的调整是火化师一项基本的能力要求。

第一阶段 对于当天的第一具遗体，主燃烧室的燃烧可以供给少量的燃料，这种燃料供给是以引燃为目的的，如果遗体包裹物和随葬品较多，包裹物和随葬品的自燃状况良好，可以关闭燃烧器，只供给随葬品自燃所需的足够而又不过量的助燃风。连续火化时，只供给足够而又不过量的助燃风。再燃烧室应在本阶段加强燃料和助燃风的供给，使在主燃烧室未燃尽的物质和粉尘在再燃烧室强制氧化，尽可能地氧化分解掉，使有毒有害物质在再燃烧室和高温烟道中充分地氧化分解，从而达到降低烟气中污染物含量的作用。如果再燃烧室的温度超过设定温度上限时，可以停止燃料的供给，但助燃风不能停供。

第二阶段 主燃烧室的燃烧可以供给较多的燃料和足够的助燃风；再燃烧室应供给适量的助燃风，如果温度未达到设定温度的下限，仍供给燃料，但比第一阶段要少些，如果超过设定温度上限，可以停止燃料供给，但助燃风不能停供。对于中、高档火化机来说，燃烧室的含氧量是否合适，控制系统会自动进行检测控制。对于中档以下的火化机来说，主要靠遗体火化师根据火焰的颜色和大小来观察判断。

第三阶段 主燃烧室应逐渐减少燃料的供给，确保必要的助燃风。由于本阶段的燃烧因遗体不同而差异较大，应根据再燃烧室温度情况决定是否供给燃料燃烧，但应继续供给助燃风。

第四阶段 主燃烧室继续减少燃料的供给，并保持足够的助燃风供给量。如果主燃烧室温度超过设定温度的上限，则可不供燃料或少供燃料，但必须供给足够的助燃风。根据遗体的燃烧状况，及时调节燃料和助燃风的供给量，使主燃烧室温度始终保持在额定温度的上限和下限之间。如果主燃烧室温度居高不下，则可通过增加主燃室负压，造成人为的加大热量损失来控制主燃烧室温度，达到调节燃烧到最佳状态的目的。根据再燃烧室烟气排放情况继续减少或停止燃料供给，只供给适量的助燃风。

第五阶段 在主燃烧室温度不超过额定温度的上限时，逐渐加大燃料和助燃风的供给量。再燃烧室由于温度较高，可以只供给少量的燃料或不供燃料，只供给适量的助燃风。

第六阶段 主燃烧室增大燃料供给量和助燃风量，保持燃烧室温度不低于额定温度的下限。再燃烧室可以少量供给或停止供给燃料，只供给少量的助燃风。

第七阶段 本阶段主燃烧室和再燃烧室燃料和助燃风的供给应逐渐减少，直至停止供给燃料，只供给少量的助燃风。允许主燃烧室温度低于额定温度的下限。

第八阶段 主燃烧室和再燃烧室只供给少量的助燃风，不供燃料。

【任务思考】

1.燃烧器的关停都是在什么情况？

2.如何降低污染？

3.燃烧器点火失败后应如何处理？

4.烟道闸板的操作要领是什么？

5.简述如何调节助燃风。

【任务评价】

过程控制实训考核标准

考核项目	考核点		检测标准	配分	得分	备注
火化控制	职业技能考核（80分）	火化初始阶段调节	（1）正确启动、关闭燃烧器 （2）对风路进行控制	30		实际操作结合职业素质
		火化中间阶段	（1）熟悉各种燃烧器的启动和停止 （2）正确调节风路 （3）处理应急故障 （4）正确操作烟道闸板	50		
	素质考核（20分）	学习态度	认真学习理论知识，积极参与实践操作，认真完成作业，善于记录、总结	10		
		团结协作	分工合作、团结互助，并起带头作用	10		

【知识拓展】

一、火化阶段调整

主燃烧室的供风由两部分组成，包括风管供风和燃烧器供风。风管供风系统由鼓风机、风阀和风管组成。燃烧器供风是由配风器或自身配备的风机供风。这里主要介绍风管供风的操作。

1. 主燃烧室的风管供风操作

其作用是向主燃烧室供给被燃物燃烧时所需要的氧气，同时影响着燃烧室内的温度和压力，所以准确地调节供风量是操作供风系统的基本要求。中档、低档火化设备一般采用过氧量控制法，一些高档火化设备通过烟道内的氧敏感元件检测剩余氧量控制供风量的大小。其一般的操作步骤是开启鼓风机，调节风阀，使炉压根据火化进程的需要调节到相应的范围。另一种供风系统带有空气预热器，通过电磁阀控制供风，空气预热器以排放的烟气为热源，把由鼓风机送进的冷空气加热到 $200 \sim 300$℃后送入炉膛助燃，能在很大程度上加快燃烧速度，从而提高炉膛温度，节省燃料。自动化程度比较高的火化机，通过控制面板进行火化过程控制。主燃烧室的供风大小通过控制面板上的风量调节按钮调整，如鼓风机和引风机的开启和关闭按钮、风阀的开度按钮、烟道闸板的升降按钮、炉膛负压的显示和调节等；也可以通过控制鼓风机进风口的大小来调节（如有的火化机设置风管风的喷吹强度为强风、中强风、中风、偏弱风、弱风和无风等，通过按钮操作选择风管风的强度，也可以通过检测燃烧室内的剩余氧量控制供风量的大小和时间）；对于使用变频调速器控制炉膛负压的火化机，可以自动改变风机的转速来控制助燃风的大小。燃烧器的供风主要是为燃料的燃烧提供氧气，这部分空气对炉膛的负压也起到一定的影响，有时炉膛冒烟，就是突然开启燃烧器造成的，所以应当重视燃烧器风门的调节。同样，自燃状况良好的遗体，也可以通过减少燃料供给，加大助燃风的喷吹，达到同样的焚化效果。

2. 再燃烧室的供风操作

当烟气在再燃烧室内继续氧化、分解时，需要继续消耗氧气，同时，再燃烧室的燃烧器喷射燃料燃烧时也需要氧气，这就是说再燃烧室的供风也包括风管供风和燃烧器供风，通过控制面板操作或手动完成对风管风阀的调节，有效地控制空气的供给量，通过调节燃烧器的风门大小保证燃烧器的最佳燃烧状态。

对于连续火化燃烧室温度过高，需要降低燃烧室温度时，应关闭空气预热器，直接供自然温度的助燃风。

 ## 二、燃烧器的停机操作

燃烧器的停机操作分正常停机和紧急停机两种情况。

1. 燃烧器的正常停机操作

燃烧器关闭后如果没有切断燃料的供给，当燃烧器滴油或漏油，油滴积存到一定程度后，遇到明火会发生危险，所以燃烧器关闭后首要任务就是切断油气供给，然后关闭鼓风机和引风机。随着遗体火化进入到不同的阶段，需要的燃料逐渐减少，直到停止燃料供应。对燃油式燃烧器而言，应该关闭燃烧器的进油阀，停止燃油泵运转并关闭油路上的各阀门，增大炉膛负压，排掉炉膛内可能残存的可燃油气。燃烧器的正常停机操作也包含着点火不成功关闭燃烧器的部分内容。

全自动燃油燃烧器正常停机时，按下"开/关"按钮，关闭燃烧器电源，然后关闭燃油阀门，切断燃油供给，关闭鼓风机和引风机。采用电子点火装置点火的燃油燃烧器，关闭燃烧器时的操作与全自动燃烧器基本一致。

采用明火点火的燃烧器（油枪），燃烧器正常停机操作为：逐渐调小燃油阀门和配风器风量，关闭控制燃烧器的燃油阀门，再关闭总的燃油阀门，然后关闭鼓风机和引风机。

停机后，必须检查燃油管路是否关闭，及时切断所关闭燃烧器的油路，需要将燃烧器退出燃烧室高温区的，应及时退出高温区，并插好隔温挡板。

2. 燃烧器的紧急停机操作

在遗体的焚化过程中，当遇到突发情况和设备故障不能继续火化遗体时，应按要求紧急停机。

出现下列情况之一者需要紧急停机：

① 发生爆燃且造成严重后果；

② 燃料管路泄漏；

③ 炉膛从观察孔和缝隙冒烟，调整负压后仍然冒烟；

④ 炉条断裂或炕面断裂，使火化无法继续；

⑤ 烟道塌陷致使火化无法继续进行；

⑥ 风机发生故障；

⑦ 发生不可预见性事故；

⑧ 接到紧急停机通知；

⑨ 发生电路故障，无法继续进行操作时。

全自动燃油燃烧器、采用电子点火装置点火的燃油燃烧器，紧急停机时，迅速按下"开/关"按钮，关闭各个油路阀门和油路总阀门，切断电源。采用明火人工点火的燃烧器（油枪），紧急停机时，立即切断油路阀门和油路总阀门。

三、主燃烧室负压的调整

主燃烧室负压可以通过以下方法来进行调整：通过调节烟道闸板的开度来调整；通过调节引风机进风口蝶阀的开度来调节；通过调节供风管路的阀门开度来调节；对引风机电机进行变频器调速。

炉膛负压的大小，主要取决于引风机从炉膛带走的风量与鼓风机吹入炉膛的风量的差值，如果差值为正，即引风大于鼓风，则炉膛在负压下运行；如果引风小于鼓风，则炉膛在正压下运行，而火化机要求的是在微负压下运行。风量的大小必须与炉膛的火化进程相适应，在增大风量时，应先增加引风，后增加鼓风；在减少风量时，应先减少鼓风，后减少引风。风量是否适合，除通过专门仪器进行检测外，还可以通过观察炉膛火焰和烟气的颜色大致做出判断：风量适合时，火焰颜色呈麦黄色（亮黄色），烟气呈灰白色；风量过大时，火焰白亮刺眼，烟气呈白色；风量过小时，火焰呈暗黄色或暗红色，烟气呈淡黑色。

主燃烧室内负压调节分几个阶段进行：

① 开始火化阶段，负压调节到 $-15 \sim -5$Pa 为宜。此阶段由于遗体包裹物和随葬品的易燃性，主燃烧室内温度上升很快，能很快达到温度的上限，同时发生爆燃的可能性也较大。为防止爆燃的发生，应根据具体情况适当加大炉膛负压。

② 中期火化阶段，负压调节到 $-5 \sim -2$Pa 为宜。此阶段由于燃烧趋于稳定，污染物的生成呈下降趋势，火化在微负压下进行效果最好。

③ 燃尽阶段，负压调节到 $-15 \sim -10$Pa 为宜。此阶段由于可燃烧部分基本燃尽，炉膛温度较高，骨灰的温度需要迅速降低达到出灰的要求，通过加大炉膛负压，人为增大炉膛热损失以达到降温的目的。同时，也为连续火化做好准备（连续火化时，如果炉膛温度过高，入尸操作较困难）。

四、根据烟气电视监控器判断烟气排放情况

火化师完成燃烧器点火后，可以通过电视监控器观察烟囱出口处的烟气排放情况，当燃烧室内出现不完全燃烧情况时，通过烟气电视监控器观察得非常清晰，是更直观地判断烟气排放情况的工具。监控器的摄像头一般正对火化机烟囱的出口处，通过肉眼能判断出烟气颜色、黑度、相对流速等。烟气监控器从火化机接通电源后开始工作，火化机的预热过程、遗体焚化过程、出灰过程，都可以通过烟气电视监控器进行实时监测。

烟气电视监控器中烟气的颜色如果为黑色，应能判断为燃料未充分燃烧或遗体包裹物和随葬品没有充分燃烧，应及时调整燃烧器燃料喷射量和助燃风的供给量。烟气电视监控器中烟气的颜色如果为黄褐色，应能判断为缺氧燃料，应及时补充助燃风，提升炉膛温度和再燃

烧室温度以及加大烟气在再燃烧室和烟道的滞留时间。烟气电视监控器中烟气的颜色如果为无色或只看见气浪，说明燃烧状态良好，已经达到最佳焚化效果，维持现状就能发挥火化机的最佳效能。

五、主燃烧室、再燃烧室助燃风的调节

为了使主燃室和再燃室的燃料能充分燃烧，供给充足的助燃风是非常重要的，它不仅影响着遗体的火化速度，还决定着火化机能否在较长的使用周期内安全运行。如果助燃风供给不足，将使炉膛内燃料燃烧得不到足够的氧气，燃料不能完全燃烧，增大了燃料不能完全燃烧的热损失，从而增大了燃料的消耗，也影响了火化速度。当助燃风严重不足时，将造成炉膛黑暗，烟气中一氧化碳含量增加，烟囱冒黄烟。如果助燃风供给量过大，烟气排放速度加快，热量损失增多，也会造成燃烧效果不好，不仅降低了火焰燃烧温度，同时由于烟气量的增大，热量损失也过大，同样影响火化速度。

助燃风的调节，根据不同的火化机采取不同的方法进行，可以通过升降烟道闸板控制炉膛负压调节助燃风的供给，可以通过调节鼓风机风管风量和引风机风口蝶阀进行；还可以通过变频器控制电机的转速来调节；还可以通过烟道闸板、鼓风机风管阀门和引风机蝶阀的联合控制调节。

在遗体火化的各个阶段需要的助燃风量是不同的，遗体包裹物和随葬品的数量决定助燃风的供给量，遗体本身的特性也影响着助燃风的供给。

第一阶段，遗体包裹物和随葬品的快速燃烧阶段　对于当天的第一具遗体，主燃烧室的燃烧可以供给少量的燃料，以引燃为目的，只供给随葬品燃烧所需的适量的助燃风；连续火化时，可以只供给适量的助燃风。再燃室应在本阶段加强燃料和助燃风的供给，如果再燃烧室的温度达到设定温度上限时，可以只供给助燃风，停止燃料的供给。

第二阶段，遗体水分的蒸发阶段　主燃烧室的遗体燃烧可以供给足够的助燃风和较多的燃料，但必须保证炉膛负压在规定的范围内，再燃烧室应供给适量的助燃风，并根据需要控制燃料的供给（甚至可以停止燃料供给）。

第三阶段，遗体易燃部分的全面燃烧阶段　应逐渐减少燃料的供给，确保必要的助燃风。

第四阶段，遗体全面燃烧　易燃部分基本燃烧完毕的阶段，应保持足够的助燃风量。如果主燃烧室温度达到炉膛设定温度的上限后，则可不供燃料或少供燃料，但必须供给足够的助燃风，根据遗体的燃烧状况，及时调节燃料和助燃风的供给量，使主燃烧室温度始终保持在额定温度的上限和下限之间。再燃烧室根据烟气排放情况，继续减少燃料供给或停止燃料供给，只供给适量的助燃风。

第五阶段，遗体的易燃部分（手、脚、颈、脸、臂、腿）全部焚烧完毕的阶段　在主燃烧室温度不超过额定温度的上限时，逐渐加大助燃风的供给量。再燃烧室由于温度较高，可以供给适量的助燃风。

第六阶段，遗体难燃部分的全面燃烧阶段　主燃烧室增大助燃风的供给量，保持燃烧室温度不低于额定的下限。再燃烧室可以只供给少量的助燃风，使主燃烧室处于最佳燃烧状态。

第七阶段，遗体难燃部分燃尽的阶段　本阶段助燃风的供给应逐渐减少，允许主燃烧室温度低于额定温度的下限。

第八阶段，骨灰脱硫、质酥、色白、除味阶段 进行的供风不供燃料的燃烧阶段，主燃烧室和再燃烧室只供给少量的助燃风。

 ## 六、燃烧器和风机的停机操作

由于一具遗体在焚化过程中，燃烧器可能要开、停几次，助燃风也需要根据火化进程适时调节，下面分别介绍燃烧器和风路的停机操作。

燃烧器的停机操作，在下列几种情况下需要对燃烧器进行停机操作。

① 主燃室的燃烧器喷射燃料只起到引燃作用，引燃的作用完成后，主燃烧室内自燃状况良好时，可以关闭燃烧器。

② 遗体易燃部分基本燃尽，遗体开始全面燃烧阶段，从节省燃料考虑，如果主燃烧室温度超过额定温度的上限，且遗体自燃状况良好，可以关闭燃烧器。

③ 骨灰脱硫、白化阶段，由于有较高的主燃烧室温度，难燃部分已经燃尽，只需要继续引风 10min 左右，不论从节省燃料的角度还是出灰温度考虑，都可以关闭燃烧器。

燃烧器关闭后如果不能及时切断燃料的供给，可能出现燃烧器滴油、漏油或燃气泄漏现象，当油滴或燃气积存到一定程度后，遇到明火会发生危险，所以燃烧器关闭后首要任务就是切断油气供给，然后关闭鼓、引风机，关闭顺序为先关鼓风机后关引风机，关闭各管道阀门，最后关闭总电源。

燃气燃烧器正常停机操作通过自动控制完成，发出停机指令后，燃烧器切断燃气的供给，燃烧器自动关闭，手动关闭燃气总阀门，关闭鼓风机和引风机。

七、火化过程中容易出现的问题

① 尸体在焚化过程中，如果燃料与助燃风的比例掌握不好，无论是哪一个阶段都会出现烟、灰、尘、异味等污染物。

② 在第一个阶段，当尸体进入主燃烧室后，燃烧室的温度迅速下降，随着燃料和助燃风的进入，温度又迅速上升，这时，如不控制好油与风的比例，随葬物品和燃料都得不到充分燃烧，加上引风的抽力作用，浓烟和灰尘污染就形成了。这个阶段要解决的是使含有丰富水分的物体逐渐加热，使之水分迅速挥发干燥而燃烧。

③ 当随葬品焚烧完，尸体进入燃烧时，要注意油风的比例配给，使尸体有一个水分蒸发的热分解过程。如炉温过高，尸体表面得不到逐渐的热分解燃烧，就会产生大量的黑烟和恶臭异味。

④ 在尸体焚化的最后两个阶段，尸体已得到基本的焚化，已被焚化的骨灰很轻小，容易漂浮，如果处理不好助燃风的供给，就会产生粉尘污染，使火化过程出现第二个污染高峰值。

⑤ 在焚化尸体的过程中，主燃烧室要始终保持 $-15 \sim -5$Pa 的微负压，而不能出现正压现象。

⑥ 有引射或喷射装置的低烟囱火化机，在焚化尸体的时候并不是说没有污染物质的排放，只是运用引射或喷射的强力装置，以 $50 \sim 100$ 倍的强气流射入烟囱中，让烟气从低烟囱强行冲向高空，使人们的肉眼难以发现，这样就消除了人们的心理障碍。

项目五　骨灰收集

💡 **情境导入**

　　独孤先生，男，102 岁，因高血压去世，于 2019 年 4 月 5 日 17 时 44 分在某殡仪馆火化结束，进行捡骨灰。家属要求，其父曾经做过骨折手术，在小腿上植入了钢钉，钢钉大约 30cm，特别大，希望尽量保留。作为某殡仪馆火化车间的王师傅，需要如何去完成这些工作？

💡 **知识目标**

　　① 了解现代殡葬骨灰收集的文明方式有哪几种。
　　② 掌握现代殡葬骨灰冷却操作的方法、冷却时间的长短。
　　③ 掌握骨灰筛选操作、骨灰装殓操作、骨灰交接。

骨灰处理

💡 **技能目标**

　　① 根据天气、环境、季节等因素能够熟练掌握骨灰的冷却时间。
　　② 能够自主进行火化交接。

任务一　骨灰收集过程

【任务描述】

　　① 了解骨灰收集工具的使用方法。
　　② 熟悉收集骨灰时家属的需求以及注意事项（注：当骨灰达到收集的温度时，金属随葬品温度未必也达到同样的温度，有时会遇到心脏起搏器等爆炸的情况）。
　　③ 掌握收集的顺序以及清理的过程。

【相关知识】

　　遗体火化过程结束后，须认真收集、清理骨灰，严格做到不漏灰、不混灰，绝对禁止错灰。收集骨灰是遗体火化师的基本操作技能之一。骨灰的收集方式因火化机主燃烧室炕面结构的不同而略有差异。

1. 平板式火化机的骨灰收集方式

　　平板式火化机的主燃烧室结构为一个整体，炕面与炉壁是一体的，遗体火化所形成的骨灰都保留在炉膛内炕面上。火化结束时，遗体火化师开启操作门，使用辅助工具将骨灰扒出，收集至骨灰斗内。

　　① 优点：出灰操作快，火化结束即可出灰，不必等炕面冷却后再操作；骨灰收集后即

可进行下一具遗体火化，炉膛热量损失小，节省燃料，节省时间。

② 缺点：骨灰收集过程中，辅助工具易造成骨灰损失，导致骨灰收集不完全，特别是在火化骨质较差的遗体时，收集的骨灰更少，常见于年长的女士或幼童；因炉膛结构问题，有出灰死角，造成出灰操作不彻底或有遗漏，会导致混灰；连续火化过程中，由于不能对炉膛进行有效清理，易造成混灰情况发生。

2. 台车式火化机的骨灰收集方式

台车式火化机的进尸车与炕面可以形成一个整体，主燃烧室与炕面结构分开，炕面能整进整出，所以在遗体火化后，能将承载骨灰的炕面整体退出火化机的主燃烧室，有效避免混灰，既可由遗体火化师收集骨灰，也可在火化师的指导下，由逝者亲属亲自收集骨灰，能提供个性化服务，很受客户的欢迎。

火化结束后，火化师将炕面退出主燃烧室，炕面移至冷却间，开始对火化炕面进行冷却。根据冷却风量及环境温度设定冷却时间，冷却时间为10～15分钟。冷却结束后，捡灰人员使用辅助工具开始捡拾逝者骨灰。收集骨灰时应注意区分骨灰与火化随葬品，确保骨灰完整、无杂质。

① 优点：人性化程度高，出灰过程骨灰无扰动，骨灰完整；骨灰收集完全，不会出现混灰情况；根据家属要求，可以由家属自己亲手捡拾亲人骨灰。

② 缺点：骨灰收集前需要对火化炕面进行冷却；连续火化过程中，主燃烧室热损失大，燃料消耗高；骨灰收集过程，因炕面温度原因，易造成烫伤、粉尘污染等情况发生。

【任务实施】

一、骨灰收集操作

1. 平板式火化机骨灰收集操作

平板式火化机收集骨灰时，首先，将灰斗准确地放置到出灰口下，打开出灰口闸板，关闭出灰口拉门；第二步，打开操作门，用耙子由远及近将骨灰从主燃烧室内扒到灰斗中，骨灰收集需完全、无遗漏；第三步，关闭出灰口闸板，打开出灰口拉门，用长把铁钳准确、牢固地夹住灰斗，将灰斗移出至骨灰冷却操作台；最后，认真检查炉内及灰斗盛接骨灰处有无遗漏骨灰，如有漏灰，则用小铁锹认真收集再放入灰斗内。整个过程须做到文明、认真、细致、准确。

注意事项：

① 出灰过程应注意操作力度，避免导致骨灰过于粉碎，致使骨灰收集不完全；

② 出灰过程应注意操作安全，避免发生烫伤、磕碰等伤害；

③ 灰斗转移过程应注意平稳，避免骨灰遗撒；

④ 主燃烧室内应清理洁净、无杂物，避免连续火化过程中出现混灰现象。

2. 台车式火化机骨灰收集操作

台车式火化机骨灰收集时，首先，打开火化机炉门，操作炕面退出主燃烧室，移到冷却室进行强制冷却；第二步，根据冷却风量及环境温度设定冷却时间，冷却时间一般为10～15min；第三步，冷却完成后，操作炕面移至火化前厅；第四步，捡灰人员佩戴好防护用品（例如，手套、口罩、防护镜等），使用捡灰夹将逝者骨灰捡拾至骨灰收集盘内；第五步，将收集好的骨灰移至骨灰冷却操作台，进行骨灰冷却；最后，认真检查炕面、主燃烧室、冷却室及火化前厅有无遗漏骨灰，如有漏灰，则用小铁锹认真收集，再放入骨灰冷却操作台。整个过程须做到文明、认真、细致、准确。

注意事项：

① 根据环境条件不同，注意炕面冷却时间，以不影响捡灰安全和家属取灰为宜；

② 捡灰操作过程应注意防护，避免烫伤、粉尘污染等情况发生；

③ 家属自行捡灰时，应注意加强辅助指导，避免因家属情绪激动造成人身伤害，避免造成骨灰捡拾不完全、完整及捡拾杂质；

④ 骨灰收集盘转移过程应注意平稳，避免骨灰遗撒；

⑤ 捡灰结束后，火化炕面应清理干净，避免连续火化时出现混灰现象。

 ## 二、骨灰冷却操作

根据各殡仪馆设备情况不同，殡仪馆配备的骨灰操作台各有不同，主要的作用是对骨灰进行冷却及整理。通常的操作方法为：将收集的骨灰倒入骨灰冷却台（或冷却盘）内，用不锈钢小铲将骨灰轻轻摊开，启动冷却风机，进行下抽风或上抽风冷却骨灰，根据冷却风量及环境温度，设定冷却时间（一般情况下冷却时间约为 10min），停止冷却后应检查骨灰温度是否降至摄氏 35℃ 以下，如符合要求，可进行后续的操作，否则应继续冷却。

【任务评价】

骨灰收集实训考核标准

考核项目	考核点	检测标准	配分	得分	备注
骨灰收集	职业技能考核（80分） 收集准备工作	(1)收集所需要的工具 (2)收集的各种方法	20		实际操作结合职业素质
	常规收集	(1)按照规定一步一步收集，不能出现失误 (2)检查核对信息 (3)家属要求是否保留骨灰以及是否保留金属等随葬品	30		
	冷却过程	冷却的环境、时间和冷却的温度	20		
	骨灰收集顺序	是否严格按照顺序收集	10		
	素质考核（20分） 学习态度	认真学习理论知识，积极参与实践操作，认真完成作业，善于记录、总结	10		
	团结协作	分工合作、团结互助，并起带头作用	10		

任务二 骨灰整理及装殓

【任务描述】

① 了解骨灰整理工具的使用方法。

② 熟悉骨灰中异物处理方式。

③ 掌握骨灰整理及装殓过程。

【相关知识】

一、骨灰筛选操作

将收集到的骨灰进行筛选：一是剔除混入骨灰中的金属纽扣、皮带夹、鞋钉、棺钉、拉锁头、表链等杂物；二是分离遗体体内所镶的金属牙齿和骨折固定件等医疗用品；三是去除骨灰中个别未完全氧化的含碳颗粒；四是剔除与骨灰粘连的杂质等，确保骨灰纯净无杂质。

骨灰的筛选工作可以人工完成，也可以使用骨灰筛选设备进行。

1. 手工整理的一般操作步骤

骨灰冷却完毕后，要平稳而轻轻地晃动骨灰冷却盘，使附着在骨灰表面的粉尘等通过骨灰冷却盘的细孔漏出，然后用毛刷轻轻拂拭骨灰表面，清理骨灰表面杂质。

2. 使用骨灰整理机的一般操作步骤

① 启动骨灰整理机。

② 将骨灰盛器放置在出灰口处。

③ 将待整理的骨灰放置到整理机上"分选预备位置"。

④ 将骨灰稍许摊平，将随葬品等所产生的金属异物、炭黑和其他硬质杂物拣出。

⑤ 按下骨灰整理机主控按钮，进入自动整理骨灰程序。分选骨灰的时间长短可根据实际情况和整理机要求自行设定。

⑥ 骨灰整理机开始工作后，盛装骨灰的分选容器会自动翻起，将骨灰送入机器内，依次进行整理、筛选、冷却等处理，最后整理好的骨灰将自动落入骨灰盒或骨灰袋内。

⑦ 全部工作依照设定的程序完成后，整理机将自动停止，等待下一次整理。

⑧ 完成全部的骨灰整理工作后，须关闭骨灰整理机电源，并依据骨灰整理机操作规程进行清洁与保养工作。清理周期应按骨灰整理量与整理机设备要求来确定。

二、骨灰整理操作

根据各地风俗不同，殡葬习惯各异，目前国内殡仪馆对骨灰的整理主要分为两种：一种是保持骨灰原状，仅对大块的骨灰进行破碎，以达到能装殓入骨灰盒为准；另一种是使用骨灰整理机，将骨灰粉碎成颗粒或粉末状，再进行装袋或直接装入骨灰盒。无论是保持骨灰原状还是使用自动骨灰整理机，其过程都必须文明，不得暴力操作。

三、骨灰装殓操作

全国各地风俗不同，殡葬习惯各异，装殓方法也不同，故不能统一要求：有的地区直接把骨灰装入骨灰盒；有的地方用骨灰粉碎机把骨灰碾成碎末后，装入小布袋入盒；还有的是筛去碎末后装入小布袋入盒。此过程可以由火化师来做，也可以由家属自己动手，根据各殡仪馆的规定安排。

【任务实施】

① 整理骨灰，捡出异物。骨灰装殓时，需要注意将黑色或者其他颜色非骨灰（火化遗留物，主要是木棺小铁钉和高温下没有溶解掉的随葬品）物质捡出，根据家属要求是否保留遗留物，不保留的遗留物要集中处理。

② 按照当地习俗进行骨灰装殓。

【任务评价】

骨灰整理及装殓实训考核标准

考核项目	考核点		检测标准	配分	得分	备注
骨灰整理及装殓	职业技能考核（80分）	装殓准备工作	（1）根据当地风俗装殓（2）准备好装殓工具和骨灰装殓物（骨灰盒）	20		实际操作结合职业素质
		常规收集工具	夹子、骨灰装殓器具（装殓盘4~5个，装四肢和头颅）、小毛刷	30		
		装骨灰标准姿势	鞠躬；拿器具的姿势：一手拿夹子，一手拿盘子	20		
		装殓骨灰	按照当地风俗装殓；保护剂等	10		
	素质考核（20分）	学习态度	认真学习理论知识，积极参与实践操作，认真完成作业，善于记录、总结	10		
		团结协作	分工合作、团结互助，并起带头作用	10		

任务三　骨灰交接及记录

【任务描述】

掌握骨灰交接流程及记录。

【任务实施】

 一、骨灰当日取走者的骨灰交接

当日领取骨灰者，应安排家属在骨灰领取处等候。火化完成后，由操作人员将骨灰送达骨灰领取处，核对服务单据上填写的项目标识与家属手中单据上的有关内容是否一致，同时让家属认真核对相关信息，确认无误后，将骨灰交给家属。操作人员必须同时在相应单据上签字，并让家属在骨灰领取登记表上签字，确定骨灰已经领取，留存相关单据以便查验，完成骨灰交接工作。

二、骨灰寄存在馆内的骨灰交接

（1）**短期寄存** 家属将逝者的骨灰短时寄存在殡仪馆暂存处，一般是装殓好骨灰后暂放在临时"骨灰寄存处"。该过程须进行登记，工作人员签字确认。

（2）**长期寄存** 殡仪馆大多设置有一定的建筑空间，用以长时间寄存骨灰，这类情况的交接过程与家属当日取走交接程序相同。交接完成后，工作人员应告诉家属如何到达寄存处，以及办理寄存的方法、手续等，然后由家属自行将骨灰送到寄存处办理寄存手续。

【任务评价】

骨灰交接及记录实训考核标准

考核项目	考核点		检测标准	配分	得分	备注
骨灰交接及记录	职业技能考核（80分）	骨灰交接及准备工作	提前准备好火化证明和系统交接骨灰记录	20		实际操作结合职业素质
		骨灰交接	交接手续，交接入系统开火化证明	30		
		骨灰盒或者装殓器具的发放	装殓器具是否需要铺金盖银，以及是否密闭放入骨灰保护剂 根据要求正确交接操作	20		
		与家属交流需求方面	祭拜日期以及祭拜物品	10		
	素质考核（20分）	学习态度	认真学习理论知识，积极参与实践操作，认真完成作业,善于记录、总结	10		
		团结协作	分工合作、团结互助，并起带头作用	10		

项目六　设备保养与维修

情境导入

小张是殡仪馆的一名遗体火化工作人员，在某工作日上岗前进行设备运行记录检查时发现，设备已经运行半年，他应该做哪些保养工作？ 在该工作日火化任务完成后，还应做哪些工作？

💡 **知识目标**

① 了解设备保养的基本内容。

② 掌握日常停机保养的基本内容。

③ 掌握火化机及附属设备的检查维护项目。

④ 掌握火化机及附属设备常见的故障原因及维修方法。

💡 **技能目标**

① 能够自主进行设备日常停机保养项目。

② 能够自主对火化机及附属设备运动部件进行润滑油的加注。

③ 能够自主对炉内和地下烟道进行清灰。

④ 能够自主对火化机及附属设备进行检查及维护。

⑤ 能够自主进行火化机及附属设备的故障诊断、维修及排除。

任务一　设备保养

【任务描述】

① 了解火化设备日常停机保养项目。

② 掌握运动部件润滑油、润滑脂加注更换周期及更换方法。

③ 掌握炉内和地下烟道的清灰周期及操作流程。

【任务实施】

⚛ 一、日常停机保养

每个工作日或每个班次的火化任务完成后，必须停机保温。如果 1 日两个班次，当第二班火化任务完成时，应停机保温。停机保温的作用是，为下一班次的运行保持一定的温度，缩短炉膛预热时间，减少下一班次第一具遗体的火化时间，可节省大量燃料；减小砌体因热胀冷缩造成的损坏，延长设备的使用寿命。内容如下。

① 彻底清除炉膛积灰，严禁留尸炉内。

② 配有自动燃烧器的火化机，在停机时应将燃烧器移出，关上隔板，防止炉膛内高温损坏高压线和光敏电阻等。

③ 关闭所有的燃料阀，如果是燃气火化机，还要关闭总阀、风阀。关闭顺序是：先关闭燃料电源，关闭鼓风机电源，再关闭除尘器和换热器电源，最后关闭引风机电源，降下烟道闸板，关闭操作门、炉门、窥视孔。有些炉门由于冲击力的作用，在关闭时会向上弹回少许，需要顶一下炉门配重，使炉门关严，否则会影响炉膛保温。

④ 检查主燃烧室、再燃烧室隔热挡板是否全部挡好。

⑤ 配有全套烟气处理装置的火化机，火化师在操作结束后 10 分钟，严格按如下顺序操

作：关闭燃料阀、鼓风机电源、风阀，关闭炉门、窥视孔、操作门、烟道闸板，关闭烟气处理装置各部的电源，关闭引风机、循环泵或冷却风扇、水泵电源。为确保清灰系统工作正常，应检查空气压缩机在额定电流工作是否正常。

⑥ 将活性炭过滤网取出清扫干净。

⑦ 采用直流电的进尸车，在停机后要及时充电。充电时电流调至 10～15A，注意正、负极不要接错。长期不用的进尸车，也要每隔 5 天充 1 次电，充电时电压不得高于电瓶电压的 20％。每 15 天检查一次电液。电液液面高度应高出极板 10～15mm，如不足额定高度，应添加蒸馏水，禁止添加河水或井水。

⑧ 清扫火化车间的前厅和后厅，擦净火化机外饰面，擦净进尸车、控制柜、仪表等。将火化用具摆放整齐。检查设备现场有无未燃尽的火种、其他杂物，并清扫车间。

⑨ 做好设备运行火化记录。

 二、根据使用要求定期对各运动部件加注润滑油

1. 主要项目

① 各传动部位，每周加一次油。

② 内炉门升降滑轮，每周检查一次。

③ 排烟风阀、滑动轴承每 2 周加油一次。

④ 预备门钢丝绳每月涂石墨油膏一次。

⑤ 电动机、鼓风机每半年加油一次。

⑥ 减速机应半年加换一次润滑油。遇有渗漏，应及时修理、添加补充至规定液面。

⑦ 各机械的轴承应每年加换润滑油一次，并按规定使用耐高温油脂。

⑧ 有烟气处理装置的要定期保养空气压缩机。

2. 更换润滑油

火化机转动设备用的润滑油有黄油、机油、黑油和液压油等，根据转动设备使用状况，各类润滑油的保养周期以及更换方法均不相同。

（1）黄油润滑的转动机械

① 炉排前后轴。每月用黄油枪注油时，加油至将老油挤出为止，每半年清洗和换油一次。

② 电动机润滑用的黄油，每月检查一次，每半年更换一次。操作方法是：

a.拆下压盖，用无铅汽油和毛刷清洗变质的黄油；

b.清洗后，加入纯洁的优质黄油，不宜过多，否则会因轴承及转动部位发热被熔化流出。

（2）机油润滑的转动机构

保养换油的操作方法是：

① 每月检查一次油量，观察是否在额定的油面位置；

② 机油有变质、变色、失去黏度的现象时应及时更换。更换方法如下：

a.打开加油口及放油螺栓，将机油全部放出；

b.将同样数量的柴油加入转动机械内，稍高于正常油面 20～30mm；

c.启动转动机构，用机械自身的力量进行彻底的转动清洗，时间为 8h；

d. 达到规定的清洗时间后，立即放出清洗用的废油；

e. 加入同样数量的柴油再进行清洗，清洗时间 10min，达到清洗时间后，立即放出清洗用废油；

f. 加新润滑油至正常油面；

g. 拧好加油螺栓，在运转中观察油面是否有变化，运行一周后检查油质变化情况；

h. 更换后的废机油应根据环保的要求进行集中处理。

3. 附属设备清洗及涂油操作步骤

① 切断附属设备的电源。

② 将附属设备及周围环境清扫干净。

③ 将附属设备解体，并清洗内部零件。

④ 在附属设备的内、外表面各涂一层防锈漆或防锈油。

⑤ 清洗前放掉废机油，清除废黄油。

⑥ 用汽油或煤油将油箱、零部件及轴承、轴瓦座清洗干净，并进行检查，发现损坏，立即进行修理或更换，重新组装后，按要求加注润滑油和润滑脂。

⑦ 更换后的废油应根据环保要求进行集中处理。

三、炉内和地下烟道的定期清灰

在火化机运行中，离开炉膛的高温烟气中带有许多小颗粒烟尘，当烟气流经火化机各受热面时，一部分烟尘就附着在受热面上。由于烟尘的导热性很差，会直接影响到火化机的传热，造成燃料的浪费和排烟温度升高，使火化机热效率降低。所以应定期进行烟道、炉体的清灰工作。

1. 清灰周期

① 燃烧室每月清灰 1 次。

② 换热器每月清灰 1 次。

③ 每火化 200 具遗体，应打开两侧清灰门、主烟道清灰孔，将积灰清除。

④ 每火化 1000 具遗体，应打扫烟道及烟囱中积灰。

2. 清灰操作

吹灰前，必须检查吹灰设备和阀门有无泄漏。吹灰应按顺烟气的流向逐级进行，使积灰随烟气流经烟道排出去。

为了便于清扫火化机内部的耐火通道，可使用火化机底部的 4 个开口。有盖子的，先拆下盖板，清除盖板下面所有的疏松耐火填充物，检查盖板的密封程度。如有必要，用硅酸铝纤维更新，扒出所有堆积在通道口的积灰和异物，然后用工业真空吸尘器吸除所有的余留物质。

【任务思考】

1. 火化机的停机保温作用是什么？

2. 润滑油的种类有哪些？如何进行区分？

3. 炉内定期吹灰前应进行哪些工作？

【任务评价】

火化设备保养考核标准

考核项目	考核点		检测标准	配分	得分	备注
火化设备保养	职业技能考核 （80分）	检查准备工作	（1）整理好所需工具 （2）卸掉火化机外装饰壳，使各管路裸露出来	20		实际操作结合 职业素质
		日常停机保养	（1）清洁火化机炉膛内积灰，取出活性炭过滤网进行清扫，擦净火化机外表面及仪器表上的灰尘 （2）检查燃料阀门关闭情况、主燃烧室和再燃烧室挡板情况、风机关闭及电流情况 （3）对蓄电池电量及电解液进行检查和补给	30		
		进行主要零部件润滑	（1）确定各主要运动部件润滑周期 （2）对主要运动部件进行润滑油及润滑脂的更换及加注	20		
		炉内和地下烟道的定期清灰	（1）掌握清灰周期 （2）检查吹灰设备和阀门有无泄漏情况 （3）正确拆下火化机机底部开口盖板 （4）利用工业真空吸尘器进行清灰作业	10		
	素质考核 （20分）	学习态度	认真学习理论知识，积极参与实践操作，认真完成作业，善于记录、总结	10		
		团结协作	分工合作、团结互助，并起带头作用	10		

【知识拓展】蓄电池充电及保养要求

蓄电池主要包括湿荷电蓄电池、干荷电蓄电池、少维护蓄电池和免维护蓄电池。在进行蓄电池保养及充电过程中应注意以下几个问题。

1. 初充电

新蓄电池或修复后的蓄电池（更换极板），在使用之前的首次充电为初充电。具体操作步骤如下。

① 检查蓄电池外壳有无破裂，拧下加液口盖的螺塞，检查通气孔是否畅通。

② 根据不同季节和气温选择电解液密度，将温度低于30℃的电解液从加液孔处缓缓加

入蓄电池内，液面要高出极板上沿 10～15mm。

③ 蓄电池加入电解液后，要静止 3～6h，让电解液充分浸渍极板。电解液充分渗透到极板内部后，电解液有所减少，液面下降，应再加入电解液，把液面调整到规定值。待蓄电池内温度低于 30℃时，将充电机与蓄电池相连，准备充电。

④ 新蓄电池在储存中可能有一部分极板硫化，充电时容易过热，所以初充电的电流选用的较小，充电分两个阶段进行。

第一阶段的充电电流约为蓄电池额定容量的 1/15，充电至电解液中有气泡析出，蓄电池单格端电压达到 2.4V。

第二阶段充电电流约为蓄电池额定容量的 1/30。

充电过程中，应经常测量电解液的密度和温度。充电初期密度会有降低的情况，不需要调整它，当液面高度低于规定值时，用相同密度的电解液调至规定值。如果充电时电解液的温度上升到 40℃，应停止充电或将充电电流减半。如果温度继续上升到 45℃，则应停止充电，采用水冷或风冷的办法实行人工降温，待冷至 35℃以下时再继续充电。整个初充电过程大约需 60h。初充电过程中，如减小充电电流，则应适当延长充电时间。

⑤ 初充电接近终了时，如果电解液密度不符合规定，应用蒸馏水或密度为 $1.40g/cm^3$ 的稀硫酸进行调整，再充电 2h，直至蓄电池单格端电压上升到最大值，并在 2～3h 内不再增加。电解液密度上升到最大值，也在 2～3h 不再增加，并产生大量气泡，电解液呈"沸腾"状态，这时蓄电池已充满电，应切断电源，以免过充电。

2. 补充充电

蓄电池在使用中，长期不用的进尸车，都必须进行补充充电。补充充电具体步骤如下。

① 拆下蓄电池，清除蓄电池盖上的脏污，疏通加液孔盖上的通气小孔，清除极桩和导线接头上的氧化物。

② 旋下加液孔盖，检查电解液的液面高度。如果高度不符合规定要求，应添加蒸馏水，但如果确定是电解液逸出导致液面下降，则应用密度为 $1.40g/cm^3$ 的稀硫酸调配，电解液液面应高出极板上缘 10～15mm。

③ 用高率放电计检查各单格电压的放电情况，要求蓄电池的各个单格电的读数（电压值）基本一致。

④ 将蓄电池与充电机相连。补充充电也分两个阶段：第一阶段的充电电流约为蓄电池额定容量的 1/10，充至单格电压为 2.3～2.4V；第二个阶段的充电电流约为容量的 1/20，充至单格电压为 2.5～2.7V。电解液密度达到规定值，并且在 2～3h 内基本不变，蓄电池内产生大量气泡，电解液呈"沸腾"状态，此时表示电池电已充足，时间约为 15h。

⑤ 将加液口盖拧紧，擦净蓄电池表面，安装后继续使用。

任务二　设备维修

【任务描述】

① 了解火化机及附属设备的主要检查项目。
② 掌握火化机主要零部件及机构维护保养方法。
③ 熟悉火化机及附属设备故障原因及诊断维修方法。

【相关知识】

 一、火化机及附属设备的检查、维护

1. 主要检查项目

① 检查火化机及附属设备的各部分外观，发现异常立即解决。

② 检查炉门、燃料管道、风管系统及各阀门启闭是否灵活。

③ 检查烟道闸板的启闭、升降是否灵活。

④ 检查排烟管道的密封情况。

⑤ 检查炉膛内部有无破损。

⑥ 检查并及时排除下排烟道内的异物和积水。

⑦ 检查油管路有无渗漏或滴漏现象。

⑧ 检查并及时清洁油箱排污阀，排除水分及油污杂质。

⑨ 检查燃油火化机的油路、燃油管道和燃烧室内有无漏油现象。点火前，燃油火化机要打开炉门几分钟，让燃烧室内可能存在的油气散去，并检查燃烧器喷嘴有无滴漏现象。

⑩ 燃气火化机要检查总阀和分阀启闭是否灵活，测试燃气报警器工作是否正常，压力是否符合工况要求，管道接头和燃烧器有无泄漏现象，燃烧室内有无可燃气体。燃气火化机也要打开炉门几分钟，使燃烧室内可能存在的可燃气体散去，这是防止点火时发生爆燃而导致炉体爆裂的措施。

⑪ 经常检查和维护燃烧器，松开燃烧器的铰链轴并打开燃烧头，用清洁剂或抹布擦净燃烧器部件，检查和调节点火棒间隙，用清洁软布擦净探测器，仔细清洁风道和风机叶轮。

⑫ 装有烟气处理装置的火化机，应及时排除烟气处理装置的积水。

⑬ 装有换热装置的火化机，应及时排除换热装置的结露水。

⑭ 除尘器收集的灰尘，每天都要清除。

⑮ 高压电缆要有护套或套管。

⑯ 电机、风机、水泵、减速器、电脑等，要严格按照产品说明书进行保养。

⑰ 风机、电机每半个月检查一次是否正常、完好。

⑱ 各螺栓连接处，每月紧固一次。

⑲ 每月清洗一次喷油嘴，同时检查针阀密封套情况。

⑳ 供风口、出烟口每月清理、检查一次。

㉑ 每半年清洗一次油罐。

㉒ 各操作门、清灰门、铸铁件，每半年涂刷一次漆。

㉓ 火化机外壳、风管、燃料管道每年按原色刷一次漆。

㉔ 上排烟管道每年按原色刷一次高温漆。

㉕ 除臭器内装填的活性炭要按规定更换。

2. 油罐的维护

油罐用于储油，有立式油罐和卧式油罐，安装时又分地上油罐、地下油罐，多为金属材料焊接成圆筒形。罐上安装有通气管、进油管、出油管、排污油管、各管阀门、油位计等。为了对油罐进行绝热，应有绝热材料护壁。

油罐维护的内容如下。

① 经常检查油罐内油温，油温太高，产生油蒸汽，易燃易爆；油温太低，黏度大，不易流动，所以应适当控制好油温。

② 经常检查油罐外部设施，检查爬梯、护栏是否完好。腐蚀的部分要及时除锈刷油。

③ 检查罐上绝热层材料是否完好，缺损部位要照原样修复好。

④ 检查罐顶上有无积水积雪，应随时清扫干净，不应使雨雪水进入罐内。

⑤ 检查罐上各管与罐连接处有无油渗漏，如有渗漏，应及时修好。

⑥ 检查罐上各管阀门是否完好，运转是否灵活，如有问题，及时修理和更换。

⑦ 检查油位计指示正确与否，工作是否正常。

⑧ 检查罐周围有无残油，若有残油应及时清除。

⑨ 检查罐周围有无消防设施，若无则应立即补充。

⑩ 明确油罐防火区，不应在油罐防火区随意进行电焊、吸烟，加强安全防范意识。

3. 油箱的维护

储油罐一般距火化车间较远，一些殡仪馆根据需要，在火化车间专设的房间内安装有日用油箱，供火化机使用。日用油箱常为金属材料焊制而成，有圆形和方形两种。油箱的配管和配置的阀门与油罐相同。油箱一般有绝热保护，不允许配玻璃油位计，应安装专用油位显示表。

在对油箱维护维修过程中，一定要保证防火安全，遇有火情时，能及时扑救。对油箱的维护分外部维护和内部维护两种。

(1) 外部维护　经常检查维护爬梯护栏，检查箱壁有无渗漏、各管阀是否完好、油位显示是否准确、箱周围有无残油、各阀是否灵活、周围消防设施是否齐全等。

(2) 内部维护　经常检查油位、油温是否正常，发现问题，需及时修理或更换。

4. 燃油过滤器的维护

燃油过滤器按其结构型式有网状式和片状式两种，均为平底、平法兰盖和进出油管组成，底座上有泄污管阀，上有排气管阀，内有过滤网或过滤片。安装时，前后油管上安装压力表及旁通管阀。在输油泵和供油泵前安装油过滤器。片状过滤器安装在炉前燃烧器前，某些仪表和阀门前的管道上安装脏物过滤器。

(1) 网状式和片状式过滤器的维护　网状式和片状式过滤器所安装的管道上，其进、出口管安装有压力表。随着燃油的流动，油中的杂质污物被滤材截留下来，逐渐增大滤材的过滤阻力，使过滤器前后的压力出现压差，并在压力表上显示出来。一般油过滤器压差在0.02~0.05MPa 时，表示过滤器滤材阻塞较重，要求过滤器需清洗。

过滤器清洗一般采用蒸汽冲刷，将油污杂质从滤材上冲洗下来，直至冲洗干净合格。

过滤器清洗方法如下。

① 拆洗　即打开法兰盖，取出滤材，把滤材放在高温水中，用毛刷刷洗污垢，刷净合格后再重新装入过滤器内，然后放好法兰垫片，压上法兰盖，用螺栓螺帽拧紧，恢复过滤器原样。在拆洗中，一定保持好滤材不受损坏，如损坏，应换新的滤材。安装滤材时，一定要注意滤材与过滤器壁吻合严密，不使油过滤短路。

② 冲洗　在原管路上关闭过滤器前、后阀门，将过滤器上的放气阀拆下，并安装一个三通，三通的向上口安装阀门，水平口接一短管，该短管接蒸汽管。接上蒸汽管，打开过滤器下的排污口，并开启新接的排气阀，让蒸汽冲刷过滤器内滤材，清除油污杂质。反复进行几次，直至滤材清洗无油污为止。冲洗合格后，再将原排气阀复位。

拆洗较彻底，但较冲洗麻烦，而直接冲洗简单，但除油效果不好。

（2）脏物过滤器的维护　脏物过滤器一旦堵塞，可打开螺栓法兰盖，取出过滤滤芯，用热水和毛刷刷洗油污污垢。刷洗合格后，再重新安装法兰盖。如果脏物过滤器严重损坏，应更换新的过滤器。

5. 风机的维护

（1）风机运行管理和维护　应按以下程序进行：

① 启动时要做好启动的各项检查，如电源、电路、风机叶片是否变形，风机表面是否清洁，进出口是否有杂物，电动机的固定是否牢固，润滑油、冷却水等项是否正常；

② 运行时定时检查电压表、电流表、润滑油、冷却水是否正常，电机有无冒烟；

③ 停运期间要采用防锈、防潮、防尘措施，要定期启动检查，电动机每月应运转 3h，一年进行一次绝缘测定；

④ 每天要检查风机、电动机的噪声，发现异常及时处理，定期清除风机管道内的灰尘等杂物；

⑤ 根据设备的使用情况，不定期对轴承补充或更换润滑油，每周检查油位，防止泄漏；

⑥ 每季检查风机连接螺栓、基础支架、电动机轴承和叶片的温度；

⑦ 每半年检查风机拉杆螺栓和叶片角度、电动机运转等；

⑧ 每年对风机叶轮整体做静平衡和传动轴检查。

风机轴承清洗时，可将轴承盖上的螺栓卸下，并取下定位销钉，然后打开轴承上盖。对轴承内部进行仔细检查，并用油进行清洗，然后再将轴承盖上，先用定位销钉打紧，再拧紧螺栓，注入机油。

（2）一级保养　火化机的风机分一级保养和二级保养。运转三个月后应进行一级保养。一级保养的内容有：

① 检查联轴器；

② 检查轴承，保持油质清洁；

③ 检查接口情况；

④ 检查防振部位及振动情况；

⑤ 检查外壳、绝热层及防护设备；

⑥ 检查风门调节系统；

⑦ 检查各部件紧固情况；

⑧ 保持外表清洁、无锈蚀、无油迹。

（3）二级保养　风机在运转一年后应进行一次二级保养，其内容有：

① 检修风机防护设备；

② 调换联轴器橡胶圈；

③ 清洗轴承，换油；

④ 清洁风机内外部和风机叶轮；

⑤ 检查外壳及绝热层；

⑥ 重新进行防腐处理。

6. 燃气过滤器的维护

燃气过滤器的作用是清除燃气中的灰尘、杂质和油污。其维护内容如下。

① 经常检查过滤器前后的压力表指示是否准确和前后压力表的压差。

② 当过滤器前后压力表的压差值超过运行所规定的值时，应对过滤器采用蒸气或热水进行清洗。清洗完毕后，必须做密封性检测，无泄漏点方可使用。

③ 定期排放过滤器内燃气凝结水，并对凝结水进行处理，排放到适当地点。

④ 定期检查过滤器是否漏气，使过滤器处于良好的密封状态。

7. 通风系统管路的维护

① 通风系统管路的维护是要保持风管有良好的气密性。风管漏风常出现在管道的接头处，其法兰结合面要求光滑、平整，螺栓孔口对齐，法兰垫圈平整、无破损，螺栓受力均匀。定期要对风管进行刷油防腐，延长其使用寿命。

② 风阀要求封闭性良好，运转灵活，便于操作。

③ 烟、风道的绝热层检修方法和要求是：修补前，应先将管道表面的旧绝热层、泥灰和铁锈等杂物清除干净，涂刷防锈漆后再敷设绝热层。

④ 烟道的直径都比较大，在敷设绝热层前应焊上抓钉。在直立的烟道上，应每隔2～3m处装设一个承重托架，先敷设绝热层，用铁丝网捆紧，再用直径为2mm的镀锌铁丝扎紧并绕扎在抓钉上，外层用涂料涂敷，并涂抹平滑，待干燥后涂刷油漆。

⑤ 检查设备外部防雨防潮位置是否遮挡严实，是否出现锈腐现象，如有，应及时更换。

二、火化机及附属设备一般故障的判断维修

1. 燃烧器不能点燃，或点燃后不能稳定燃烧的原因及解决办法

① 燃油中有水：应清除水分。

② 可燃气体压力不够：应使压力达到工况要求。

③ 燃料管路堵塞：应排除堵塞物。

④ 喷嘴、针阀、化油器、电磁阀堵塞：应排除堵塞物。

⑤ 室温过低，燃油凝结：应改用适合低温天气的燃油。

2. 燃烧过程中火焰中断（突然熄火）的原因及解决办法

① 油路堵塞、控制阀失灵或堵塞、化油器堵塞：应检查供油系统各个零部件，修理或更换。

② 油罐缺油：加油。

3. 风机在运行过程中出现异常声音和异常振动的原因及解决办法

① 轴承损坏、轴承滚动体或基础支架被磨损：必须及时修理或更换。

② 轴承发生干磨现象：要加注符合要求的润滑油。

③ 鼓风机叶片质量差或叶片振动，平衡不好，出现周期性振动，发出节奏性"嗡嗡"声：要找出问题所在，进行修理或更换。

④ 风机叶轮结垢，应定期检查清理。

4. 风压不足的原因及解决办法

① 鼓风机进口处吸附了异物，进风口堵塞致使进风口变小：应清除杂物。

② 叶片松动，紧固失灵：修理或更换。

③ 管道漏风：及时堵漏。

④ 阀门失灵：及时检修或更换。

⑤ 引风机进风口堵塞：及时清除异物。

⑥ 排烟管道堵塞：应定期清灰。

5. 供风管不供风的原因及解决办法

① 风口堵塞：检查清除异物。

② 炉内风管出风口被异物堵塞：及时清理疏通。

③ 鼓风机故障：检查修理。

6. 火化时炉膛内风管不停风的原因及解决办法

① 主风管电磁阀失灵：查明原因，进行修理或更换。

② 手动阀门失灵：及时修复。

③ 风箱泄漏：应及时检修。

7. 进尸车停滞或定位不可靠的原因及解决办法

① 运动件表面不光滑而影响动作、车体变形、卡锁磨损：要校正变形，磨去毛刺，加润滑油，检修更换卡锁弹簧。

② 皮带或链条过松，致使带轮或齿轮空转或打滑：应换带轮或调整间距，紧固链条。

③ 检查行程开关是否损坏以及安装位置是否正确：应及时更换行程开关，调整安装位置。

8. 电机过热的原因及解决办法

① 隔热保护元件失灵：须检查更换。

② 电机轴承损坏：更换轴承。

③ 如伴有焦糊味，则说明线圈烧坏：须换线圈或者重绕线圈。

④ 变速箱所使用油脂温度过低：及时检查更换。

⑤ 载荷过大：检查运动过程中是否有卡顿现象，是否有摩擦处。

9. 风阀或小油嘴启动、停止时间不准确的原因及解决办法

① 时间继电器定时不准：须调整、修理或更换。

② 接触失灵：须修理或更换。

③ 接头松动：须紧固。

10. 电动炉门或烟道闸板提升时自动滑落的原因及解决办法

① 电机刹车环过松：应停机检修，打开电机盖，将刹车环调到合适位置。

② 炉门配重太轻：应适当增加配重。

11. 遗体入炉时，炉前冒出大量黑烟的原因及解决办法

① 排烟阀没有打开：应检查排烟阀是否失灵或因故卡死，及时修理。

② 排烟管道或炉膛出烟口堵塞：应清理排除异物。

③ 排烟阀翻板位置不准确：应调整排烟阀翻板位置，并将排烟阀的开合度开到全开位置。

④ 炉内负压不足，检查引风机是否开启。

【任务实施】

① 火化机及附属设备的检查与维护。

② 火化机及附属设备典型故障诊断及排除。

③ 燃烧器点火：

a. 全自动燃烧器点火；

b. 油枪手动点火；

c. 电子点火器半自动点火；

d. 点火失败操作。

④ 整理：操作结束，整理检查工具。

⑤ 记录检查情况。

【任务思考】

1. 火化机及附属设备的检查与维护项目有哪些？

2. 火化机重点要对哪些部件进行定期维护？

【任务评价】

火化设备检查维修评价表

考核项目	考核点		检测标准	配分	得分	备注
火化设备检查维修	职业技能考核（80分）	检查与维护准备工作	(1)整理好所需工具 (2)进行预热前检查	20		实际操作结合职业素质
		主要检查项目实施	检查油、气、电路有无异常	20		
		主要零部件维护项目实施	(1)油罐维护 (2)油箱维护 (3)燃油过滤器维护 (4)风机维护 (5)燃气过滤器维护 (6)通风系统管路的维护	20		
		火化机及附属设备典型故障的判断及维修	(1)燃烧问题故障诊断及排除 (2)过热、异响等故障诊断及排除 (3)供风问题故障诊断及排除 (4)进尸车相关故障诊断及排除	20		
	素质考核（20分）	学习态度	认真学习理论知识，积极参与实践操作，认真完成作业,善于记录、总结	10		
		团结协作	分工合作、团结互助,并起带头作用	10		

第四章
火化设备机械基础实训

项目一　了解机械的基本知识

情境导入

　　火化机是由成百上千个零部件组成，通过本项目的学习，了解机构、构件、零件之间的联系和区别，以及构件之间的相对运动关系，掌握机械在火化机、消烟除尘器、冷藏柜中的应用，这是火化设备操作和维护人员的基础。

知识目标

① 掌握机械、机构等专用术语的含义。
② 熟悉机械与机构、构件与零件之间的相互关系。
③ 学会绘制火化机进尸车和平移车动力传递路线图。

技能目标

能够自主进行零件、构件的拆卸及安装。

任务一　拆装进尸车和平移车

【任务描述】

① 了解机械的含义。
② 熟悉进尸车和平移车的组成及动力传递路线。
③ 掌握机器与机构、零件与构件之间的含义与区别。

【相关知识】

 一、机械的相关知识

　　机械是机器与机构的总称。机械在火化机、消烟除尘器、冷藏柜等很多殡葬用品中得以广泛运用，涉及工程材料学、金属工艺学、力学、技术测量和公差配合等很多知识。

我国古代人民在机械方面有过许多杰出的创造与发明。远在五千多年前就使用了简单的纺织机械;夏朝发明了车子;夏商时发明了脚踏水车,使用了链传动;周朝就利用卷筒原理制作辘轳;西汉的指南车已采用了轮系和离合器;东汉张衡发明的地动仪已采用了连杆机构;晋朝的水碾运用了凸轮原理。如今我国已逐步形成了研究、设计并制造精密、大型尖端机械产品的机械工业体系,高铁、C919 大飞机、FAST 射电望远镜、玉兔二号月球车等都是机械工业高速发展的见证。

二、机器及其组成

在现代机械中,传动部分有机械的、电力的、液压的和气压的,其中以机械传动应用最广。从制造和装配方面来分析,任何机械设备都是由许多机械零、部件组成的。

进尸车结构如图 4-1 所示,其工作原理是启动电源,炉内车的主电机带动进尸车主动轴,通过主动链轮,实现两侧链轮及滚轮的旋转。接尸伸缩臂通过伸缩臂电机、链条传动及限位开关,实现往复运动。下伸缩臂在框架轨道中有吊轮,框架有托轮,上伸缩臂的吊轮以下伸缩臂槽钢为轨道,下伸缩臂一端有托轮,支撑上伸缩臂,通过电机旋转和链条传动,完成进尸车的往复运动。

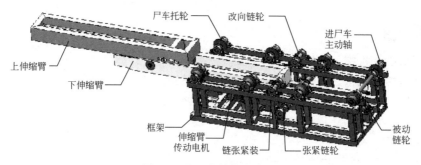

图 4-1　进尸车结构示意图

平移车结构如图 4-2 所示,其传动原理是骨灰尸床先起升,离开滚轮,进而平移到冷却罩位置,然后再次起升尸床进入冷却装置内,实现骨灰的快速冷却。

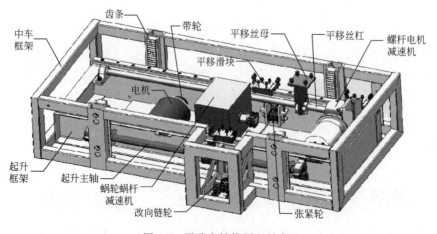

图 4-2　平移车结构原理示意

平移车主要包含了平移到冷却罩的螺纹传动，电机和减速机的带传动，减速机本身的蜗轮蜗杆传动，减速机主轴与两起升主轴的双排链传动，主轴与框架相对运动，都是齿轮齿条传动。每个运动步骤都由限位开关控制。

三、机器与机构

机器的形式与用途各不相同，但却都具备以下共同特征：

① 机器由许多的零部件组成；

② 机器的各部分之间具有确定的相对运动；

③ 机器能代替或减轻人的体力劳动来完成有用的机械功或转换机械能。

由此断定，前述的进尸车、平移车和内燃机等都是机器。

为了便于分析和研究机器，常常把机器中具有确定的相对运动并能实现运动的传递或运动形式转换的部分称为机构。由此可知，机构只具有机器的前两个特征。机器中至少包括一个机构，复杂的机器则包括多个机构。如进尸车中的链传动是机构，而单缸内燃机则包括由缸体、活塞、连杆、曲轴组成的曲柄滑块机构，由缸体、齿轮组成的齿轮机构，由缸体、凸轮与顶杆（排气阀、进气阀）组成的凸轮机构等。

机器与机构从功用上讲是有区别的，但从运动与组成的角度来看并无区别。因此，为了叙述方便，通常把"机械"一词作为机器与机构的总称。

四、构件与零件

组成机构的各相对运动部分称为构件。构件可以是单一的整体，也可以是多个零件组成的刚性结构，如齿轮与轴作为一个整体转动，它们构成一个构件，但在加工时是两个不同的零件。组成构件的每一个加工制造部分称为零件。

由此可知，构件是运动的最小单元；零件是加工制造的最小单元。

【任务实施】

① 检查工具及供拆装用进尸车、平移车。

② 制订检查方案：绘制进尸车、平移车动力传递路线。

③ 实训操作：

a.拆卸进尸车及平移车外装饰罩；

b.观察进尸车及平移车工作过程。

④ 整理：操作结束，整理检查工具。

⑤ 记录进尸车及平移车情况并绘制动力传递路线图。

【任务思考】

1.在实训过程中，观察链条张紧部分是如何实现的？

2.思考吊轮与托轮是如何与进尸车框架进行可动连接的？

3.上下伸缩臂及平移车是如何实现往复运动的？

【任务评价】

进尸车、平移车工作过程认知实训考核标准

考核项目	考核点		检测标准	配分	得分	备注
进尸车、平移车工作过程认知	职业技能考核（80分）	检查准备工作	（1）认识并学会使用拆装工具 （2）整理好所需工具 （3）检查供拆装用进尸车及平移车	20		实际操作结合职业素质
		观察工作过程	（1）进尸车外装饰罩拆卸 （2）对进尸车及平移车工作过程进行观察	30		
		绘图	绘制动力传递路线图，并进行阐述	30		
	素质考核（20分）	学习态度	认真学习理论知识，积极参与实践操作，认真完成作业，善于记录、总结	10		
		团结协作	分工合作、团结互助，并起带头作用	10		

【知识拓展】

机器的组成主要有动力部分、执行部分、传动部分和控制部分四个基本部分，如图 4-3 所示。动力部分主要是机器工作的动力来源，如发动机是将燃料的内能转换成机械能（靠燃烧液体燃料进行化学能和机械能的转换），电动机是将电能转换为机械能。执行部分通常由一些机构（如进尸车的上下伸缩臂、托轮及吊轮）组成。由于动力部分和传动部分运动形式和运动状态不同，为解决这一矛盾而加入中间传动机构，俗称传动（如进尸车链条、链轮及张紧机构）。传动可分为机械传动、液压传动、气压传动和电气传动等，其中，机械传动是目前应用最多、最普遍的一种。按其输入端与输出端的运动特性，可将其分为匀速传动机构（主要包括带传动、齿轮传动、蜗杆传动、轮系传动等）和非匀速传动机构（主要包括平面连杆机构、凸轮机构等）。控制部分主要通过接收操作人员及传感器的指令，对机器工作过程及工作状态进行有目的的调整和改变。

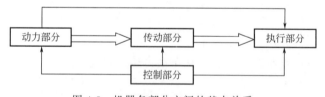

图 4-3　机器各部分之间的基本关系

任务二　常用运动机构的运用

【任务描述】

① 了解平面连杆机构的组成及类型。

② 了解棘轮机构、槽轮机构、不完全齿轮机构和凸轮机构等间歇运动机构的特点。

③ 掌握螺旋机构的工作原理。

【相关知识】

一、平面连杆机构

　　铰链四杆机构是由转动副连接而成的封闭式四杆系统（即四构件系统），其中一个杆固定。曲柄摇杆机构是铰链四杆机构的一种形式，如图 4-4 所示。

　　四杆机构可分为曲柄摇杆机构、双曲柄机构、双摇杆机构，被广泛应用于日常生活和工业生产中，如图 4-5（a）为卫星天线支架，图 4-5（b）为脚踏板缝纫机。

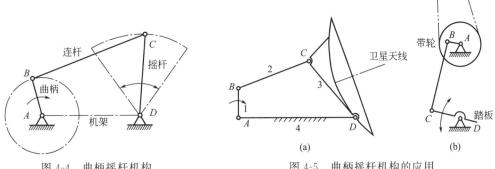

图 4-4　曲柄摇杆机构　　　　　　　图 4-5　曲柄摇杆机构的应用

二、棘轮机构

　　棘轮机构是一种常用的间歇机构，其工作原理如图 4-6 所示。棘轮机构主要由棘轮、棘爪和机架组成。

　　棘轮机构的类型有单向式棘轮机构、双向式棘轮机构和摩擦式棘轮机构。棘轮机构一般宜用于低速、轻载的场合，如最常见的自行车链轮，如图 4-7 所示。

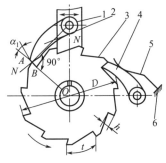
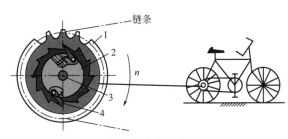

图 4-6　棘轮机构　　　　　　　　图 4-7　自行车后轴上的棘轮机构
1—摇杆；2—驱动棘爪；3—棘轮；　　　1—大链轮；2—小链轮；3—后轮轴；4—棘爪
4—制动棘爪；5—机架；6—弹簧

三、槽轮机构

　　在槽轮机构中，如图 4-8 所示，通常拨盘为主动件，槽轮为从动件。当拨盘以等角速度 ω_1 做逆时针连续转动时，驱动槽轮做反向间歇运动。

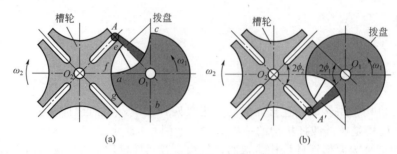

图 4-8　单圆柱销外啮合槽轮机构

槽轮机构如图 4-9 所示，其结构简单、工作可靠，在进入和脱离啮合时运动比较平稳。但在运动过程中加速度变化较大，冲击较严重，因而不适用于高速。在每一个运动循环中，槽轮转角与其径向槽数和拨盘上的圆柱销数有关，每次转角大小固定而不能任意调节。所以，槽轮机构一般用于转速不高、转角不需要调节的自动机械和仪器仪表中。

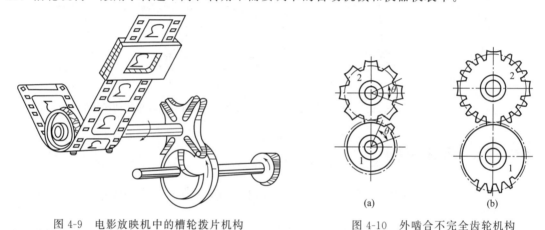

图 4-9　电影放映机中的槽轮拨片机构　　　　图 4-10　外啮合不完全齿轮机构

四、不完全齿轮机构

不完全齿轮机构的组成和工作原理如图 4-10 所示。

根据传动时的啮合情况，不完全齿轮机构通常分为外啮合不完全齿轮机构与内啮合不完全齿轮机构两种。

不完全齿轮机构一般用于低速、轻载的场合，如在自动机床和半自动机床中用作工作台的间歇转位机构，以及间歇进给机构、计数机构等。

五、凸轮机构与齿轮机构

凸轮机构由凸轮、从动件、机架三个基本构件及锁合装置组成，是一种高副机构。其中凸轮是一个具有曲线轮廓或凹槽的构件，通常做连续等速转动，从动件则在凸轮轮廓的控制下按预定的运动规律做往复移动或摆动。

优点：只要正确地设计和制造出凸轮的轮廓曲线，就能把凸轮的回转运动准确可靠地转变为从动件所预期的复杂运动规律的运动，而且设计简单。

缺点：凸轮与从动件之间为点或线接触，故难以保持良好的润滑，容易磨损。

其广泛应用于机械、仪器、操纵控制装置和自动生产线中，是自动化生产中主要的驱动和控制机构，如图 4-11 所示。

六、螺旋机构

螺旋机构的工作原理如图 4-12 所示。

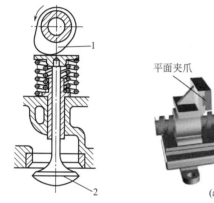

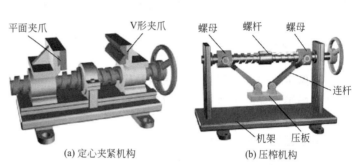

平面夹爪　　V形夹爪　　螺母　螺杆　螺母

连杆

机架　压板

(a) 定心夹紧机构　　(b) 压榨机构

图 4-11　内燃机的配气机构　　　　　图 4-12　螺旋机构
1—凸轮；2—从动件

螺旋机构结构简单、制造方便，它能将回转运动变换为直线运动。运动准确性高，减速增矩效果明显，可传递很大的轴向力，工作平稳、无噪声，有自锁作用，但效率低，需有反向机构才能反向传动。

【任务实施】

① 找出火化机及附属设备上的间歇运动机构。

② 整理：将找出的间歇运动机构填写在记录表上。

【任务思考】

间歇运动机构在火化机上有哪些应用?

【任务评价】

常用运动机构种类及运用实训考核标准

考核项目	考核点		检测标准	配分	得分	备注
常用运动机构种类及应用	职业技能考核（80分）	检查准备工作	(1)认识并学会使用拆装工具 (2)整理好所需工具 (3)认知火化机及附属设备	20		实际操作结合职业素质
		在火化机指定位置指出各个机构并说明机构运动特性	(1)平面连杆机构 (2)凸轮机构 (3)棘轮机构 (4)螺旋机构 (5)其他运动机构	60		
	素质考核（20分）	学习态度	认真学习理论知识，积极参与实践操作，认真完成作业，善于记录、总结	10		
		团结协作	分工合作、团结互助，并起带头作用	10		

项目二 火化机及附属设备的机械传动

情境导入

小王是殡仪馆的一名普通遗体火化工作人员，他发现，在驱动电机转速较快的情况下，进尸车能够平稳地前进和后退，原因是什么呢？

知识目标

① 了解带传动的主要类型、特点及应用。
② 了解链传动的工作原理、分类及特点。
③ 了解蜗轮蜗杆传动的工作原理。
④ 熟悉齿轮传动的原理、类型及优缺点、特点。
⑤ 掌握轮系概念、分类及传动比。

技能目标

① 能够自主进行带传动及链传动的维护保养及更换。
② 能够自主地对蜗轮蜗杆减速机构及轮系进行维护保养和齿轮油的更换。

任务一 带传动与链传动的拆装

【任务描述】

① 了解带传动的主要类型特点及应用。
② 了解带传动的工作原理。
③ 了解链传动的工作原理分类及特点。
④ 掌握带传动及链传动的安装及保养要求。

【相关知识】

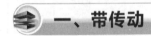

一、带传动

1. 带传动的工作原理

带传动是利用张紧在带轮上的传动带与带轮的摩擦或啮合来传递运动和动力的，如图4-13所示。

2. 带传动的分类

摩擦型带传动通常由主动带轮、从动带轮和传动带组成。当主动带轮回转时，依靠带与带轮表面间的摩擦力带动从动带轮转动，从而传递运动和动力。绝大部分带传动属于摩擦型带传动，如图 4-14 所示。由于传动带产生变形以及张紧力不够，容易造成传动带打滑，致使效率下降，俗称"丢转"。

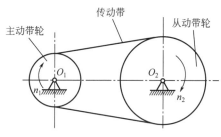

图 4-13 带传动

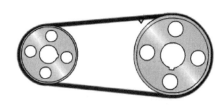

图 4-14 摩擦型带传动

啮合型带传动是指同步带传动。同步带传动是靠带上的齿与带轮上齿槽的啮合作用来传递运动和动力的。同步带传动工作时，带与带轮之间不会产生相对滑动，能够获得准确的传动比，因此它兼有带传动和齿轮传动的特性和优点，如图 4-15 所示。

图 4-15 啮合型带传动

在摩擦型带传动中，根据带的截面形状可分为平带传动、V 带传动、多楔带传动和圆带传动，如图 4-16 所示。

各种带传动都有自己的不同优缺点，在实际运用中，根据不同的要求，选用不同的传动形式。

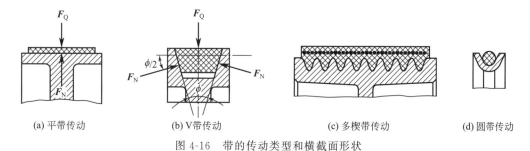

(a) 平带传动　　(b) V带传动　　(c) 多楔带传动　　(d) 圆带传动

图 4-16 带的传动类型和横截面形状

3. 带传动的维护

① 带传动装置外面应加防护罩，以保证安全，防止带与酸、碱或油接触而被腐蚀，也不宜曝晒。

② 应定期检查 V 带。同一带轮上，若发现一根带松弛或损坏则应全部更换。

③ 切忌在有易燃、易爆气体的环境中使用带传动，以免发生危险。

④ 带传动不需润滑，禁止往带上加润滑油或润滑脂。一旦带轮与带上有油污，应及时清理带轮槽内及传动带上的油污。

⑤ 带传动的工作温度不应超过 60℃。

⑥ 如果传动装置要闲置一段时间后再用，应将传动带张紧装置拆下或释放张紧力。

⑦ 传送带存放时，应悬挂在架子上或平放在货架之上，以免受压变形。

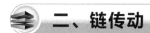 二、链传动

1. 链传动的工作原理

链传动如图 4-17 所示，由装在平行轴上的主、从动链轮和绕在链轮上的环形链条组成，

图 4-17　链传动

以链条作为中间挠性件，靠链条与链轮轮齿的啮合来传递运动和动力。

2. 链传动的分类

按用途的不同，链传动可分为传动链、起重链和牵引链。起重链和牵引链主要用于起重机械和运输机械，传动链主要用于一般机械，其中传动链最常用。

3. 链传动的特点

① 链传动能获得准确的平均传动比，但瞬时传动比不恒定。在使用工况相同时，链传动结构更为紧凑，传动效率较高。

② 链传动所需张紧力小，故链条对轴的压力较小。

③ 链传动可在高温、油污、潮湿等恶劣环境中工作。

④ 链传动中心距较大而结构简单，对制造与安装精度要求较低。

⑤ 链传动平稳性差，有噪声，磨损后易发生跳齿和脱链，急速反向转动的性能差。

在链传动的使用中，一定要注意链条的适度张紧和链条链轮的润滑等维护工作，方可最大限度地避免传动失效。

【任务实施】

① 火化机进尸车链传动拆卸与安装。

② 火化机平移车带传动拆卸及安装。

③ 火化机链传动及带传动张紧。

④ 整理：操作结束，整理检查工具。

⑤ 记录拆装情况。

【任务思考】

通过对比链传动和带传动的优缺点，思考火化机各传动部分为什么多数选择链传动？

【任务评价】

带传动及链传动拆卸与安装实训考核标准

考核项目	考核点		检测标准	配分	得分	备注
带传动及链传动拆卸与安装	职业技能考核（80分）	检查准备工作	(1)整理好所需工具 (2)检查拆装用进尸车及平移车	20		实际操作结合职业素质
		链传动的拆装	(1)拆卸进尸车外装饰罩 (2)链传动张紧部分拆卸 (3)链轮及链条拆卸 (4)上下伸缩臂拆卸 (5)清洁、润滑并反序安装	30		
		带传动的拆装	(1)拆卸平移车外装饰罩 (2)带传动张紧部分拆卸 (3)反序安装	30		
	素质考核（20分）	学习态度	认真学习理论知识，积极参与实践操作，认真完成作业，善于记录、总结	10		
		团结协作	分工合作，团结互助，并起带头作用	10		

任务二　齿轮传动分类及传动比的确定

【任务描述】

① 了解齿轮传动的工作原理、种类、特点及失效形式。

② 掌握蜗轮蜗杆传动的工作原理及类型。

③ 了解轮系的分类及传动比。

【相关知识】

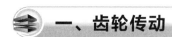

一、齿轮传动

1. 齿轮传动的工作原理

齿轮传动是机械传动中应用最为广泛的一种传动形式，它主要用来传递任意两根轴之间的运动和传递动力。齿轮传动一般利用一对齿轮将一根轴的旋转传递给另一根轴，并可改变旋转速度和旋转方向，如图4-18所示。

图 4-18　齿轮传动

2. 齿轮传动的类型

齿轮传动的类型很多，其分类的方法也比较多。

① 按照两齿轮轴线间的相互位置关系，分为两平行轴间传动 [图4-19(a)、(b)、(c)]、两相交轴间齿轮传动 [图4-19(f)]、两交错轴间齿轮转动 [图4-19(g)、(h)]。

② 按照两齿轮的啮合情况，分为外啮合 [图4-19(a)、(b)、(c)]、内啮合 [图4-19(d)] 和齿轮齿条啮合 [图4-19(e)]。

③ 按照齿向与齿轮轴线的关系，分为直齿圆柱齿轮传动 [图4-19(a)]、斜齿圆柱齿轮

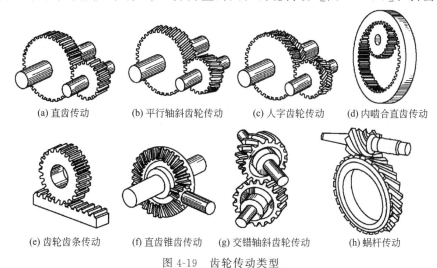

(a) 直齿传动　　(b) 平行轴斜齿轮传动　　(c) 人字齿轮传动　　(d) 内啮合直齿传动

(e) 齿轮齿条传动　　(f) 直齿锥齿传动　　(g) 交错轴斜齿轮传动　　(h) 蜗杆传动

图 4-19　齿轮传动类型

传动［图 4-19（b）］和人字齿圆柱齿轮传动［图 4-19（c）］。

3. 齿轮传动的优点

齿轮传动准确，能保证恒定的瞬时传动比；适用的功率和圆周速度范围很广；传动效率高；工作可靠，使用寿命长；结构紧凑。

4. 齿轮传动的失效形式

齿轮失效是指齿轮在传递过程中，齿轮损坏或达不到原有设计使用要求的现象。主要有以下几种形式。

（1）轮齿折断　当交变的齿根弯曲应力超过材料的弯曲疲劳极限应力时，在齿根处受拉一侧就会产生疲劳裂纹，随着裂纹的逐渐扩展，导致齿轮一个或多个齿的整体或局部折断，这种现象称为轮齿折断。为防止轮齿折断，应避免过载和冲击，尽可能消除载荷分布不均匀的现象。

（2）齿面点蚀　齿面的疲劳点蚀一般是靠近节线处的齿根表面上出现斑坑，然后再向其他部位蔓延和扩展。为防止齿面过早点蚀，在使用过程中可采用黏度较高的润滑油进行润滑。

（3）齿面磨损　轮齿在啮合过程中存在相对滑动，致使齿面间产生摩擦、磨损。当金属微粒、砂粒、灰尘等硬质磨粒进入轮齿间时，引起磨粒磨损。为防止齿面磨损，应尽量采用闭式传动或加防尘护罩以及改善润滑条件等措施。

（4）齿面胶合　在高速、重载齿轮传动中，由于齿面间压力大、相对滑动速度大、摩擦发热多，使啮合点处瞬时温度过高，润滑失效，致使相啮合两齿面金属直接接触并相互粘连在一起，当两齿面相对运动时，粘连的地方即被撕开，在齿面上沿相对滑动方向形成条状伤痕，这种现象称为齿面胶合。为防止胶合，在低速齿轮传动中，一般采用高黏度的润滑油；在高、中速齿轮传动中，可采用极压特性较高的润滑油以及对润滑油进行降温处理等措施。

（5）塑性变形　齿面塑性变形使齿形被破坏，直接影响齿轮的正常啮合。为防止齿面的塑性变形，可采用表面淬火、渗碳处理、渗氮处理等工艺提高齿面硬度，或者选用黏度较高的润滑油等措施。

 二、蜗杆传动

1. 蜗杆传动的工作原理

蜗轮蜗杆机构由蜗杆和蜗轮组成，用于传递空间两交错轴之间的运动和动力，两轴的交错角通常为 90°（图 4-20）。

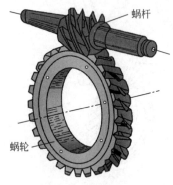

图 4-20　蜗杆传动

2. 蜗杆传动的类型

根据蜗杆的形状，可将常用的蜗杆传动分为圆柱蜗杆传动和圆弧面蜗杆传动两大类。圆柱蜗杆传动按蜗杆齿形又可分为阿基米德蜗杆传动、延长渐开线蜗杆传动、渐开线蜗杆传动和圆弧齿蜗杆传动。

3. 蜗杆传动的特点

① 传动比大。

② 传动平稳、无噪声。

③ 具有自锁性。

④ 传动效率低。

⑤ 成本较高。

 三、轮系与减速器

1. 轮系的概念

现代机械中，为了满足不同的工作要求，只用一对齿轮传动往往是不够的，通常用一系列齿轮共同传动。这种由一系列齿轮组成的传动系统称为齿轮系（简称为轮系）。

2. 轮系的分类

（1）根据齿轮轴线的位置是否变动分类　轮系可分为三类：定轴轮系、周转轮系和混合轮系。

定轴轮系：在轮系运转时，每个齿轮几何轴线的位置相对于机架都是固定不变的，这种轮系称为定轴轮系，如图 4-21 所示。

周转轮系：轮系运转时，至少有一个齿轮轴线的位置不固定，而是绕某一固定轴线回转，则称该轮系为周转轮系，如图 4-22 所示。

混合轮系的常见类型有串联型混合轮系和闭式差动型混合轮系两种。

图 4-21　定轴轮系　　　　　　　　　图 4-22　周转轮系

（2）根据齿轮的轴线是否平行分类　根据轮系中各个齿轮的轴线是否平行，可将轮系分为平面轮系和空间轮系。若组成轮系的所有齿轮的轴线都相互平行或重合，则称该轮系为平面轮系，如图 4-23 所示，否则称为空间轮系，如图 4-24 所示。

图 4-23　平面轮系　　　　　　　　　图 4-24　空间轮系

3. 轮系的传动比

轮系中，输入轴与输出轴的角速度或转速之比，称为轮系传动比。计算传动比时，不仅要计算其数值大小，还要确定输入轴与输出轴旋转方向之间的关系。对于平面定轴轮系，其转向关系用正、负号表示：转向相同用正号，相反用负号。对于空间定轴轮系，各轮转动方向用箭头表示。

以平面定轴轮系的传动比为例。一对齿轮啮合传动时，其传动比指的是两个齿轮的角速度或转速之比，且传动比的大小与两个齿轮的齿数成反比。

当两个齿轮外啮合时，如图 4-25(a) 所示，两个齿轮的转动方向相反，规定其传动比数值的大小为负，在传动比的前面加上符号 "－"；当两个齿轮内啮合时，如图 4-25(b) 所示，两个齿轮的转动方向相同，规定其传动比数值的大小为正，在传动比的前面加上符号 "＋"（正号可以省略）。

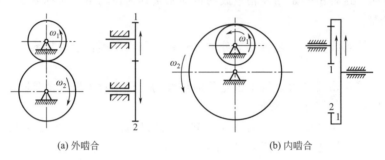

(a) 外啮合   (b) 内啮合

图 4-25　一对圆柱齿轮的外啮合和内啮合

4. 轮系的功用

（1）实现大的传动比　采用一对齿轮传动时，为了避免两个齿轮直径相差过大，造成两齿轮的寿命悬殊，一般传动比不大于 7。采用轮系传动，可以获得结构紧凑的大传动比。

（2）实现变速换向传动　主动轴转速不变时，利用轮系可使从动轴获得多种工作转速，并可换向。

（3）实现分路传动　利用定轴轮系，可通过主动轴上的若干齿轮，将运动分别传给若干个不同的执行机构，以完成生产上对各种动作和运动规律的要求，这就是分路传动。

（4）实现运动的合成和分解。

5. 减速器

减速器是一种封闭在箱体内由齿轮、蜗杆蜗轮等传动零件组成的传动装置，如图 4-26 所示，装在原动机和工作机之间用来改变轴的转速和转矩，以适应工作机的需要。由于减速器结构紧凑、传动效率高、使用维护方便，因而在工业中应用广泛。

图 4-26　减速器

图 4-27　减速器内的齿轮传动

（1）减速器的类型与结构　常见的减速器有圆柱齿轮减速器（图 4-27）、圆锥齿轮减速器和蜗杆减速器三种类型。在圆柱齿轮减速器中，按齿轮传动级数可分为单级、双级和多级。通过观察减速器外部结构，可以判断减速器的传动级数、输入轴、输出轴及安装方式。

（2）减速器的发展趋势

① 高水平、高性能。

② 积木式组合设计。

③ 型式多样化，变形设计多样化。

减速器已经实现系列化、标准化，专业化生产。一般情况下应尽量选用标准减速器。但在实际生产中，标准减速器不能完全满足机器的功能需求时，也需要非标准减速器。

【任务实施】

① 指出各齿轮传动模型的类型。

② 根据给出的齿轮数，确定定轴轮系的传动比。

③ 对火化机平移车及炉门开闭系统中的蜗轮蜗杆传动进行认知及拆装。

④ 整理：将算出的传动比整理在记录表上。

【任务思考】

1.在单级齿轮传动中，如果选择的传动比较大，造成主、从动齿轮直径产生较大变化，那么两个齿轮在选择材料时，大齿轮应选择硬度较高的材料还是小齿轮应选择硬度较高的材料？

2.通过观察，什么蜗杆用碳素结构钢制造而蜗轮用青铜制造？

【任务评价】

齿轮传动分类及传动比确定实训考核标准

考核项目	考核点		检测标准	配分	得分	备注
齿轮传动分类及传动比确定	职业技能考核（80分）	检查准备工作	(1)整理好所需齿轮传动模型 (2)准备相关工具	20		实际操作结合职业素质
		找出相应齿轮传动模型	(1)确定齿轮传动种类 (2)说出齿轮传动的优缺点	30		
		蜗轮蜗杆机构拆装及保养	找出火化机及附属设备中的蜗轮蜗杆机构,进行工作原理分析、齿轮油更换及加注	30		
	素质考核（20分）	学习态度	认真学习理论知识,积极参与实践操作,认真完成作业,善于记录、总结	10		
		团结协作	分工合作、团结互助,并起带头作用	10		

项目三　火化机及附属设备连接

情境导入

　　小王是殡仪馆的一名普通的遗体火化工作人员，他在进行火化机及附属设备保养与检修时发现，火化机框架采用焊接，金属外壳和框架采用螺栓、螺母进行可拆卸连接，塑料装饰件与外壳采用螺钉可拆卸连接，而轴和齿轮采用平键和花键进行连接，他想知道这些连接有哪些应用及区别。

知识目标

① 掌握螺纹连接的含义及基本形式。
② 了解螺纹分类与螺纹主要参数。
③ 了解键连接、销连接的类型及特点。
④ 了解火化机及附属设备中的其他连接形式。

技能目标

① 能够自主地对螺纹连接进行螺栓、螺母的选择及装配。
② 能够自主进行键连接、销连接的拆卸及装配。
③ 能够自主地进行螺纹连接的预紧和防松。

任务一 螺纹连接件拆装

【任务描述】

① 了解螺纹连接的类型及结构特点。
② 掌握螺纹连接中螺栓、螺母的选择、替换和装配。
③ 了解螺栓连接的预紧与防松。

【相关知识】

螺纹连接是利用螺纹零件组成的一种可拆连接，在拆开连接时，不会损坏或损伤任何一个零件。它结构简单、连接可靠、装拆方便、成本低廉，加之螺纹连接件均已标准化，故螺纹连接应用非常广泛。

 一、螺纹连接的基本形式

1. 螺栓连接

螺栓连接是利用螺栓穿过被连接件的孔并旋上螺母，将被连接的零件连接在一起。这种连接构造简单、装拆方便，且不受被连接件材料的限制，广泛用于被连接件不太厚的场合。

2. 双头螺柱连接

双头螺柱的两端均有螺纹，连接时，一端拧入带有螺纹的被连接件的盲孔中，另一端穿过另一被连接件的通孔，并用螺母拧紧，从而将被连接件连接在一起。拆卸时只需拧下螺母，螺柱仍留在孔中，故螺纹孔不易被损坏，多用于经常拆装或结构上不能用螺栓连接的场合。

3. 螺钉连接

螺钉连接是将螺钉穿过一被连接件的通孔，直接拧入另一被连接件的螺纹孔中，从而将被连接件连接在一起。其特点是不用螺母，连接结构最为简单，但不宜用于经常拆装的场合，以防损坏被连接件上的螺纹孔。

4. 紧定螺钉连接

连接方式同螺钉连接，主要用于固定两零件的相对位置，以螺钉末端压紧在另一机件表面上进行定位，并传递不太大的力或转矩。

螺纹连接件主要有螺栓、双头螺柱、螺钉、紧定螺钉、螺母、垫圈等，它们都是标准件，其形状和尺寸可从有关标准中查出。

 ## 二、螺纹的分类与参数

1. 螺纹的分类

根据螺纹轴向剖面的形状即螺纹的牙型，可将螺纹分为三角形螺纹、矩形螺纹、梯形螺纹和锯齿形螺纹，如图 4-28 所示。

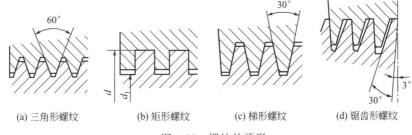

(a) 三角形螺纹　(b) 矩形螺纹　(c) 梯形螺纹　(d) 锯齿形螺纹

图 4-28　螺纹的牙形

根据螺纹螺旋线绕行方向的不同，螺纹可分为右旋螺纹和左旋螺纹，如图 4-29 所示。

根据螺纹螺旋线的数目，还可将螺纹分为单线（单头）螺纹和多线螺纹，如图 4-30 所示。

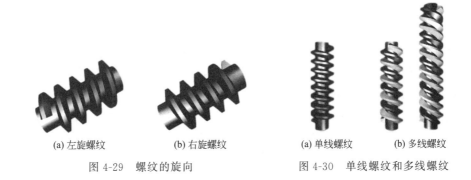

(a) 左旋螺纹　(b) 右旋螺纹

图 4-29　螺纹的旋向

(a) 单线螺纹　(b) 多线螺纹

图 4-30　单线螺纹和多线螺纹

螺纹还可分为内螺纹和外螺纹，如图 4-31 所示。

2. 螺纹的主要参数

①大径 d、D（外螺纹用小写，内螺纹用大写）。②小径 d_1、D_1。③中径 d_2、D_2。④螺纹线数 n。⑤螺距 P。⑥导程 L（导程＝螺距×螺旋线数）。⑦螺纹升角 λ。⑧牙型角 α。⑨牙型斜角 β。参阅图 4-32。

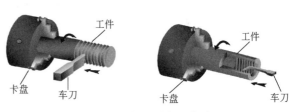

图 4-31　螺纹的加工方法

三、螺纹连接的预紧与防松

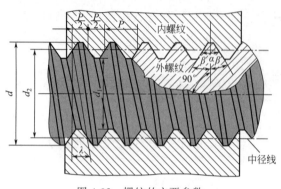

图 4-32 螺纹的主要参数

1. 螺纹连接的预紧

多数螺纹连接在装配时就已经拧紧，称为预紧。预紧的螺纹连接称为紧连接，不预紧的螺纹连接称为松连接。预紧的目的是增强螺纹连接的可靠性，提高其紧密性和防止松脱。对于受拉力作用的螺栓连接，还可提高螺栓的疲劳强度；对于受横向载荷的紧螺栓连接，有利于增大连接中的摩擦力。

预紧使螺栓所受到的拉力称为预紧力。如果预紧力过小，会使连接不可靠；若预紧力过大，则会导致螺栓和被连接件的损坏。对于一般的连接，可凭经验来控制预紧力的大小，但对重要的连接就要严格控制其预紧力。控制预紧力，可通过使用扭矩扳手来实现。

2. 螺纹连接的防松

连接中常用的单线螺纹和管螺纹都能满足自锁条件，在静载荷或冲击振动不大、温度变化不大时，不会自行松脱。但在受冲击、振动或变载荷以及温度变化大时，连接有可能自动松脱，容易发生事故。因此在设计螺纹连接时，必须考虑防松问题。

按工作原理的不同，防松分为三种方式：利用摩擦力防松、机械方法防松和破坏螺纹副防松。

四、拆卸

维护良好的螺纹连接，在拆卸时并不困难。但若维护不好（如螺纹连接件外形受损、生锈腐蚀严重或者螺栓折断），会使拆卸变得十分困难，这时就应采取相应措施。

1. 连接件形状完好，但锈蚀严重

在锈蚀不太严重时，可将螺栓头或螺母沾浸煤油，使煤油浸入螺纹连接缝中，既可使锈蚀松软，又可起润滑作用。在锈蚀严重时，可用手锤敲击螺栓头或螺母，使连接处受到振动，并配合浸润煤油进行拆卸，也可使用松动剂代替煤油进行浸润，拆卸锈蚀螺栓。双头螺柱也可用对顶螺母的方法进行拆卸。

2. 连接件形状已破坏

当螺栓头已断裂，而螺纹仍有一部分留在螺孔外边，可在螺栓顶部锯出一槽口，用螺丝刀旋动。也可把螺杆两侧锉平，用扳手转动，或者在顶部焊上一杆件或螺栓，以便于转动。

当螺栓断在孔内时，可用比螺纹小径略小的钻头，把螺栓钻透，再用丝锥将残留部分攻去。当断在孔中的螺栓直径较大时，可在螺杆中心钻一个孔，在孔中插入与该螺纹旋向相反的取钉器旋出来。

【任务实施】

① 将实训用螺栓螺母进行配套。

② 制订实训方案：进行螺栓螺母连接及防松处理。

③ 整理：操作结束，整理检查工具。

④ 记录拆装情况。

【任务思考】

在进行螺栓、螺母装配时，平垫与弹簧垫的装配顺序是什么？

【任务评价】

火化机螺纹连接件拆装实训考核标准

考核项目	考核点		检测标准	配分	得分	备注
火化机螺纹连接件拆装	职业技能考核（80分）	检查准备工作	整理好所需工具	20		实际操作结合职业素质
		螺栓选配	(1)通过测量及观察,选择相应的螺栓螺母进行装配 (2)预紧力矩应符合标准 (3)垫片安装顺序应合理	30		
		螺栓防松	选择一种螺栓防松措施进行阐述	30		
	素质考核（20分）	学习态度	认真学习理论知识,积极参与实践操作,认真完成作业,善于记录、总结	10		
		团结协作	分工合作、团结互助,并起带头作用	10		

任务二　键、销及联轴器的认知

【任务描述】

① 了解键连接和销连接的类型及特点。

② 了解花键连接应用的特点。

③ 了解联轴器的种类结构及用途

【相关知识】

一、键连接和花键连接

（一）键连接

键连接是将轴与轴上的传动零件如凸轮、齿轮、带轮等连接在一起，实现轴和轴上零件之间的周向固定，以传递转矩的轴毂连接。有些类型的键还可以实现轴与轴上零件的轴向固定或轴向动连接。由于键连接结构简单、装拆方便、成本较低，因而在机械中得到广泛应用。

1. 键连接的类型

常用的键有普通平键（图4-33）、圆键（图4-34）和楔键（图4-35）。它们都是标准件。键连接按装配方式的不同可分为两大类：松键连接（平键和半圆键）和紧键连接（楔键和切向键）。

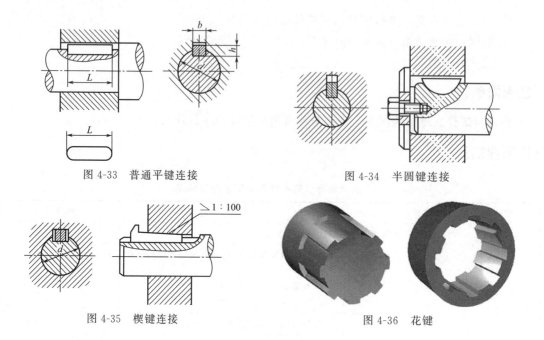

图 4-33　普通平键连接　　　　　　　　图 4-34　半圆键连接

图 4-35　楔键连接　　　　　　　　图 4-36　花键

2. 选择平键的类型

键的类型应根据键连接的结构、使用特性及工作条件来选择。选择键的类型时应考虑以下各方面的情况：需要传递转矩的大小；连接在轴上的零件是否需要沿轴滑动及滑动距离的长短；对于连接的对中性要求；键是否需要具有轴向固定的作用以及键在轴上的位置（在轴的中部还是端部）等。

（二）花键连接

花键连接由轴和轮毂孔上均布的多个键齿组成，如图 4-36 所示。通常它是利用轴上纵向凸出的键齿置于轮中相应的凹槽中以传递运动和转矩。和平键连接相似，花键连接的工作面也是齿侧面。

花键连接由于键齿较多，接触面大，故具有以下优点：

① 轴上零件对中性好；

② 由于齿槽较浅，故对轴的强度削弱程度小；

③ 由于接触面大，故能传递较大载荷；

④ 轴上零件沿轴移动的导向性好。

因此，花键连接常用于载荷较大和对同轴度要求较高的静连接或动连接。缺点是制造复杂，加工时常需专用设备和量刃具，成本较高。

二、销连接和无键连接

（一）销连接

根据功能不同，销连接可分为定位销［图 4-37（a）］、连接销［图 4-37（b）］和安全销等。

按照销的形状，销可分为圆柱销、圆锥销和开口销等。

销也是标准件，在选用时可根据有
关标准进行选择。

（二）无键连接

1. 无键连接的类型

（1）型面连接　型面连接的轴和毂
孔有圆柱形、圆锥形等，如图 4-38 所示。
型面连接没有应力集中，对中性好，同

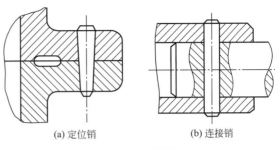

(a) 定位销　　　　(b) 连接销

图 4-37　销连接

轴度高，承载能力强，装拆方便，缺点是加工不方便，需用专用设备，应用较少。另外轴和
毂孔还有方形、六边形及切边圆形等，但对中性较差。

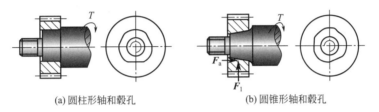

(a) 圆柱形轴和毂孔　　　　(b) 圆锥形轴和毂孔

图 4-38　型面连接

（2）胀紧连接　胀紧连接也称为弹性连接，利用锥面贴合并挤紧在轴毂之间用摩擦力传
递转矩，有过载保护作用，如图 4-39 所示。

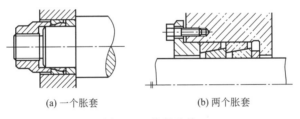

(a) 一个胀套　　　　(b) 两个胀套

图 4-39　胀紧连接

2. 装配方法

无键连接有压入法和温差法。

三、联轴器

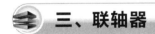

联轴器又称联轴节，用来将不同机构中的主动轴和从动轴牢固地连接起来一同旋转，并
传递运动和扭矩的机械部件，有时也用于连接轴与其他零件（如齿轮、带轮等）。联轴器常
由两半合成，分别用键或过盈配合等连接，紧固在两轴端，再通过某种方式将两半连接起
来。联轴器可兼有补偿两轴之间由于制造安装不精确、工作时变形或热膨胀等原因所产生的
偏移（包括轴向偏移、径向偏移、角偏移或综合偏移），以及缓和冲击、吸振。

常用的联轴器大多已标准化或规格化，一般情况下只需要正确选择联轴器的类型，确定
联轴器的型号及尺寸。

1. 联轴器的分类

联轴器可分为刚性联轴器和挠性联轴器两大类。

刚性联轴器不具有缓冲性和补偿两轴线相对位移的能力，要求两轴严格对中，但此类联

轴器结构简单，制造成本较低，装拆、维护方便，能保证两轴有较高的对中性，传递转矩较大，应用广泛。常用的有凸缘联轴器、套筒联轴器和夹壳联轴器等。

挠性联轴器又可分为无弹性元件挠性联轴器和有弹性元件挠性联轴器，前一类只具有补偿两轴线相对位移的能力，但不能缓冲减振，常见的有滑块联轴器、齿式联轴器、万向联轴器和链条联轴器等；后一类因含有弹性元件，除具有补偿两轴线相对位移的能力外，还具有缓冲和减振作用，但传递的转矩因受到弹性元件强度的限制，一般不及无弹性元件挠性联轴器，常见的有弹性套柱销联轴器、弹性柱销联轴器、梅花形联轴器、轮胎式联轴器、蛇形弹簧联轴器和簧片联轴器等，如图 4-40 所示。

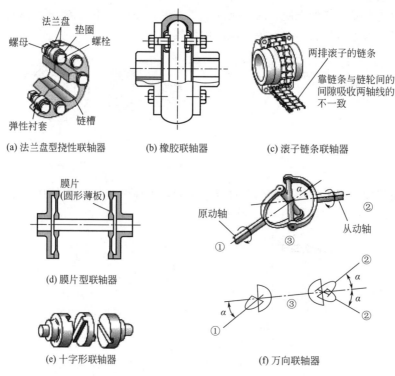

图 4-40　联轴器的分类

2. 联轴器的性能要求

根据不同的工作情况，联轴器需具备以下性能。

① 可移性　联轴器的可移性是指补偿两回转构件相对位移的能力。被连接构件间的制造和安装误差、运转中的温度变化和受载变形等因素，都对可移性提出了要求。可移性能补偿或缓解由于回转构件间的相对位移造成的轴、轴承、联轴器及其他零部件之间的附加载荷。

② 缓冲性　对于经常负载启动或工作载荷变化的场合，联轴器中需具有起缓冲、减振作用的弹性元件，以保护机器的动力部分和执行部分少受或不受损伤。

③ 安全、可靠，具有足够的强度和使用寿命。

④ 结构简单，装拆、维护方便。

3. 联轴器的选择

① 联轴器传递载荷的大小和性质及对缓冲减振的要求。若载荷平稳、传递载荷大、转速稳定、同轴性好、无相对位移，选用刚性联轴器；若载荷变化大，要求缓冲减振或同轴度

不易保证的，应选用有弹性元件的挠性联轴器。

② 转速很高时，选用非金属弹性的挠性联轴器。

③ 要求对中性好，选择刚性联轴器；需补偿偏移的，选择挠性联轴器。

④ 考虑拆装方便，优先选择可直接径向移动的联轴器。

⑤ 在高温下工作时，不可选择无弹性元件的联轴器。

此外，还应考虑工作环境、使用寿命以及润滑、密封和经济性等条件，再参考各类联轴器特性，选择一种合用的联轴器类型。

4. 联轴器的使用和维护

① 联轴器的安装误差应严格控制，尤其是固定式联轴器。通常要求安装误差不应大于许可补偿量的 1/2。

② 联轴器在工作后应检查两轴对中情况，其相对位移不应大于许可补偿量。应定期检查传力零件是否有损坏，以便及时更换。有润滑要求的，要定期检查润滑情况。

③ 对于转速较高的联轴器，要进行动平衡试验。

【任务评价】

键、销及联轴器认知实训考核标准

考核项目	考核点		检测标准	配分	得分	备注
键、销及联轴器认知	职业技能考核（80分）	检查准备工作	整理好所需工具	20		实际操作结合职业素质
		键、销连接认知	(1)正确区分销连接和键连接 (2)对开口销连接进行拆装	30		
		联轴器及其他连接方式认知	通过实训器材进行连接方式阐述并说出其特点	30		
	素质考核（20分）	学习态度	认真学习理论知识，积极参与实践操作，认真完成作业，善于记录、总结	10		
		团结协作	分工合作、团结互助，并起带头作用	10		

项目四　火化机及附属设备主要支撑零部件

情境导入

火化机各旋转零部件的运动与传动离不开轴与轴承。由于轴与轴承之间的摩擦力产生热量并伴随磨损，润滑和密封就成为设备可靠运行的重要影响因素。了解这些是火化设备维护和操作人员的基础。

知识目标

① 了解轴的分类及结构形式。

② 熟悉零件的轴上定位方法及应用。

③ 了解轴承的种类和用途。

④ 熟悉机械设备密封与润滑的作用和意义。

技能目标

① 能够自主进行轴与轴承的拆卸与安装。
② 能够自主地进行轴的直径测量。
③ 能够自主进行轴承的维护及保养。
④ 能够自主对火化机及附属设备的运动部件进行润滑及保养。

任务一　轴类零件拆装及测量

【任务描述】

① 了解轴类零件的分类、结构形式。
② 掌握轴类零件直径测量的方法。
③ 熟悉轴上零件定位与固定的方法。

【相关知识】

机械零件的正常运动，离不开轴、轴承等支撑零部件的支撑。支撑零部件是机械零件的重要组成部分。

图 4-41　最常用的直轴

轴是穿在轴承或齿轮中间的圆柱形物件，如图 4-41 所示，但也有少部分是方形的。轴是支撑转动零件并与之一起回转用以传递运动、扭矩或弯矩的机械零件，一般为金属圆杆状，各段可以有不同的直径。机器中做回转运动的零件就装在轴上。

1. 轴的分类

（1）按轴承受的载荷不同分类

① 心轴　工作时只承受弯矩的轴称为心轴，如图 4-42 所示。
② 转轴　工作中同时承受弯矩和扭矩的轴称为转轴，如图 4-43 所示。

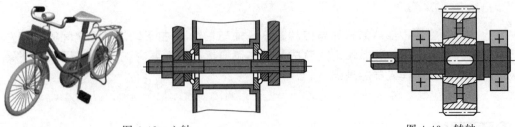

图 4-42　心轴　　　　　　　　　　　　　　　　图 4-43　转轴

③ 传动轴　工作时只承受扭矩的轴称为传动轴，如图 4-44 所示。
（2）根据轴线形状的不同分类　根据轴线形状的不同，轴又可分为直轴、曲轴和挠性钢丝轴，如图 4-45～图 4-47 所示。

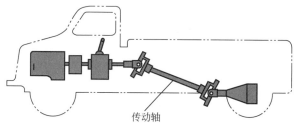

图 4-44　传动轴

图 4-45　直轴

图 4-46　曲轴

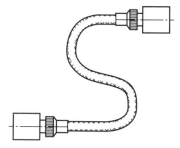

图 4-47　挠性钢丝轴

2. 轴的结构

按各轴段所起的作用，可将轴段分成三部分，如图 4-48 所示。支撑齿轮、带轮、联轴器等传动件，并与这些零件保持一定配合的轴段称为轴头，与轴承配合的轴段称为轴颈，连接轴头和轴颈的轴段称为轴身。

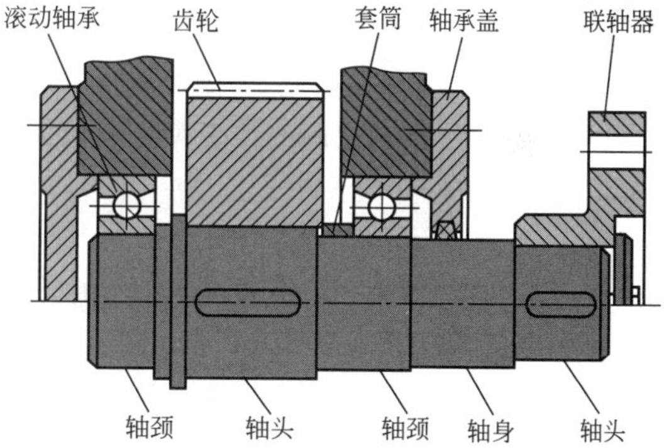

确定轴上各部分的直径时需注意：

① 轴颈处的直径应取轴承的标准内径系列；

② 轴头处的直径应与相配合的零件轮毂内径一致，并符合标准直径系列；

③ 轴身处的直径可选用自由尺寸；

④ 轴上螺纹或花键处的直径均应符合螺纹或花键的标准。

图 4-48　圆柱齿轮减速器输入轴的结构

3. 零件的轴上定位与固定

为了保证机械的正常工作，轴上的所有零件必须有准确的定位、可靠的固定和便于拆装。轴上的轴向定位与固定可分为轴向定位与周向定位。

（1）轴上零件的轴向定位与固定　零件在轴上做轴向固定是为了使轴上零件准确而可靠地处在规定的位置，防止零件沿轴滑动，并能承受轴向力。轴向定位与固定的方法有轴肩定位、套筒定位、紧定螺钉固定、圆螺母定位、弹性挡圈固定、圆锥面定位和轴端压板定位等，如图 4-49 所示。

（2）零件在轴上做周向定位与固定　零件在轴上做周向固定是为了传递转矩和防止零件与轴产生周向的相对转动，是为了让轴传递运动和转矩。常用的周向固定方法有键连接、花键连接、销连接、过盈配合和成形连接等，其中以键连接的应用最为广泛。

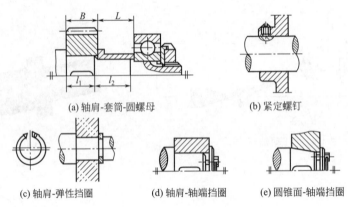

(a) 轴肩-套筒-圆螺母　　　　　　　　(b) 紧定螺钉

(c) 轴肩-弹性挡圈　　　　(d) 轴肩-轴端挡圈　　　(e) 圆锥面-轴端挡圈

图 4-49　零件的轴向固定

【任务实施】

① 进行轴上零件的拆卸。

② 对轴类零件进行保养及测量。

③ 制订方案：观察轴上零件的定位形式。

④ 整理：操作结束，整理检查工具。

⑤ 记录拆装情况。

【任务思考】

1. 为什么要在轴的两端及直径变换位置增加倒角？

2. 测量时工具和轴之间的位置关系应该如何确定？

【任务评价】

轴类零件拆装及测量实训考核标准

考核项目	考核点		检测标准	配分	得分	备注
轴类零件拆装及测量	职业技能考核（80 分）	检查准备工作	(1)整理好所需工具 (2)对量具进行校正	20		实际操作结合职业素质
		轴上零件拆装	(1)对轴上零件进行拆装和保养 (2)观察轴上零件固定形式	30		
		轴类零件尺寸测量	按标准化流程对轴类零件进行尺寸测量	30		
	素质考核（20 分）	学习态度	认真学习理论知识，积极参与实践操作，认真完成作业，善于记录、总结	10		
		团结协作	分工合作、团结互助，并起带头作用	10		

任务二　轴承的维护保养

【任务描述】

① 了解轴承的种类及用途。

② 了解轴承的结构特点。

③ 进行轴承的维护及保养

【相关知识】

轴承是当代机械设备中使用较为广泛的零部件，如图 4-50 所示。它的主要功能是支撑机械旋转体，降低其运动过程中的摩擦系数，并保证其回转精度。也可以说，当其他机件在轴上彼此产生相对运动时，用来降低动力传递过程中的摩擦系数和保持轴中心位置固定的机件。机器工作的可靠性、承载能力、寿命长短和传动效率都与轴承有密切的关系。

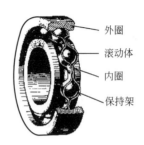

外圈
滚动体
内圈
保持架

图 4-50 轴承 　　　　　　　　　　图 4-51 滚动轴承

按运动元件摩擦性质的不同，轴承可分为滚动轴承和滑动轴承两大类。

1. 滚动轴承

滚动轴承一般由内圈、外圈、滚动体和保持架组成，如图 4-51 所示。内圈的作用是与轴相配合并与轴一起旋转；外圈的作用是与轴承座相配合，起支撑作用；滚动体借助保持架均匀地分布在内圈和外圈之间，其形状大小和数量直接影响着滚动轴承的使用性能和使用寿命；保持架能使滚动体均匀分布，防止滚动体脱落，引导滚动体旋转。

滚动轴承使用和维护简单，互换性好，且已经标准化、系列化，商品化，故应用很广泛。

（1）滚动轴承的类型　如表 4-1 所示。

表 4-1　滚动轴承的类型

代号	轴承类型	代号	轴承类型
0	双列角接触球轴承	6	深沟球轴承
1	调心球轴承	7	角接触轴承
2	调心滚子轴承和推力调心滚子轴承	8	推力圆柱滚子轴承
3	圆锥滚子轴承	N	圆柱滚子轴承和双列圆柱滚子轴承
4	双列深沟球轴承	U	外球面轴承
5	推力球轴承	QJ	四点接触球轴承

① 滚动轴承按承载方向，可分为向心轴承和推力轴承。

② 滚动轴承按滚动体形状，可分为球轴承和滚子轴承，而滚子轴承又分为圆锥滚子轴承、圆柱滚子轴承和滚针轴承等。

③ 滚动轴承按工作时能否调心，可分为刚性轴承和调心轴承。

（2）滚动轴承类型的选择

① 要求工作转速和旋转精度高，且主要承受径向载荷时，应优先选用深沟球轴承。

② 径向载荷大，但无轴向载荷，而工作转速又不高时，适宜选用圆柱滚子轴承。

③ 承受径向载荷，同时又承受较大的轴向载荷时，推荐选用角接触球（或圆锥滚子）轴承。若轴向力远大于径向力，可以选用推力球轴承（承受轴向力）和深沟球轴承（承受径向力）的组合结构。角接触球（或圆锥滚子）轴承应成对使用，对称安装。

④ 轴的对中性较差，或有较大的偏转角时，则应选用调心球（或滚子）轴承。在同一轴上，这种轴承不能与其他轴承混合使用，以免失去调心作用。

⑤ 仅有轴向载荷作用时，一般应选推力球轴承。因推力球轴承极限转速低，若工作转速较高时，可以考虑用成对角接触球轴承来承受轴向力，而不用推力球轴承。

⑥ 要考虑经济性。

2. 滑动轴承

滑动轴承（图 4-52）是在滑动摩擦下工作的轴承，也称"轴瓦"。滑动轴承工作平稳、可靠、无噪声。在液体压力润滑条件下，滑动表面被润滑油分开而不发生直接接触，还可以大大减小摩擦损失和表面磨损，油膜也具有一定的吸振能力。滑动轴承应用场合一般在高速、轻载工况条件下，或者是维护保养及加注润滑油困难的运转部位。

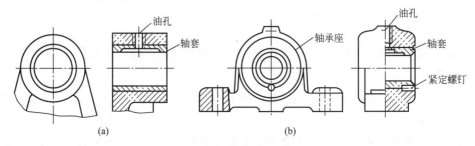

图 4-52　滑动轴承

（1）滑动轴承的类型

① 按摩擦状态分类　可分为液体摩擦滑动轴承和非液体摩擦滑动轴承。

② 按受载荷方向不同分类　可分为径向滑动轴承和止推滑动轴承，如图 4-53 所示。

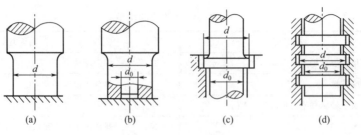

图 4-53　止推滑动轴承

（2）滑动轴承的结构　为改善轴瓦表面的摩擦性能而在其表面浇筑的减摩材料称为轴承衬。轴瓦或轴承衬是滑动轴承中直接与轴颈接触的重要零件，常用的轴瓦有整体式轴瓦和剖分式轴瓦两种，如图 4-54 所示。

轴瓦和轴承衬材料应具备以下性能：

① 耐磨、耐腐蚀、抗胶合能力强；

② 摩擦系数小；

③ 导热性好；

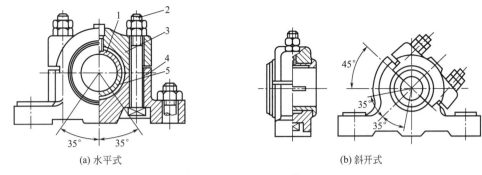

(a) 水平式　　　　　　　　　　　　(b) 斜开式

图 4-54　剖分式滑动轴承

④ 具有足够的强度和一定的塑性；

⑤ 具有良好的镶嵌性。

3. 轴承的安装

轴承的安装是否正确，影响着精度、寿命、性能，因此，设计及组装部门对于滑动轴承的安装要充分研究。要按照作业标准进行安装。

作业标准的项目通常如下：

① 清洗轴承及轴承关联部件；

② 检查关联部件的尺寸及精加工情况；

③ 安装；

④ 安装好轴承后的检查；

⑤ 供给润滑油。

安装前，打开轴承包装，一般用润滑脂润滑，不清洗，直接填充润滑脂、润滑油润滑，但是仪器用或高速用轴承等，要用洁净的油洗净，除去涂在轴承上的防锈剂。除去了防锈剂的轴承，易生锈，所以应立即进行装配使用。再者，已封入润滑脂的轴承，不清洗直接使用。

轴承的安装方法，因轴承结构、配合、条件而异，一般由于多为轴旋转，所以内圈需要过盈配合。圆柱孔轴承，多用压力机压入，或多用热装方法。锥孔的场合，直接安装在锥度轴上，或用套筒安装。

安装到外壳时，一般游隙配合多，外圈有过盈量，通常用压力机压入，也有用冷却后安装的冷缩配合方法。用干冰作冷却剂，冷缩配合安装的场合，空气中的水分会凝结在轴承的表面，所以需要适当的防锈措施。

4. 轴承的维护保养和保管

为使轴承充分发挥并长期保持其应有的性能，必须切实做好定期维护保养（定期检查）。通过适当的定期检查，做到早期发现故障，防止事故于未然，对提高生产率和经济性十分重要。

轴承在出厂时均涂有适量的防锈油并用防锈纸包装，只要该包装不被破坏，轴承的质量将得到保证。但长期存放时，在湿度低于 65%、温度为 20℃ 左右的条件下，存放在高于地面 30cm 的架子上为宜。另外，保管场所应避开直射阳光或与寒冷的墙壁。

5. 轴承的清洗

将轴承拆下检查时，先用摄影等方法做好外观记录。另外，要确认剩余润滑剂的量并对润滑剂采样，然后再清洗轴承。

① 轴承的清洗分粗洗和精洗进行，并可在使用的容器底部放上金属网架。

② 粗洗时，在油中用刷子等清除润滑脂或黏着物。此时若在油中转动轴承，注意会因异物等损伤滚动面。

③ 精洗时，在油中慢慢转动轴承，须仔细地进行。

通常使用的清洗剂为中性不含水柴油或煤油，根据需要有时也使用温性碱液等。不论用哪种清洗剂，都要经常过滤，保持清洁。

清洗后，立即在轴承上涂布防锈油或防锈脂。

【任务实施】

① 区分轴承的种类。

② 进行轴承的维护和保养。

③ 整理：将区分的轴承编号及种类填写在记录表上，并整理好实训用物品。

【任务思考】

1. 轴承的润滑有哪些方式？

2. 为什么要在轴瓦上开孔和开槽？

【任务评价】

轴承认知及维护保养实训考核标准

考核项目	考核点		检测标准	配分	得分	备注
轴承认知及维护保养	职业技能考核（80分）	检查准备工作	整理好所需工具	20		实际操作结合职业素质
		轴承认知	(1)正确区分各类轴承 (2)对滚动轴承和滑动轴承的应用特点进行叙述	30		
		轴承拆装、维护及保养	(1)使用三爪拉马、压力机对轴上的轴承进行拆卸及安装 (2)对拆下来的轴承进行清洗、润滑及保养	30		
	素质考核（20分）	学习态度	认真学习理论知识，积极参与实践操作，认真完成作业、善于记录、总结	10		
		团结协作	分工合作、团结互助，并起带头作用	10		

任务三　润滑和密封

【任务描述】

① 了解摩擦与润滑之间的关系。

② 了解润滑脂特点及各运动零部件对润滑脂选用的要求。

③ 掌握火化机及附属设备润滑保养位置，并进行润滑油、润滑脂的加注及更换。

④ 了解密封装置类型。

【相关知识】

任何机械设备都是由若干零部件组合而成的，在机械设备运转过程中，可动零部件会按规定的接触表面做相对运动，有接触表面的相对运动就有摩擦，就会消耗能量并造成零部件的磨损。向承载的两个摩擦表面引入润滑剂，是减少摩擦力及磨损等表面破坏的有效措施之一。为了使润滑持续、可靠、不漏油，同时为了防止外界脏物进入机体，必须采用相应的密封装置。

 一、摩擦与磨损

1. 摩擦的分类

根据摩擦副表面间的润滑状态，将摩擦分为干摩擦、液体摩擦、边界摩擦和混合摩擦，如图 4-55 所示。

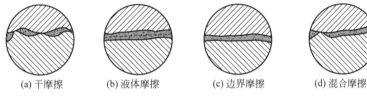

(a) 干摩擦　　(b) 液体摩擦　　(c) 边界摩擦　　(d) 混合摩擦

图 4-55　摩擦的类型

2. 磨损及其过程

运动副之间的摩擦将导致零件表面材料的逐渐损失，这种现象称为磨损。单位时间内材料的磨损量称为磨损率，磨损量可以用体积、质量或厚度来衡量。

在机械的正常运转中，磨损过程大致可分为三个阶段，如图 4-56 所示：

① 跑合（磨合）磨损阶段；
② 稳定磨损阶段；
③ 剧烈磨损阶段。

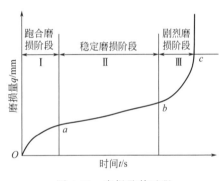

图 4-56　磨损及其过程

3. 磨损分类

（1）磨粒磨损　由于摩擦表面的硬质突出物或从外部进入摩擦表面的硬质颗粒，对摩擦表面起到切削或刮擦作用，从而引起表层材料脱落的现象，称为磨粒磨损。

（2）黏着磨损　黏着磨损按程度不同，可分为五级：轻微磨损、涂抹、擦伤、撕脱、咬死。

（3）疲劳磨损（点蚀）　两摩擦表面为点或线接触时，由于局部的弹性变形形成了小的接触区。这些小的接触区形成的摩擦副，如果受变化接触应力的作用，则在变化接触应力反复作用下，表层将产生裂纹。随着裂纹的扩展与相互连接，表层金属脱落，形成许多月牙形的浅坑，这种现象称为疲劳磨损，也称点蚀。

（4）腐蚀磨损　腐蚀磨损可分为氧化磨损、特殊介质腐蚀磨损、气蚀磨损等。

二、润滑

为了改善摩擦副的摩擦状态以降低摩擦阻力，减缓机械零件的磨损，最常用的办法就是对摩擦面进行润滑，主要目的是减小摩擦、减少磨损和冷却零件。此外，润滑还有防止零件锈蚀、缓冲吸振、洗除污物和密封等作用。一般通过向摩擦表面供给润滑剂来达到润滑的目的。

（1）润滑剂的选择　用得最多的润滑剂是润滑油和润滑脂。润滑油的内摩擦系数小，流动性好，是滑动轴承中应用最广的一种润滑剂。工业用润滑油有合成油和矿物油两类，其中矿物油资源丰富，价格便宜，适用范围广。

润滑油的主要性能指标是黏度，它表示润滑油流动时内部摩擦阻力的大小，是选用润滑油的主要依据。选择滑动轴承的润滑油时，主要是考虑等级和黏度两项性能指标。

工业上常用的润滑脂有钙基润滑脂、钠基润滑脂、钙钠基润滑脂、锂基润滑脂，其特点见表 4-2。

表 4-2　工业上常用的润滑脂特点

种类	特点	适用范围
钙基润滑脂	不溶于水，滴点高	温度较低（<70℃）、环境潮湿的轴承
钠基润滑脂	易溶于水，耐高温	温度较高（<120℃）、环境干燥的轴承
钙钠基润滑脂	略溶于水，滴点较高	温度较高（80～100℃）、环境较潮湿的轴承
锂基润滑脂	滴点高，抗水性好，寿命长	温度在 −20～120℃、环境潮湿的轴承

（2）润滑油添加剂的选择　添加剂能提高润滑剂的流动性、极压性和极端工作条件下更有效工作的能力，能推迟润滑剂的老化变质，延长其正常使用寿命；能改善润滑剂的物理性能，如降低凝点、消除泡沫、提高黏度等。

添加剂按功能分主要有抗氧化剂、抗磨剂、摩擦改善剂（又名油性剂）、极压添加剂、清净剂、分散剂、泡沫抑制剂、防腐防锈剂、流点改善剂、黏度指数增进剂等类型。

三、密封

润滑剂一般会因为摩擦面相互挤压而流失，为了防止润滑剂流失，需要对部分机械接触表面加装密封装置。机械密封装置还可以防止灰尘、水、酸气和其他杂物进入机器。

密封装置可分为两类：一类是固定密封，即密封后，被密封件之间固定不动的，如图 4-57 所示；另一类是动密封，即密封后，两被密封件之间有相对运动的，如图 4-58 所示。

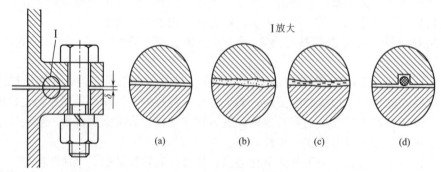

图 4-57　固定密封

固定密封可采用各种垫片，包括金属垫片、非金属垫片以及密封胶等。动密封又可分为接触式密封、非接触式密封、半接触式密封，其中应用较广的是接触式密封，它主要利用各种密封圈或毡圈密封。非接触式密封有迷宫式密封、螺纹式密封等，半接触式密封有活塞环密封、机械密封等，其结构较复杂，主要用于重要部件的密封。

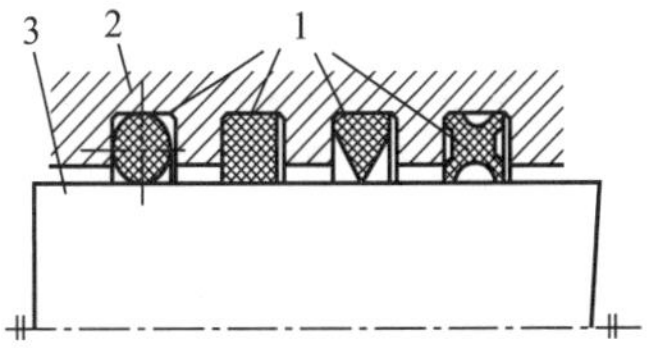

图 4-58　动密封
1—密封圈；2—箱体；3—轴

　　润滑和密封已经标准化，作为常规性使用单位，按照《设备润滑与密封管理规定》进行相应的操作即可。

【任务实施】

　　① 观察火化机及附属设备在维护过程中应用的润滑油及润滑脂。

　　② 找出火化机及附属设备上的油封位置。

　　③ 制订维护与保养方案：进行火化机及附属设备润滑油更换及润滑脂加注。

　　④ 整理：操作结束，整理检查工具。

　　⑤ 记录拆装情况。

【任务思考】

　　在维护及保养过程中，为什么能用机油与细砂（或锯末）将手上的旧油除去？

【任务评价】

火化机拆装实训考核标准

考核项目	考核点		检测标准	配分	得分	备注
火化机拆装	职业技能考核（80分）	检查准备工作	(1)整理好所需工具 (2)检查火化机及附属设备	20		实际操作结合职业素质
		润滑油、润滑脂的加注与更换	(1)对轴承进行润滑脂加注 (2)对火化机及附属设备进行润滑油更换	40		
		找出火化机及附属设备需要密封位置	正确找出火化机及附属设备密封位置并说出密封形式	20		
	素质考核（20分）	学习态度	认真学习理论知识，积极参与实践操作，认真完成作业，善于记录、总结	10		
		团结协作	分工合作、团结互助，并起带头作用	10		

第五章
火化设备电控基础实训

项目一　常用低压电器的认知与拆装

情境导入

由于火化设备逐步实现自动化操作，作为一名遗体火化师，既要熟练掌握遗体火化的操作技能，也要精通火化机的运行、维护、故障排除和修理等技术，火化设备大部分故障都是出在电气控制系统方面，这就要求火化设备的操作人员基本掌握与火化设备相关的电气元件基本原理操作、维护技能。

知识目标

① 了解常用低压电器元件的功能、分类和工作原理。
② 掌握各类低压电器的特点。
③ 掌握各类低压电器的使用方法和注意事项。

技能目标

① 能够自主进行导线绝缘层剖削、连接及绝缘恢复操作。
② 能够自主进行低压电器元件的安装操作。
③ 能够自主进行低压电器元件的检测操作。
④ 能够自主进行低压电器元件的接线操作。
⑤ 能够自主进行低压电器元件的故障维修操作。

任务一　导线连接及绝缘恢复

【任务描述】

① 掌握导线绝缘层剖削的基本操作。
② 掌握导线连接的基本方法。
③ 掌握恢复导线连接的方法。

【相关知识】

 一、导线连接的基本要求

导线长度不够或需要分接支路时，需要将导线与导线连接。在去除了线头的绝缘层后，就可进行导线的连接。导线的接头是线路的薄弱环节，导线的连接质量关系着线路和电气设备运行的可靠性和安全程度。导线连接的基本要求是：连接牢固可靠、接头电阻小、机械强度高、耐腐蚀耐氧化、电气绝缘性能好。

二、常用连接方法

常用导线的种类包括橡皮绝缘电线、橡皮绝缘和护套电线、聚氯乙烯绝缘电线、聚氯乙烯绝缘软电线、聚氯乙烯绝缘和护套电线。针对不同的导线种类，会有不同的连接形式和连接方法。常见的连接方法有绞合连接、紧压连接、焊接等。连接前应剥除导线连接部位的绝缘层，注意不要损伤芯线。

1. 绝缘层的剖削

导线线头绝缘层的剖削是导线加工的第一步，是为以后导线的连接做准备。电工必须学会用电工刀、克丝钳或剥线钳来剖削绝缘层。

（1）用克丝钳剖削塑料硬绝缘层
线芯截面为 $4mm^2$ 及以下的塑料硬线，一般用克丝钳进行剖削。剖削的方法如下：用左手捏住导线，在需剖削线头处，用克丝钳刀口轻轻切破绝缘层，如图 5-1（a）所示，但不可切伤线芯。用左手拉紧导线，右手握住克丝钳头部，用力向外勒去塑料层，如图 5-1（b）所示。在勒去塑料层时，不可在克丝钳刀口处加剪切力，否则会切伤线芯。剖削出的线芯应保持完整无损。如有损伤，应重新剖削。

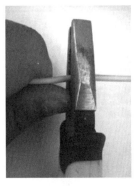 

(a) 切破塑料绝缘层　　　　(b) 勒去塑料绝缘层

图 5-1　用克丝钳剖削绝缘层

（2）用电工刀剖削塑料硬线绝缘层
线芯面积大于 $4mm^2$ 的塑料硬线，可用电工刀来剖削绝缘层。方法如下：在需剖削线头处，用电工刀以 $45°$ 角倾斜切入塑料绝缘层，注意刀口不能伤着线芯，如图 5-2（a）所示。刀面与导线间的夹角保持在 $15°\sim25°$，用刀向线端推削，只削去上面一层塑料绝缘，不可切入线芯，如图 5-2（b）所示。最后将线头绝缘层向后翻，把该绝缘层剥离线芯，最后用电工刀切齐。

（3）塑料软线绝缘层的剖削　塑料软线绝缘层用剥线钳或克丝钳剖削，剖削方法与用克丝钳剖削塑料硬线绝缘层方法相同。不可用电工刀剖削，因为塑料软线由多股铜丝组成，用电工刀容易损伤线芯。在使用剖线钳（图 5-3）时，应找准对应线径钳口，不可用小钳口剖削粗电线。

（4）塑料护套线绝缘层的剖削　塑料护套线具有两层绝缘：护套层和每根线芯的绝缘层。塑料护套线绝缘层用电工刀剖削，首先按线头所需长度处，用电工刀刀尖对准护套线中

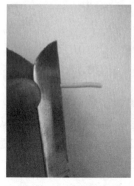

(a) 45°斜切入电线塑料绝缘层

(b) 削去塑料绝缘层

图 5-2　电工刀剖削绝缘层

图 5-3　剖线钳的使用

(a) 用刀尖在线芯缝隙处
划开护套层

(b) 扳翻护套层并齐根切去

图 5-4　塑料护套线剖削

间线芯缝隙处划开护套线，如图 5-4(a) 所示。如偏离线芯缝隙处，电工刀可能会划伤线芯。然后向后扳翻护套层，用电工刀把它齐根切去，如图 5-4(b) 所示。内部绝缘层进行剖削时，应在距离护套层 5～10mm 处，用电工刀以 45°角倾斜切入绝缘层，其剖削方法与塑料硬线剖削方法相同。

（5）橡皮线绝缘层的剖削　在橡皮线绝缘层外还有一层纤维编织保护层，首先应把橡皮线纤维编织保护层用电工刀尖划开，将其扳翻后齐根切去，剖削方法与剖削护套线的保护层方法类同。按剖削塑料线绝缘层的方法削去橡胶层，最后把松散棉纱层用电工刀从根部切去。

2. 绞合连接

绞合连接是指将需连接导线的芯线直接紧密绞合在一起。铜导线常用绞合连接。

（1）单股铜导线的直接连接　小截面单股铜导线连接方法如图 5-5 所示，先将两导线的芯线线头做 X 形交叉，如图 5-5(a) 所示，再将它相互缠绕 2～3 圈，如图 5-5(b) 所示，最后将每个线头在另一芯线上紧贴密绕 5～6 圈后剪去多余线头。

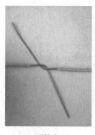

(a) X形交叉

(b) 相互缠绕

(c) 紧密缠绕

图 5-5　小截面单股铜导线连接方法

（2）大截面单股铜导线连接方法　先在两导线的芯线重叠处填入一根相同直径的芯线，如图 5-6(a) 所示，再用一根截面约 15mm² 的裸铜线在其上紧密缠绕，缠绕长度为导线直径的 10 倍左右，然后将被连接导线的芯线线头分别折回，如图 5-6(b) 所示，再将两端的缠绕裸铜线继续缠绕 2～4 圈后剪去多余线头，如图 5-6(c) 所示。

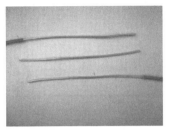

(a) 填入一根同直径芯线　　(b) 15mm²粗铜线缠绕并折回　　(c) 继续缠绕

图 5-6　大截面单股铜导线连接方法

（3）不同截面单股铜导线连接方法　先将细导线的芯线在粗导线的芯线上紧密缠绕 5～6 圈，如图 5-7(a) 所示，然后将粗导线芯线的线头折回紧压在缠绕层上，如图 5-7(b) 所示，再用细导线芯线在其上继续缠绕 3～4 圈后，剪去多余线头，如图 5-7(c) 所示。

(a) 细线缠绕　　　　(b) 粗导线折回压紧　　　(c) 继续缠绕

图 5-7　不同截面单股铜导线绞合

（4）单股铜导线的分支连接

① 单股铜导线的 T 字分支连接如图 5-8(a) 所示，将支路芯线的线头紧密缠绕在干路芯线上 5～8 圈后，剪去多余线头即可。对于较小截面的芯线，可先将支路芯线的线头在干路芯线上打一个环绕结，如图 5-8(b) 所示，再紧密缠绕 5～8 圈后剪去多余线头，如图 5-8(c) 所示。

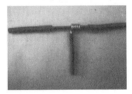

(a) T字分支相连　　　(b) 环绕结打法　　　(c) 芯线截面较小T字连接

图 5-8　铜导线 T 字分支相连

② 单股铜导线十字连接　单股铜导线的十字连接是将上下支路芯线的线头紧密缠绕在干路芯线 5～8 圈。可以将上下支路芯线的线头向一个方向缠绕，如图 5-9(a) 所示，也可以按左右方向缠绕，如图 5-9(b) 所示。

（5）单股铜导线和多股铜导线连接　先将多股铜导线的芯线绞合拧紧成单股状，如图 5-10(a) 所示，再将其缠绕在单股铜导线 5～8 圈，最后将单股铜导线芯线线头折回并压紧，如图 5-10(b) 所示。

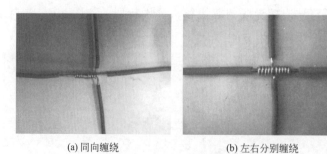

(a) 同向缠绕　　　　　　　　　　　(b) 左右分别缠绕

图 5-9　单股铜导线十字相连接

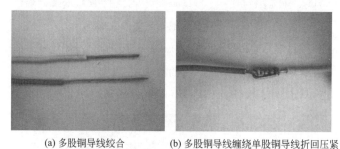

(a) 多股铜导线绞合　　　　　　　(b) 多股铜导线缠绕单股铜导线折回压紧

图 5-10　单股铜导线和多股铜导线连接

（6）多股铜导线直接连接　多股铜导线在连接时，首先将剥去绝缘层的多股芯线拉直，将其靠近绝缘层的约 1/3 芯线绞合拧紧，其余 2/3 芯线成伞状散开，如图 5-11(a) 所示，另一根需连接的导线芯线也如此处理。接着将两伞状芯线相对着互相插入后捏平芯线，如图 5-11(b)、(c) 所示，然后将每一边的芯线线头分作 3 组，先将某一边的第 1 组线头翘起并紧密缠绕在芯线上并压回，如图 5-11(d) 所示，再将第 2 组线头翘起并紧密缠绕在芯线上，最后将第 3 组线头翘起并紧密缠绕在芯线上，如图 5-11(e) 所示。以同样方法缠绕另一边的线头，如图 5-11(f) 所示。

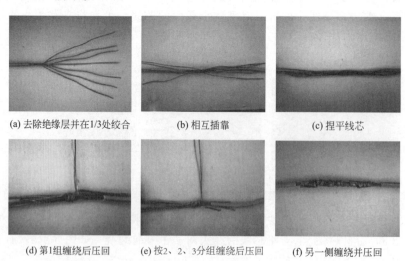

(a) 去除绝缘层并在1/3处绞合　　(b) 相互插靠　　　　(c) 捏平线芯

(d) 第1组缠绕后压回　　(e) 按2、3分组缠绕后压回　　(f) 另一侧缠绕并压回

图 5-11　多股铜导线直接连接

（7）多股铜导线 T 形分支连接　多股铜导线分支连接主要有两种形式。一种是并行连接，如图 5-12 所示，其方法是将支路芯线弯折 90°与干路芯线并行，然后将线头折回紧密缠

绕在支路上，其缠绕长度约为导线直径的 10 倍。

另一种形式是分叉绞合，其方法是将支路芯线靠近绝缘层的约 1/8 芯线绞合拧紧，其余 7/8 芯线分为两组，如图 5-13（a）所示，一组插入干路芯线当中，另一组放在干路芯线前面，并缠绕 4～5 圈，再将插入干路芯线当中的那一组朝另一边缠绕 4～5 圈，如图 5-13（b）所示，连接好的导线如图 5-13（c）所示。

 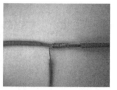

(a) 支路导线弯折　　(b) 紧密缠绕

图 5-12　多股导线 T 形并行连接

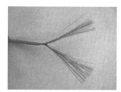  

(a) 剖削绝缘层并绞合　　(b) 相互位置　　(c) 连接完成

图 5-13　多股铜导线连接

（8）单股铜导线支路与多股铜导线干路相连接　单股铜导线与多股铜导线干路相连接时，首先将干路铜导线用一字旋具均匀分成两份，如多股铜导线有 7 根，则按照 3∶4 进行拆分，其拆分方法如图 5-14（a）所示，将单股铜导线剖削去绝缘层，插入多股铜导线中，如图 5-14（b）所示，并将其紧密缠绕在多股铜导线中，如图 5-14（c）所示。

 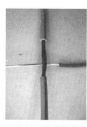 

(a) 将干路多股铜导线　(b) 将支路单股铜导线　(c) 紧密缠绕
　　　分开　　　　　　　　插入

图 5-14　多股铜导线与单股铜导线相连接

（9）同方向导线连接　同方向导线连接主要有三种形式：一种是单股铜导线，可将一根导线的芯线紧密缠绕在其他导线芯线上，再将其他芯线的线头折回压紧，如图 5-15（a）所示；对于多股铜导线，可采用两根铜导线相互交叉，然后用绞合的方式进行连接，如图 5-15（b）所示；如果是单股铜导线和多股铜导线进行连接，则可将多股铜导线紧密缠绕在单股铜导线上，并折回单股芯线线头压紧，如图 5-15（c）所示。

(a) 单股铜导线　　(b) 多股铜导线　　(c) 单股铜导线和多股铜导线

图 5-15　同方向导线连接

三、导线连接处绝缘处理

为了进行连接，导线连接处的绝缘层被人为剖削。导线连接完成后，必须对所有被剖削绝缘层部位进行绝缘处理，以恢复导线的绝缘性能，恢复后的绝缘强度应不低于导线原有的绝缘强度。导线连接处的绝缘处理通常采用绝缘胶带进行缠裹包扎。一般电工常用的绝缘带有黄蜡带、涤纶薄膜带、黑胶布带、塑料胶带、橡胶胶带等。绝缘胶带的宽度常用 20mm 的，使用较为方便。

 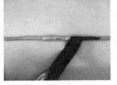

(a) 涤纶胶布接法　　(b) 包裹黑胶布带

图 5-16　一字形导线绝缘处理

（1）一字形导线绝缘处理　一字形连接的导线接头绝缘处理应先包缠一层黄蜡带，再包缠一层黑胶布带，如图 5-16 所示。进行绝缘处理，将黄蜡带从接头左边绝缘完好的绝缘层上开始包缠，包缠两圈后进入剥除了绝缘层的芯线部分。包缠时黄蜡带应与导线成 45°左右倾斜角，每圈压叠带宽的 1/2，直至包缠到接头右边两圈距离的完好绝缘层处。然后将黑胶布带接在黄蜡带的尾端，按另一斜叠方向从右向左包缠，仍每圈压叠带宽的 1/2，直至将黄蜡带完全包缠住。包缠处理中应用力拉紧胶带，注意不可稀疏，更不能露出芯线，以确保绝缘质量和用电安全。对于 220V 线路，也可不用黄蜡带，只用黑胶布带或塑料胶带包缠两层。在潮湿场所，应使用聚氯乙烯绝缘胶带或涤纶绝缘胶带。

（2）T 形分支接头的绝缘处理　T 形支路绝缘处理，应使绝缘胶布缠绕方向走一个 T 字形来回，如图 5-17 所示。

(a) 顺时针进行缠绕　　(b) 到分支处左手拇指　　(c) 绕道右侧转角进行
　　　　　　　　　　　抵住缠紧　　　　　　　　交叉回缠

  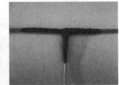

(d) 进行分支缠绕并回缠　(e) 接上黑胶带进行反序缠绕　　(f) 绝缘恢复完成

图 5-17　T 形连接绝缘处理

（3）导线并接点的绝缘恢复　导线并接点的绝缘恢复，其导线端口缠绕的绝缘胶带应折回再缠绕，端口不应有导线裸露在外，如图 5-18 所示。

四、导线与接线桩连接

导线与接线桩（端子）的连接主要有螺钉式连接、针式连接（图 5-19）、压板连接和接线耳式连接（图 5-20）。

(a) 顺时针起缠

(b) 端口绝缘胶带压回

(c) 端口缠绕

(d) 黑胶布带缠绕

图 5-18　导线并接点绝缘恢复

图 5-19　针式连接

图 5-20　接线耳式连接

在螺钉连接中，通常用圆头螺钉进行压接，其中有加垫片和不加垫片两种形式。在进行连接过程中，应将导线制作成羊眼圈形状，其操作方法如图 5-21 所示。

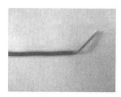
(a) 距绝缘层3mm处弯折
导线

(b) 平行缠绕并剪去多余
导线

(c) 修整成型

图 5-21　羊眼圈制作

【任务实施】

① 进行导线规格型号的认知。

② 根据导线的截面积和连接方法，选择不同的剖削工具，进行绝缘层剖削。主要掌握克丝钳、电工刀及剥线钳对绝缘层剖削的方法。

③ 根据导线特点进行连接。

④ 对连接导线进行绝缘层恢复。

⑤ 通过所学内容，对简单家用照明电路进行导线连接：

a. 绘制电路图；

b. 选择开关及铜导线；

c. 进行导线连接，并进行绝缘处理。

⑥ 整理：操作结束，清洁整理实训工作台，并整理好工具。

⑦ 记录实训情况。

【任务思考】

为什么不能用火烧的方法进行绝缘层剖削？

【任务评价】

常用低压配电电器认知考核标准

考核项目	考核点		检测标准	配分	得分	备注
常用低压配电电器认知	职业技能考核（80分）	检查准备工作	(1)整理好所需低压配电电器 (2)检查各实训工具	20		实际操作结合职业素质
		根据低压配电电器的实物，写出各电器的名称	(1)学会使用各实训工具 (2)根据低压配电电器的实物，写出各配电器的名称	30		
		低压配电电器测试	进行低压配电电器的安装、检测、接线及基本故障维修	30		
	素质考核（20分）	学习态度	认真学习理论知识，积极参与实践操作，认真完成作业、善于记录、总结	10		
		团结协作	分工合作、团结互助，并起带头作用	10		

【知识拓展】 安全用电

电对人类造福不浅，但是处理不当也会造成灾祸，小则损坏机器，大则引起人身死亡事故。根据触电事故的统计分析，可以将触电事故的发生原因归纳为4个方面，即电气设备安装不合理；电气设备维修不及时；违章作业，不遵守安全工作制度；不懂安全用电常识。所以对于电的安全知识人人都应掌握。

1. 触电的原因和危害

触电的原因有两类：一类是接触生产与生活用电；另一类是雷雨天气遭受雷击。

电流对人体的危害程度，与通过人体的电流强度、通电持续时间、电流频率、电流通过人体的途径以及触电者的身体状况等多种因素有关。

① 电流强度 电流强度越大，对人体的伤害越大。

② 电流通过人体的持续时间 持续时间越长，对人体的危害越大。

③ 电流通过人体的途径 流过心脏的电流越多、电流路线越短的途径危险性越大。

2. 触电的种类和形式

（1）触电的种类 触电事故是因电流流过人体所造成的。人体被电流伤害的情况，按其性质的不同可分为两类：电伤和电击。

（2）触电形式

触电的形式主要有三种：单线触电、两线触电和跨步电压触电。

（3）安全措施

① 保护接地。

② 保护接零。

③ 安全用电。

（4）触电的急救

① 脱离电源 使触电者脱离电源是极其重要的一环，触电时间越长，对触电者的伤害就越大。具体做法及应注意的问题如下。

a. 就近断开电源开关或拔去电源插头。但应注意在切断开关时，是否会因带负荷拉闸而造成更大的事故。

　　b.如果触电事故点离电源开关太远，或立即拉开就近电源开关将导致更大的故障，救护人员可用干燥的衣服、绝缘手套、木棒等绝缘物作工具拉开触电者或挑开电线，使之脱离电源。

　　c.如触电者抽筋而紧握电线，可用干燥的木柄斧、电工绝缘钳等将电线一根一根地切断，并把触电者手握点两头的线均切断。要防止电线断落到别人和自己身上。

　　d.触电者处于较高的位置，在使触电者脱离电源的同时，还要采取防摔伤措施。

　　e.触电事故发生在高压设备上，应通知动力部门停电，或由从事高压工作的电气人员，采用相应电压等级绝缘工具，使触电者脱离电源。

　　② 现场急救　触电者脱离电源后，应尽快进行现场抢救，若发现触电者停止呼吸或心脏停止跳动，绝不可认为触电者已死亡而不去抢救，应立即在现场进行人工呼吸和人工胸外心脏挤压，并派人通知医院。具体情况如下。

　　a.触电者神志清醒，只是感到心慌，四肢发麻无力，此时应使触电者在空气流动的地方静卧休息1～2小时，让其自己慢慢恢复正常，并注意观察。

　　b.触电者已失去知觉，但心脏跳动和呼吸还在进行，此时应使触电者舒适、安静地平卧，周围不要围挤人群，解开衣扣以利呼吸。可让触电者闻闻氨气，摩擦全身使之发热。如果天气寒冷，应注意保暖。同时迅速通知医院诊治。

　　c.触电者已停止呼吸，但心脏还在跳动，应立即进行人工呼吸，如图5-22所示。

图5-22　人工呼吸法

　　如停止心跳，但有呼吸，应立即进行胸外挤压，如图5-23所示。如心跳与呼吸均停，应立即人工呼吸和胸外挤压同时进行。以上抢救人员必须认真坚持进行，直到医生到达之后。

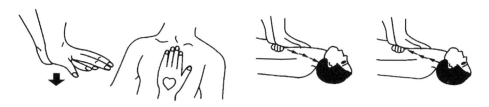

图5-23　胸外挤压法

　　在实施人工呼吸和胸外挤压之前，必须迅速地将触电者身上妨碍呼吸的衣领、上衣扣、裤带等解开；同时取出口中的假牙、血块、黏液等异物，使呼吸道畅通。

任务二　低压配电电器的认知及测试

【任务描述】

　　① 了解常用低压配电电气元件的功能、分类和工作原理。

　　② 了解低压配电电器的使用方法。

③ 熟悉低压配电电器元件的检测、接线和简单操作。

【相关知识】

电器对电能的生产、输送、分配和使用起控制、调节、检测、转换及保护作用，是所有电工器械的简称。我国现行标准将工作在交流 50Hz、额定电压 1200V 及以下和直流额定电压 1500V 及以下电路中的电器称为低压电器。低压电器种类繁多，作为基本元器件已广泛用于火化设备整个控制系统中。

一、低压电器的型号表示法

国产常用低压电器的型号组成形式：

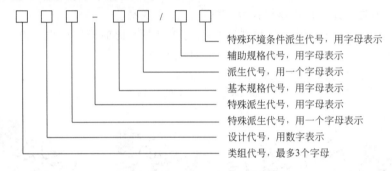

- 特殊环境条件派生代号，用字母表示
- 辅助规格代号，用字母表示
- 派生代号，用一个字母表示
- 基本规格代号，用字母表示
- 特殊派生代号，用字母表示
- 特殊派生代号，用一个字母表示
- 设计代号，用数字表示
- 类组代号，最多3个字母

二、刀开关

刀开关也称闸刀开关，它的种类很多，是结构最简单且应用最广泛的一种低压电器。它由操作手柄、触刀、静插座和绝缘地板组成。为保证刀开关合闸时触刀与插座良好接触，触刀与插座之间应有一定的接触应力。

刀开关按极数可分为单极、双极和三极；按刀的转换方向可分为单掷和双掷；按灭弧情况可分为有灭弧罩和无灭弧罩等。常用的刀开关有胶盖刀开关和铁壳开关。

1. 胶盖刀开关

（1）结构和用途　胶盖刀开关又称开启式负荷开关，由瓷底座、静触头、触刀、瓷柄和胶盖等构成。其结构简单，价格低廉，常用作照明电路的电源开关，也可用来控制 5.5kW 以下异步电动机的启动与停止。因其无专门的灭弧装置，故不宜频繁分、合电路。HK 系列负荷开关的结构如图 5-24 所示，其图形符号如图 5-25 所示。

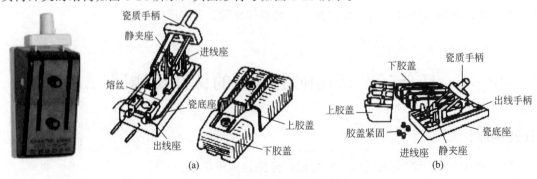

图 5-24　HK 系列刀开关结构图

刀开关在安装时，手柄要向上，不得倒装或平装，避免由于重力自动下落，引起误动合闸。接线时，应将电源线接在上端，负载线接在下端，这样断开后，刀开关的触刀与电源隔离，既便于更换熔丝，又可防止可能发生的意外事故。

图 5-25 刀开关图形、文字符号

（2）刀开关的类型 刀开关的主要类型有带灭弧装置的大容量刀开关、带熔断器的开启式负荷开关（胶盖开关）、带灭弧装置和熔断器的封闭式负荷开关（铁壳开关）等。常用的产品有 HD11～HD14 和 HS11～HS13 系列刀开关，HK1、HK2 系列胶盖开关，HH3、HH4 系列铁壳开关。

刀开关的型号标志组成及其含义。

（3）刀开关的选用 安装和使用胶盖刀开关时应注意下列事项。

① 电源进线应接在静触头一边的进线端（进线座应在上方），用电设备应接在动触头一边的出线端。这样，当开关断开时，闸刀和熔体均不带电，以保证更换熔体时的安全。

② 安装时，刀开关在合闸状态下手柄应该向上，不能倒装和平装，以防止闸刀松动落下时误合闸。

③ 排除熔丝熔断故障后，应特别注意观察绝缘瓷底和胶盖内壁表面是否附有一层金属粉粒，这些金属粉粒会造成绝缘部分的绝缘性能下降，致使在重新合闸送电的瞬间可能造成开关本体相间短路。因此，应将内壁的金属粉粒用锉刀或砂纸清除后，再更换熔丝，俗称"杀白金"。

④ 负荷较大时，为防止出现闸刀本体相间短路，可与熔断器配合使用。将熔断器装在闸刀负荷一侧，闸刀本体不再装熔丝，在应装熔丝的接点上装与线路导线截面相同的铜线。此时，开启式负荷开关只作开关使用，短路保护由熔断器完成。

（4）刀开关常见故障的处理方法 如表 5-1 所示。

表 5-1 刀开关的常见故障及其处理方法

故障现象	产生原因	处理方法
合闸后一相或两相没电	插座弹性消失或开口过大	更换插座
	熔丝熔断或接触不良	更换熔丝
	插座、触刀氧化或有污垢	清洁插座或触刀
	电源进线或出线头氧化	检查进出线头
触刀和插座过热或烧坏	开关容量太小	更换较大容量的开关
	分、合闸时动作太慢造成电弧过大，烧坏触点	改进操作方法
	夹座表面烧毛	用细锉刀修整
	触刀与插座压力不足	调整插座压力
	负载过大	减轻负载或调换较大容量的开关
封闭式负荷开关的操作手柄带电	外壳接地线接触不良	检查接地线
	电源线绝缘损坏碰壳	更换导线

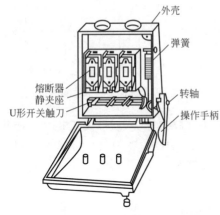

图 5-26　HH 系列封闭式负荷开关

外壳
弹簧
熔断器
静夹座
U形开关触刀
转轴
操作手柄

2. 铁壳开关

铁壳开关又称为封闭式负荷开关、负载开关。其早期产品都的一个铸铁的外壳，如今这种外壳已被结构轻巧、强度更高的薄钢板冲压外壳所取代。铁壳开关一般用在电热器、电气照明线路的配电设备中，作为非频繁接通和分断电路使用，其中容量较小者，还可用作异步电动非频繁全电压启动的控制开关。

铁壳开关由触刀、熔断器、操作机构和铁外壳构成。HH 系列封闭式负荷开关的结构图如图 5-26 所示。可以看到，三把触刀固定于一根绝缘的轴上，由手柄操作。为保证安全，铁壳与操作机构装有机械联锁，即盖子打开时开关不能闭合，开关闭合时盖子不能打开。操作机构中，在手柄转轴与底座之间装有速断弹簧，能使开关快速接通与断开，而开关的通断速度与手柄操作速度无关，这样有利于迅速灭弧。

· 封闭式负荷开关的型号含义：

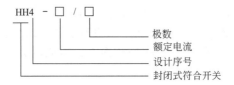

HH4 - □ / □
极数
额定电流
设计序号
封闭式符合开关

使用铁壳开关应注意下列事项。

① 对于电热和照明电路，铁壳开关可以根据额定电流选择；对于电动机，开关额定电流可选为电动机额定电流的 1.5 倍。

② 外壳应可靠接地，以防止意外漏电造成触电事故。

三、低压断路器

低压断路器又称为自动开关，可用来分配电能、不频繁启动电动机、对供电线路及电动机等进行保护。低压断路器按用途分有配电、限流、灭磁、漏电保护等几种；按动作时间分有一般型和快速型；按极数分有单极、双极、三极和四极断路器；按结构分有框架式和塑料外壳式。其实物图如图 5-27 所示。

图 5-27　DZ 系列低压
断路器外形

1. 结构

低压断路器主要由触头系统、灭弧装置、保护装置、操作机构等组成。

2. 工作原理

低压断路器的工作原理如图 5-28 所示。图中低压断路器的 3 副主触头串联在被保护的三相主电路中，由于搭钩钩住弹簧，使主触头保持闭合状态。当线路正常工作时，电磁脱扣器中线圈所产生的吸力不能将它的衔铁吸合。当线路发生短路时，电磁脱扣器的吸力增加，将衔铁吸合，并撞击杠杆把搭钩顶上去，在弹簧的作用下切断主触点，实现了短路保护。当线路上电压下降或失去电压时，欠电压脱扣器的吸力减小或失去吸力，衔铁被弹簧拉开，撞击杠杆把搭钩顶开，切断主触头，实现了失压保护。当线路过载时，热脱扣器的双金属片受热弯曲，也把搭钩顶开，切断主触头，实现了过载保护。

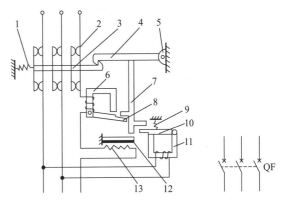

图 5-28　低压断路器工作原理与符号
1—弹簧；2—主触点；3—传动杆；4—锁扣；5—轴；6—电磁脱口器；7—杠杆；8,10—衔铁；9—弹簧；11—欠压脱扣器；12—双金属片；13—发热元件

3. 常用低压断路器

目前，常用的低压断路器有塑壳式断路器和框架式断路器。塑壳式断路器是低压配电线路及电动机控制和保护中的一种常用的开关电器，其常用型号有 DZ5 和 DZ10 系列。DZ5-20 表示额定电流为 20A 的 DZ5 系列塑壳式低压断路器。框架式断路器常见型号有 DW10、DW4、DW7 等系列。目前最常用的是 DW10 系列，它的额定电压为交流 380V、直流 440V，额定电流有 200A、400A、600A、1000A、1500A、2500A 及 4000A 共 7 个等级。操作方式有直接手柄式杠杆操作、电磁铁操作和电动机操作等，其中 2500A 和 4000A 需要的操作力太大，只能用电动机来代替人工操作。DZ 系列低压断路器的动作时间低于 0.02s，DW 系列低压断路器的动作时间大于 0.02s。

低压断路器的型号标志组成及其含义：

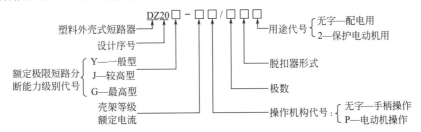

4. 低压断路器的选用

对于不频繁启动的笼型电动机，只要在电网允许范围内，都可首先考虑采用断路器直接启动，这样可以大大节约电能，且没有噪声。低压断路器的选型要求如下。

① 断路器额定电压不小于安装地点电网的额定电压。

② 断路器额定电流不小于线路或设备额定电流。

③ 断路器通断能力不小于线路中可能出现的最大短路电流。

④ 欠电压脱扣器额定电压等于线路额定电压。

⑤ 分励脱扣器额定电压等于控制电源电压。

⑥ 长延时电流整定值等于电动机额定电流。

⑦ 瞬时整定电流：对保护笼型异步电动机的断路器，瞬时整定电流为 8～15 倍电动机额定电流；对于保护绕线转子异步电动机的断路器，瞬时整定电流为 3～6 倍电动机额定电流。

⑧ 6 倍长延时电流整定值的可返回时间等于或大于电动机实际启动时间。

使用低压断路器来实现短路保护要比熔断器性能更加优越，因为当三相电路发生短路时，很可能只有一相的熔断器熔断，造成单相运行。对于低压断路器，只要造成短路都会使开关跳闸，将三相电源全部切断。何况低压断路器还有其他自动保护作用。但它结构复杂，操作频率低，价格较高，适用于要求较高场合。

5. 低压断路器常见故障的处理方法

低压断路器常见故障及其处理方法见表 5-2。

表 5-2　低压断路器常见故障及其处理方法

故障现象	产生原因	处理方法
手动操作断路器不能闭合	电源电压太低	检查线路并调高电源电压
	热脱扣的双金属片尚未冷却复原	待双金属片冷却后再合闸
	欠电压脱扣器无电压或线圈损坏	检查线路，施加电压或调换线圈
	储能弹簧变形，导致闭合力减小	调换储能弹簧
	反作用弹簧力过大	重新调整弹簧反力
电动操作断路器不能闭合	电源电压不符	调换电源
	电源容量不够	增大操作电源容量
	电磁铁拉杆行程不够	调整或调换拉杆
	电动机操作定位开关变位	调整定位开关
电动机启动时断路器立即分断	过电流脱扣器瞬时整定值太小	调整瞬间整定值
	脱扣器某些零件损坏	调换脱扣器或损坏的零部件
	脱扣器反力弹簧断裂或落下	调换弹簧或重新装好弹簧
分励脱扣器不能使断路器分断	线圈短路	调换线圈
	电源电压太低	检修线路调整电源电压
欠电压脱扣器噪声大	反作用弹簧力太大	调整反作用弹簧
	铁芯工作面有油污	清除铁芯油污
	短路环断裂	调换铁芯
欠电压脱扣器不能使断路器分断	反力弹簧弹力变小	调整弹簧
	储能弹簧断裂或弹簧力变小	调换或调整储能弹簧
	机构生锈卡死	清除锈污

四、熔断器

熔断器是一种结构简单、使用维护方便、体积小，价格便宜的保护电器，当电流超过规定值一定时间后，以它本身产生的热量使熔体熔化而分断电路，广泛用于照明电路中的过载和短路保护及电动机电路中的短路保护。其实物如图 5-29 所示。

1. 熔断器结构及工作原理

熔断器按结构可分为开启式、半封闭式和封闭式。封闭式熔断器又分为有填料、无填料管式和有填料螺旋式等。按用途分类有工业用熔断器、保护半导体器件熔断器、具有两段保护特性的快慢动作熔断器、自复式熔断器等。其图形符号如图 5-30 所示。

图 5-29　熔断器实物

图 5-30　熔断器图形、文字符号

2. 熔断器的特点及用途

常用熔断器的特点及用途见表 5-3。

表 5-3 常用熔断器的特点及用途

名称	类别	特点、用途
瓷插式	RC1A	价格便宜,更换方便。广泛用于照明和小容量电动机短路保护
螺旋式	RL	熔丝周围的石英砂可熄灭电弧,熔断管上端红点随熔丝熔断而自动脱落,体积小。多用于机床电气设备中
无填料封闭管式	RM	在熔体中人为引入窄截面熔片,提高断流能力。用于低压电力网络和成套配电装置中的短路保护
有填料封闭管式	RTO	分断能力强,使用安全,特性稳定,有明显指示器。广泛用于短路电流较大的电力网或配电装置中
快速熔断器	RLS	用于小容量硅整流元件的短路保护和某些过载保护
	RSO	用于大容量硅整流元件的保护
	RS3	用于晶闸管元件短路保护和某些适当过载保护

3. 熔断器的型号及含义

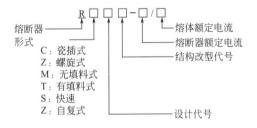

4. 常用熔断器

(1) 瓷插式熔断器 常用的瓷插式熔断器 RC1A 系列,由瓷盖、瓷底座、静触头、动触头和熔体组成,其结构如图 5-31 所示。静触头在瓷底座两端,中间有一空腔,它与瓷盖的凸起部分共同形成灭弧室。额定电流在 60A 以上的,灭弧室中还有帮助灭弧的编织石棉带。动触头在瓷盖两端,熔体沿凸起部分跨接在两个动触头上。瓷插式熔断器一般用于交流 50Hz、额定电压 380V 及以下、额定电流 200A 以下的电路末端,用于电气设备的短路保护和照明电路的保护。

(2) 有填料螺旋式熔断器 它由瓷帽、熔管、瓷套及瓷座等组成。熔管是一个瓷管,内装熔体和灭弧介质石英砂。熔体的两端焊在熔管两端的金属盖上,其一端标有不同颜色的熔断器指示器,当熔体熔断时指示器弹出,便于发现并更换同型号的熔管。有填料螺旋式熔断器的外形和结构如图 5-32 所示。

(3) 无填料封闭管式熔断器 这种熔断器由熔管、熔体和插座组成,熔体被封闭在不充填料的熔管内,其结构如图 5-33 所示。15A 以上熔断器的熔管由钢纸管、黄铜套管和黄铜帽等构成,新产品中熔管用耐电弧的玻璃钢制成。常用的无填料封闭管式熔断器有 RM7 和 RM10 系列。

这种熔断器的优点是灭弧能力强,熔体更换方便,被广泛用于发电厂、变电所和电动机的保护。

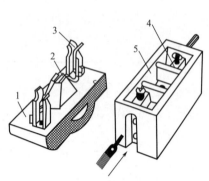

图 5-31 瓷插式熔断器
1—瓷盖；2—熔体；3—动触头；
4—静触头；5—瓷底座

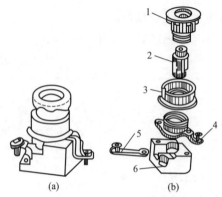

(a)　　　　(b)

图 5-32 有填料螺旋式熔断器
1—瓷帽；2—熔管；3—瓷套；4—上接线端；
5—下接线端；6—瓷座

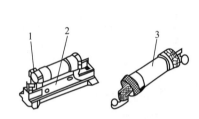 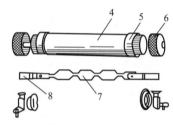

图 5-33 无填料封闭式熔断器
1—插座；2—底座；3—熔管；4—钢纸管；5—黄铜套管；6—黄铜帽；7—熔体；8—触刀

（4）自复式熔断器 常用的熔断器中，熔体一旦熔断，就需要更换新的熔体才能使电路重新接通。在某种意义上说，这样既不方便，也不能及时恢复供电。自复式熔断器可以解决该问题，它是应用非线性电阻元件在高温下电阻特性突变的原理制成的。

自复式熔断器可重复使用。因其只能限流，不能分断电路，故常与断路器串联使用，以提高分断能力。目前，自复式熔断器有 RZ1 系列熔断器，适用于交流 380V 的电路中与断路器配合使用。

5. 熔断器的选择

熔断器的选择主要包括选择熔断器的类型、额定电压、额定电流和熔体额定电流等，其选择原则如下。

① 根据使用条件确定熔断器的类型。

② 选择熔断器的规格时，应先选定熔体的规格，然后再根据熔体去选择熔断器的规格。

③ 熔断器的保护特性应与被保护对象的过载特性有良好的配合。

④ 在配电系统中，各级熔断器应相互匹配，一般上一级熔体的额定电流要比下一级熔体的额定电流大 2～3 倍。

⑤ 对于保护电动机的熔断器，应注意电动机启动电流及启动时间的影响。熔断器一般只作为电动机的短路保护，过载保护应采用热继电器。

⑥ 熔断器的额定电流应不小于熔体的额定电流；额定分断能力应大于电路中可能出现的最大短路电流。

6. 熔断器使用和维护的注意事项

① 熔断器的插座和插片的接触应保护良好。

② 熔体烧断后，应首先查明原因，排除故障。更换熔体时，应使新熔体的规格与换下来的一致。

③ 更换熔体或熔管时，必须将电源断开，以防触电。

④ 安装螺旋式熔断器时，电源线应接在瓷底座的下接线座上，负载线应接在螺纹壳的上接线座上。这样可保证更换熔管时螺纹壳体不带电，保证操作者的人身安全。

7. 熔断器常见故障及其处理方法

熔断器的常见故障及其处理方法见表 5-4。

表 5-4　熔断器的常见故障及其处理方法

故障现象	产生原因	处理方法
电动机启动瞬间熔体即熔断	熔体规格选择太小	调换适当的熔体
	负载侧短路或接地	检查短路或接地故障
	熔体安装时损伤	调换熔体
熔丝未熔断但电路不通	熔体两端或接线端接触不良	清扫并旋紧接线端
	熔断器的螺帽盖未旋紧	旋紧螺帽盖

【任务实施】

① 认识常用低压配电电器。
② 通电观察熔断器工作情况。
③ 制订检查方案：典型低压配电电器实训。
④ 整理：操作结束，整理检查各实训低压配电电器并整理好工具。
⑤ 记录实训情况。

【任务思考】

将电气设备不带电的金属部分接地的目的是什么？

【任务评价】

常用低压配电电器认知考核标准

考核项目	考核点		检测标准	配分	得分	备注
常用低压配电电器认知	职业技能考核（80分）	检查准备工作	(1)整理好所需低压配电电器 (2)检查各实训工具	20		实际操作结合职业素质
		根据低压配电电器的实物，写出各电器的名称	(1)学会使用各实训工具 (2)根据低压配电电器的实物，写出各配电器的名称	30		
		低压配电电器测试	进行低压配电电器的安装、检测、接线及基本故障维修	30		
	素质考核（20分）	学习态度	认真学习理论知识，积极参与实践操作，认真完成作业，善于记录、总结	10		
		团结协作	分工合作、团结互助，并起带头作用	10		

任务三 低压控制电器认知实训

【任务描述】

① 了解常用低压控制电器元件的功能、分类和工作原理。
② 了解低压控制电器的使用方法。
③ 熟悉低压控制电器元件的检测、接线和简单操作。

【相关知识】

 一、电磁式接触器

接触器属于控制类电器，是一种适用于远距离频繁接通和分断交直流主电路和控制电路的自动控制电器。其主要控制对象是电动机，也可用于其他电力负载，如电热器等。接触器具有欠压保护、零压保护、控制容量大、工作可靠、寿命长等优点，它是自动控制系统中应用最多的一种电器，其实物图如图 5-34 所示。

(a) CZ0直流接触器　　(b) CJX1系统交流　　(c) CJX2-N系列可逆交流
　　　　　　　　　　　　　接触器　　　　　　　　接触器

图 5-34　接触器实物图

接触器按操作方式分，有电磁接触器、气动接触器和电磁气动接触器；按灭弧介质分，有空气电磁式接触器、油浸式接触器和真空接触器等；按主触头控制的电流性质分，有交流接触器、直流接触器；而按电磁机构的励磁方式可分为直流励磁操作与交流励磁操作两种。其中应用最广泛的是空气电磁式交流接触器和空气电磁式直流接触器，简称为交流接触器和直流接触器。

1. 交流接触器

（1）交流接触器的结构　接触器由电磁系统、触头系统、灭弧系统、释放弹簧及底座等几部分构成，如图 5-35 所示。

（2）接触器的工作原理　接触器的工作原理是利用电磁铁吸力及弹簧反作用力配合动作，使触头接通或断开。当吸引线圈通电时，铁芯被磁化，吸引衔铁向下运动，使得常闭触头断开，常开触头闭合。当线圈断电时，磁力消失，在反力弹簧的作用下，衔铁回到原来位置，也就使触头恢复到原来状态，如图 5-36 所示。

（3）交流接触器的常见故障

① 触头过热。

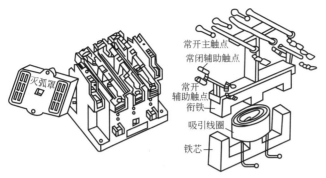

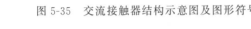

图 5-35 交流接触器结构示意图及图形符号

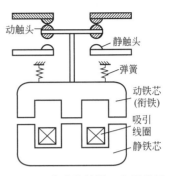

图 5-36 交流接触器工作原理图

② 触头磨损。

③ 线圈失电后触头不能复位。

④ 铁芯噪声大。

⑤ 线圈过热或烧毁。

2. 直流接触器

直流接触器主要用于额定电压至 440V、额定电流至 600A 的直流电力线路中，远距离接通和分断线路，以控制直流电动机的启动、停止和反向，多用在冶金、起重和运输等设备中。

直流接触器和交流接触器一样，也是由电磁系统、触头系统和灭弧装置等部分组成的。图 5-37 所示为直流接触器的结构原理图。

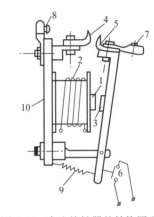

图 5-37 直流接触器的结构原理图
1—铁芯；2—线圈；3—衔铁；
4—静触点；5—动触点；6—辅助触点；
7,8—接线柱；9—弹簧；10—底板

3. 接触器型号

接触器的标志组成及其含义：

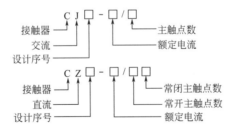

4. 接触器的选用和常见故障的修理方法

（1）选择接触器注意事项

① 接触器主触头的额定电压大于等于负载额定电压。

② 接触器主触头的额定电流大于等于 1.3 倍负载额定电流。

③ 接触器线圈额定电压，当线路简单、使用电器较少时，可选用 220V 或 380V；当线路复杂、使用电器较多或在不太安全的场所时，可选用 36V、110V 或 127V。

④ 接触器的触头数量、种类应满足控制线路要求。

⑤ 当通断电流较大且通断频率超过规定数值时，应选用额定电流大一级的接触器型号，否则会使触头严重发热，甚至熔焊在一起，造成电动机等负载缺相运行。

（2）接触器常见故障及其处理方法（表 5-5）

表 5-5　接触器常见故障及其处理方法

故障现象	产生原因	处理方法
接触器不吸合或吸不牢	电源电压过低	调高电源电压
	线圈断路	调换线圈
	线圈技术参数与使用条件不符	调换线圈
	铁芯机械卡阻	排除卡阻物
线圈断电，接触器不释放或释放缓慢	触点熔焊	排除熔焊故障，修理或更换触点
	铁芯表面有油污	清理铁芯极面
	触点弹簧压力过小或复位弹簧损坏	调整触点弹簧力或更换复位弹簧
	机械卡阻	排除卡阻物
触点熔焊	操作频率过高或过负载使用	调换合适的接触器或减小负载
	负载侧短路	排除短路故障更换触点
	触点弹簧压力过小	调整触点弹簧压力
	触点表面有电弧灼伤	清理触点表面
	机械卡阻	排除卡阻物
铁芯噪声过大	电源电压过低	检查线路并提高电源电压
	短路环断裂	调换铁芯或短路环
	铁芯机械卡阻	排除卡阻物
	铁芯极面有油垢或磨损不平	用汽油清洗极面或更换铁芯
	触点弹簧压力过大	调整触点弹簧压力
线圈过热或烧毁	线圈匝间短路	更换线圈并找出故障原因
	操作频率过高	调换合适的接触器
	线圈参数与实际使用条件不符	调换线圈或接触器
	铁芯机械卡阻	排除卡阻物

二、电磁式继电器

　　继电器是根据外界输入的信号来控制电路中电流的"通"与"断"的自动切换电器。它主要用来反应各种控制信号，以改变电路的工作状态，实现既定的控制程序，达到预定的控制目的，同时提供一定的保护。它一般不直接控制电流较大的主电路，而通过接触器来实现对主电路的控制。继电器具有结构简单、体积小、反应灵敏、工作可靠等特点，因而应用广泛。

　　继电器主要由感测机构、中间机构、执行机械三部分组成。感测机构把感测到的参量传递给中间机构，并和整定值相比较，当满足预定要求时，执行机构便动作，从而接通或断开电路。

　　继电器的种类很多，按用途分有控制继电器和保护继电器；按反应信号分有电压继电器、电流继电器、时间继电器、热继电器、温度继电器、速度继电器和压力继电器等；按动作原理分有电磁式、感应式、电动式和电子式等；按输出方式分有触头式和无触头式。常用电磁式继电器的外形如图 5-38 所示。

1. 电流继电器

根据线圈中电流大小而动作的继电器称为电流继电器。使用时电流继电器的线圈与被测电路串联，用来反应电路电流的变化。为了使接入继电器线圈后不影响电路的正常工作，其线圈匝数少，导线粗，阻抗小。

(a) 电流继电器　　(b) 电压继电器　　(c) 中间继电器

图 5-38　电磁式继电器外形

电流继电器可分为过电流继电器和欠电流继电器。继电器中的电流高于整定值而动作的继电器称为过电流继电器，常用于电动机的过载及短路保护；低于整定值而动作的继电器称为欠电流继电器，常用于直流电动机磁场控制及失磁保护。

JT4 系列过电流继电器的外形、结构和图形符号如图 5-39 所示，由线圈、静铁芯、衔铁、触头系统和反作用弹簧等组成。

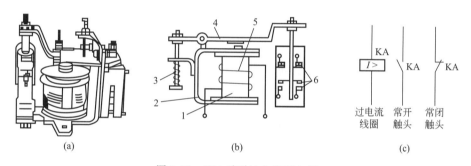

(a)　　　　　　　　　(b)　　　　　　　　　(c)

图 5-39　JT4 系列过电流继电器

1—静铁芯；2—磁轭；3—反作用弹簧；4—衔铁；5—线圈；6—触头

2. 电压继电器

根据线圈两端电压大小而动作的继电器称为电压继电器。电磁式电压继电器线圈并接在电路电源上，用于反应电路电压大小。其触头的动作与线圈电压大小直接有关，在电力拖动控制系统中起电压保护和控制作用。按吸合电压相对其额定电压大小可分为过电压继电器和欠电压继电器。

3. 中间继电器

中间继电器本质上是电压继电器，是用来远距离传输或转换控制信号的中间元件。其输入的是线圈的通电或断电信号，输出的是多对触头的通断动作，因此，它不但可用于增加控制信号的数目，实现多路同时控制，而且因为触头的额定电流大于线圈的额定电流，所以还可用来放大信号。

按电磁式中间继电器线圈电压种类不同，又有直流中间继电器和交流中间继电器两种。有的电磁式直流继电器，更换不同电磁线圈时便可成为直流电压、直流电流及直流中间继电器，若在铁芯柱上套有阻尼套筒，又可成为电磁式时间继电器。因此，这类继电器具有"通用"性，又称为通用继电器。

JZ7 系列中间继电器的外形结构和工作原理与接触器类似。该继电器由静铁芯、动铁芯、线圈、触头系统和复位弹簧等组成，如图 5-40 所示。其触头对数较多，没有主、辅触头之分，各对触头允许通过的额定电流是一样的，额定电流多数为 5A，有的为 10A。吸引

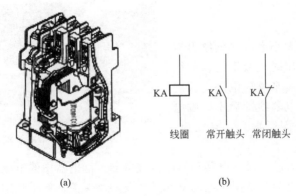

图 5-40　中间继电器的结构和符号

线圈的额定电压有 12V、24V、36V、110V、127V、220V、380V 等多种，可供选择。

电磁式中间继电器常用的有 JZ7、JDZ2、JZ14 等系列。引进产品有 MA406N 系列中间继电器，3TH 系列。

JZ14 系列型号含义：

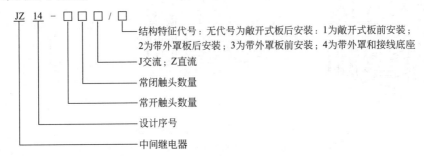

4. 热继电器

热继电器是利用电流流过发热元件产生热量来使检测元件受热弯曲，进而推动机构动作的一种保护电器。由于发热元件具有热惯性，在电路中不能用于瞬时过载保护，更不能做短路保护，主要用作电动机的长期过载保护。在电力手动控制系统中应用最广的是双金属片式热继电器。

（1）结构　热继电器的种类很多，按极数分为单极、两极和三极，其中三极又分为带断相保护装置和不带断相保护装置；按复位方式分为自动复位式和手动复位式。其实物如图5-41 所示。

JR16系列热继电器　　　JRS5系列热继电器　　　JRS1系列热继电器

图 5-41　热继电器实物图

热继电器由热元件、触头、动作机构、复位按钮和整定电流装置等五部分组成，其外形、结构及图形符号如图 5-42 所示。

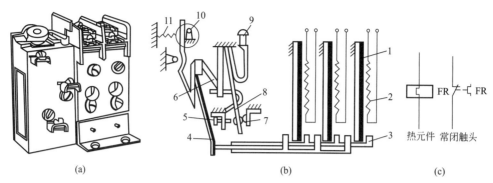

图 5-42 JR16 系列热继电器外形、结构及图形符号

1—主双金属片；2—电阻丝；3—导板；4—补偿双金属片；5—螺钉；6—推杆；7—静触头；

8—动触头；9—复位按钮；10—调节凸轮；11—弹簧

（2）型号 常用的热继电器有 JR20，JRS1，JR36，JR21，3UA5、6，LR1-D，T 系列。后四种是引入国外技术生产的。

JR20 系列型号含义：

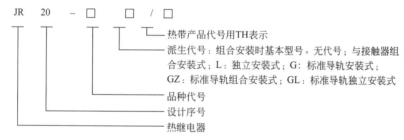

（3）热继电器的选用 热继电器主要用于电动机的过载保护。选用热继电器时应根据使用条件、工作环境、电动机型式及其运行条件及要求、电动机启动情况及负荷情况综合考虑。

（4）热继电器常见故障的修理方法 见表 5-6。

表 5-6 热继电器的常见故障及其处理方法

故障现象	产生原因	处理方法
热继电器误动作或动作太快	整定电流偏小	调大整定电流
	操作频率过高	调换热继电器或限定操作频率
	连接导线太细	选用标准导线
热继电器不动作	整定电流偏大	调小整定电流
	热元件烧断或脱焊	更换热元件或热继电器
	导板脱出	重新放置导板并试验动作灵活性
热元件烧断	负载侧电流过大 反复 短时工作 操作频率过高	排除故障调换热继电器 限定操作频率或调换合适的热继电器
主电路不通	热元件烧毁	更换热元件或热继电器
	接线螺钉未压紧	旋紧接线螺钉
控制电路不通	热继电器常闭触点接触不良或弹性消失	检修常闭触点
	手动复位的热继电器动作后,未手动复位	手动复位

5. 时间继电器

在继电器的吸引线圈通电或断电以后，触头经一定延时才能使执行部分动作的继电器，称为时间继电器。它广泛应用在需要按时间顺序进行控制的电气电路中。时间继电器根据动作原理，可分为空气阻尼式、电磁式、电动式和电子式等；按延时方式，可分为通电延时型和断电延时型。通电延时型，当接受输入信号后延迟一定时间，输出信号才发生变化；当输入信号消失后，输出瞬时复原。断电延时型，当接受输入信号，瞬时产生相应的输出信号；当输入信号消失后，延迟一定时间，输出信号才复原。

（1）空气阻尼式时间继电器　空气阻尼式时间继电器是利用空气阻尼的原理制成的，由电磁系统、延时机构和触头系统三部分组成。根据触头延时的特点，空气阻尼式时间继电器有通电延时型和断电延时型两种。其外观区别在于：当衔铁位于铁芯和延时机构之间时为通电延时型；当铁芯位于衔铁和延时机械之间时为断电延时型。JS7 系列时间继电器的外形及结构如图 5-43 所示。

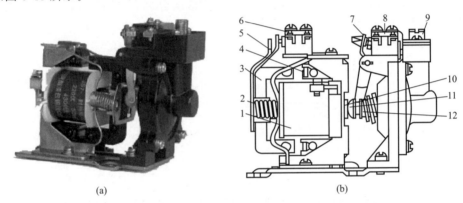

图 5-43　JS7 系列时间继电器的外形及结构
1—线圈；2—反作用力弹簧；3—衔铁；4—铁芯；5—弹簧片；6—瞬时触头；7—杠杆；
8—延时触头；9—调节螺杆；10—推杆；11—活塞杆；12—宝塔形弹簧

空气阻尼式时间继电器具有结构简单、延时范围较大、价格较低的优点，但其延时精度较低，没有调节指示，适用于延时精度要求不高的场合。

时间继电器的符号如图 5-44 所示。

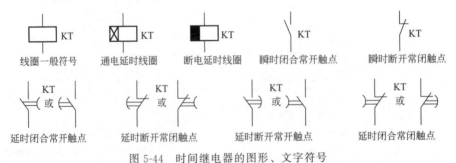

图 5-44　时间继电器的图形、文字符号

JS7 系列型号含义：

$$JS7 - \square\ A$$

时间继电器　设计序号　基本规格　结构设计稍有改进

（2）电磁式时间继电器　电磁式时间继电器一般只用于直流电路，且只能直流断电延时

动作。它利用阻尼的方法来延缓磁通变化的速度，以达到延时的目的，其结构如图 5-45 所示。它是在直流电磁式继电器的铁芯上附加一个短路线圈而制成的。线圈从电源断开后，主磁通就逐渐减小，由于磁通变化，因此在短路线圈中感应出电流。由楞次定律可知，感应电流所产生的磁通是阻止主磁通变化的，因而磁通的衰减速度放慢，延长了衔铁的释放时间。

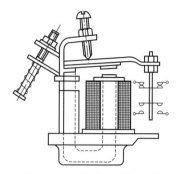

图 5-45 电磁式时间继电器的结构原理

电磁式时间继电器的断电延时时间可达 0.2～10s。其延长时间的调整方法：一是利用非磁性垫片改变衔铁与铁芯间的气隙来粗调；二是调节反作用弹簧的松紧，弹簧越紧，则延时越短，反之越长，调节弹簧可使延长时间得到平滑调节，故用于细调。

电磁式时间继电器的延时整定精度不是很高，但继电器本身的适应能力较强。

（3）电子式时间继电器 电子式时间继电器按其结构可分为阻容式时间继电器和数字式时间继电器，按延时方式分为通电延时型和断电延时型。阻容式时间继电器利用 RC 电路充放电原理构成延时电路。用单结晶体管构成 RC 充电式时间继电器的原理如图 5-46 所示。电源接通后，经二极管整流、滤波及稳压管稳压后的直流电压经和向充电，电容器两端电压按指数规律上升。此电压大于单结晶体管的峰点电压时导通，输出脉冲使晶闸管导通，继电器线圈得电，触点动作，接通或分断外电路。它主要适用于中等延时时间的场合。数字式时间继电器采用计算机延时电路，由脉冲频率决定延时长短。它不但延时长，而且精度更高，延时过程可数字显示，延时方法灵活，但线路复杂，价格较贵，主要用于长时间延时的场合。

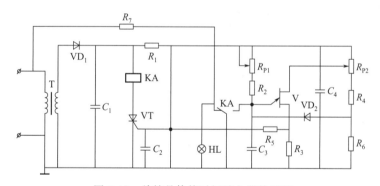

图 5-46 单结晶体管时间继电器的原理

电子式时间继电器具有体积小、精度较高、延时范围较广、调节方便、消耗功率小、寿命长等优点。

（4）时间继电器的选用

① 根据控制电路的控制要求选择通电延时型还是断电延时型。

② 根据对延时精度要求不同选择时间继电器类型。对延时精度要求不高的场合，一般选用电磁式或空气阻尼式时间继电器；对延时精度要求高的场合，应选用晶体管式或电动机式时间继电器。

③ 应注意电源参数变化的影响。对于电源电压波动大的场合，选用空气阻尼式比采用晶体管式好；而在电源频率波动大的场合，不宜采用电动机式时间继电器。

④ 应注意环境温度变化的影响。在环境温度变化较大的场合，不宜采用晶体管式时间继电器。

⑤ 对操作频率也要加以注意。操作频率过高，不仅会影响电气寿命，还可能导致延时误动作。

⑥ 考虑延时触头种类、数量和瞬动触头种类、数量是否满足控制要求。

（5）时间继电器常见故障的处理方法　见表5-7。

表 5-7　空气阻尼式时间继电器常见故障及其处理方法

故障现象	产生原因	处理方法
延时触点不动作	电磁铁线圈断线	更换线圈
	电源电压低于线圈额定电压很多	更换线圈或调高电源电压
	电动式时间继电器的同步电动机线圈断线	调换同步电动机
	电动式时间继电器的棘爪无弹性，不能刹住棘齿	调换棘爪
	电动式时间继电器游丝断裂	调换游丝
延时时间缩短	空气阻尼式时间继电器的气室装配不严，漏气	修理或调换气室
	空气阻尼式时间继电器的气室内橡皮薄膜损坏	调换橡皮薄膜
延时时间变长	空气阻尼式时间继电器的气室内有灰尘，使气道阻塞	清除气室内灰尘，使气道畅通
	电动式时间继电器的传动机构缺润滑油	加入适量的润滑油

6. 速度继电器

速度继电器是按照预定速度的快慢而动作的继电器，因为它主要应用在电动机反接制动控制电路中，所以也称为反接控制继电器。

（1）结构　速度继电器是将电动机的转速信号应用电磁感应原理来控制触头动作的电器，是当转速达到规定值时动作的继电器。其结构主要由定子、转子和触头系统三部分组成。定子是一个笼型空心圆环，由硅钢片叠成，并嵌有笼型导条。转子是一个圆柱形永久磁铁，触头系统有正向运转时动作和反向运转时动作的触头各一组，每组又各有一对常闭触头和一对常开触头，如图5-47所示。

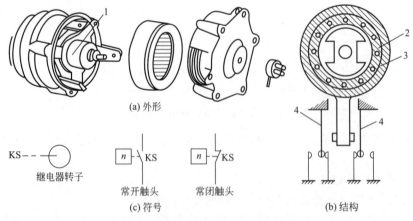

图 5-47　速度继电器的外形、结构和符号
1—转子；2—定子；3—绕组；4—簧片

（2）工作原理　使用时，继电器转子的轴与电动机轴相连接，定子空套在转子外围。当电动机启动旋转时，继电器的转子1随着转动，永久磁铁的静止磁场就成了旋转磁场。定子2内的绕组3因切割磁场而产生感应电动势，形成感应电流，并在磁场作用下产生电磁转

矩，使定子随转子旋转方向转动，但因有簧片 4 挡住，故定子只能随转子旋转方向做一偏转。当定子偏转到一定角度时，在簧片 4 的作用下使常闭触头断开而常开触头闭合。推动触头的同时也压缩相应的反力弹簧，其反作用力阻止定子偏转。当电动机转速下降时，继电器转子转速也随之下降，定子导条中的感应电动势、感应电流、电磁转矩均减小。当继电器转子转速下降到一定值时，电磁转矩小于反力弹簧的反作用力矩，定子返回原位，继电器触头恢复到原来状态。调节螺钉的松紧，可调节反力弹簧的反作用力大小，也就调节了触头动作所需的转子转速。一般速度继电器触头的动作速度为 140r/min 左右，触头的复位转速为 100r/min。

速度继电器型号含义：

（3）速度继电器的选用　速度继电器主要根据电动机的额定转速来选择。使用时，速度继电器的转轴应与电动机同轴连接。安装接线时，正、反向的触点不能接错，否则不能起到反接制动时接通和断开反向电源的作用。

（4）速度继电器常见故障的处理方法　见表 5-8。

表 5-8　速度继电器的常见故障及其处理方法

故障现象	产生原因	处理方法
制动时速度继电器失效，电动机不能制动	速度继电器胶木摆杆断裂	调换胶木摆杆
	速度继电器常开触点接触不良	清洗触点表面油污
	弹性动触片断裂或失去弹性	调换弹性动触片

7. 电磁式中间继电器的选用

（1）使用类别的选用　继电器的典型用途是控制接触器的线圈，即控制交、直流电磁铁。按规定，继电器使用类别有 AC-11 控制交流电磁铁负载与 DC-11 控制直流电磁铁负载两种。

（2）额定工作电流与额定工作电压的选用　继电器在对应使用类别下，继电器最高工作电压为继电器的额定绝缘电压，继电器的最高工作电流应小于继电器的额定发热电流。

选用继电器电压线圈的电压种类与额定电压值时，应与系统电压种类和电压值一致。

（3）工作制的选用　继电器的工作制主要有四种，即八小时工作制、不间断工作制、断续周期工作制和短时工作制。继电器工作制应与其使用场合工作制一致，且实际操作频率应低于继电器额定操作频率。

（4）继电器返回系数的调节　应根据控制要求来调节电压和电流继电器返回系数。一般采用增加衔铁吸合后的气隙、减小衔铁打开后的气隙或适当放松释放弹簧等措施来达到增大返回系数的目的。

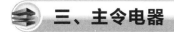 **三、主令电器**

主令电器是一种在电气自动控制系统中用于发送或转换控制指令的电器。它一般用于控

制接触器、继电器或其他电器线路，使电路接通或分断，从而实现对电力传输系统或生产过程的自动控制。

主令电器应用广泛，种类繁多，常用的有控制按钮、行程开关、接近开关、万能转换开关和主令控制器等。

（一）按钮

按钮是一种短时接通和断开小电流电路的手动电器，常用于控制电路中，发出启动或停止等指令，以控制接触器、继电器等电器的线圈电流接通或断开，再由它们去接通或断开主电路。

1. 结构和工作原理

按钮由按钮帽、复位弹簧、桥式动触头、静触头和外壳等组成，其外形、结构和图形符号如图 5-48 所示。每个按钮中的触头形式和数量可根据需要装配成一常开一常闭到六常开六常闭等形式。

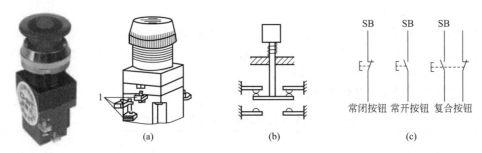

图 5-48　LA19 系列按钮的外形、结构和图形符号

2. 型号

常用的控制按钮有 LA18、LA19、LA20 及 LA25 等系列。

LA20 系列控制按钮型号含义：

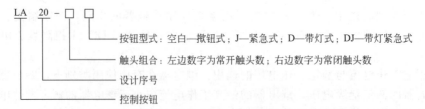

为便于识别各个按钮的作用，避免误操作，通常在按钮帽上做出不同标记或涂上不同颜色，如蘑菇形表示急停按钮，红色表示停止按钮，绿色表示启动按钮。

3. 控制按钮选用原则

① 根据使用场合，选择控制按钮的种类，如开启式、防水式、防腐式等。

② 根据用途，选择控制按钮的结构型式，如钥匙式、紧急式、带灯式等。

③ 根据控制回路的需求，确定按钮数，如单钮、双钮、三钮、多钮等。

④ 根据工作状态指示和工作情况的要求，选择按钮及指示灯的颜色。

4. 常见故障的处理办法

按钮的常见故障及其处理方法见表 5-9。

表 5-9　按钮的常见故障及其处理方法

故障现象	产生原因	处理方法
按下启动按钮时有触电感觉	按钮的防护金属外壳与连接导线接触	检查按钮内连接导线
	按钮帽的缝隙间充满铁屑，使其与导电部分形成通路	清理按钮及触点
按下启动按钮，不能接通电路，控制失灵	接线头脱落	检查启动按钮连接线
	触点磨损松动，接触不良	检修触点或调换按钮
	动触点弹簧失效，使触点接触不良	重绕弹簧或调换按钮
按下停止按钮，不能断开电路	接线错误	更改接线
	尘埃或机油、乳化液等流入按钮形成短路	清扫按钮并相应采取密封措施
	绝缘击穿短路	调换按钮

（二）位置开关

位置开关又称行程开关或限位开关，可将机械信号转换为电信号，以实现对机械的控制。它是根据运动部件的位置而切换的电器，能实现运动部件极限位置的保护。它的作用原理与按钮类似，利用生产机械运动部件的碰压使其触头动作，从而将机械信号转变为电信号。

1. 结构和用途

各系列行程开关的结构基本相同，主要由触头系统、操作机构和外壳组成。行程开关按其结构可分为直动式、滚轮式和微动式三种。行程开关动作后，复位方式有自动复位和非自动复位两种。按钮式和单轮旋转式行程开关为自动复位式，如图 5-49(a)、(b) 所示。双轮旋转式行程开关没有复位弹簧，在挡铁离开后不能自动复位，必须由挡铁从反方向碰撞后，开关才能复位，如图 5-49(c) 所示。

(a) 按钮式　　　　　(b) 单轮旋转式　　　　　(c) 双轮旋转式

图 5-49　系列行程开关的外形

2. 工作原理

当运动机械的挡铁压到滚轮上时，杠杆连同转轴一起转动，并推动撞块；当撞块被压到一定位置时，推动微动开关动作，使常开触头分断，常闭触头闭合；在运动机械的挡铁离开后，复位弹簧使行程开关各部件恢复常态。系列行程开关的结构、动作原理和图形符号如图5-50 所示。

行程开关的触头动作方式有蠕动型和瞬动型两种。蠕动型触头的分合速度取决于挡铁的移动速度，当挡铁的移动速度低于时，触头切换太慢，易受电弧烧灼，从而减少触头的使用寿命，也影响动作的可靠性。为克服以上缺点，可采用具有快速换接动作机构瞬动型触头。

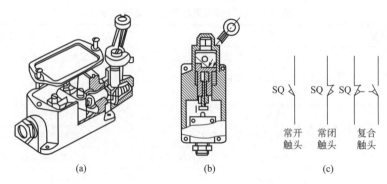

图 5-50　系列行程开关的结构、动作原理和图形符号

3. 型号

JLXK 系列行程开关型号含义：

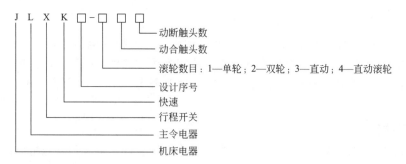

4. 行程开关的选用原则

① 根据应用场合及控制对象选择种类。

② 根据安装使用环境选择防护型式。

③ 根据控制回路的电压和电流选择行程开关系列。

④ 根据运动机械与行程开关的传力和位移关系选择行程开关的头部型式。

（三）接近开关

1. 接近开关的作用

接近开关又称无触头行程开关，其实物如图 5-51 所示，是一种传感器型开关，它既有行程开关、微动开关的特点，同时也具有传感性能，当机械运动部件运动到接近开关一定距离时就发出动作信号。它能准确反映出运动部件的位置和行程，其定位精度、操作频率、使用寿命、安装调整的方便性和对恶劣环境的适用能力，是一般机械式行程开关所不能相比的。

图 5-51　接近开关

接近开关还可用于高速计数、检测金属体的存在、测速、液压控制、检测零件尺寸，以及用作无触头式按钮等。

2. 接近开关的结构和工作原理

接近开关由接近信号辨识机构、检波、鉴幅和输出电路等部分组成。接近开关按辨识机构工作原理不同，分为高频振荡型、感应型、电容型、光电型、永磁及磁敏元件型、超声波型等，其中以高频振荡型最为常用。

晶体管停振型接近开关属于高频振荡型。高频振荡型接近信号的发生机械实际是一个 LC 振荡器，其中 L 是电感式感辨头。当金属检测体接近感辨头时，在金属检测体中将产生涡流，由于涡流的去磁作用，使感辨头的等效参数发生变化，改变振荡回路的谐振阻抗和谐振频率，使振荡停止，并以此发出接近信号。LC 振荡器由 LC 振荡回路、放大器和反馈电路构成。按反馈方式，可分为电感分压反馈式、电容分压反馈式和变压器反馈式三种。晶体管停振型接近开关的示意，如图 5-52 所示。

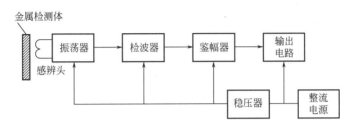

图 5-52　晶体管停振型接近开关的示意

3. 接近开关的典型产品

常用的接近开关有 LJ、CWY、SQ 系列及引进国外技术生产的 3SG 系列。

接近开关型号含义：

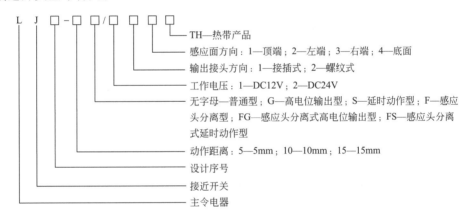

4. 接近开关的选用原则

① 接近开关仅用于工作频率高、可靠性及精度要求均较高的场合。
② 按应答距离要求选择型号、规格。
③ 按输出要求的触头型式及触头数量，选择合适的输出型式。

（四）万能转换开关

万能转换开关是具有更多操作位置和触点，能换接多个电路的一种手控电器。因它能控制多个电路，适应复杂电路的要求，故称为万能转换开关。万能转换开关主要用于控制电路换接，也可用于小容量电动机的启动、换向、调速和制动控制。

1. 万能转换开关的结构

其结构示意如图 5-53（a）所示，由触点座、凸轮、转轴、定位结构、螺杆和手柄等组成，并由 1～20 层触点底座叠装，其中每层底座均装三对触点，并由触点底座中的凸轮来控

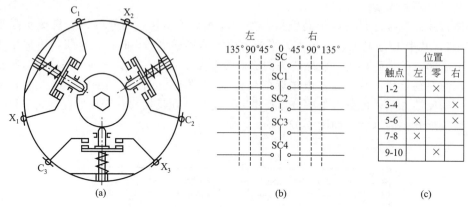

图 5-53 万能转换开关结构与符号

制三对触点的接通和断开。由于凸轮可制成不同形状，因此转动手柄到不同位置时，通过凸轮作用，可使各对触点按所需的变化规律接通或断开，以达到换接电路的目的。

在万能转换开关在电路中，中间的竖线表示手柄的位置，当手柄处于某一位置时，处在接通状态的触头下方虚线上标有小黑点。触头的通断状态也可以用图 5-53(c) 所示的触点分合表来表示，"×"号表示触点闭合，空白表示触点断开。

万能转换开关型号含义：

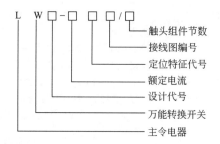

$$
\begin{array}{lll}
L & W\square-\square & \square\square/\square
\end{array}
$$

- 触头组件节数
- 接线图编号
- 定位特征代号
- 额定电流
- 设计代号
- 万能转换开关
- 主令电器

2. 万能转换开关的选用原则

① 按额定电压和工作电流选用相应的万能转换开关系列。

② 按操作需要选定手柄型式和定位特征。

③ 按控制要求，参照转换开关产品样本，确定触头数量和接线图编号。

④ 选择面板型式及标志。

（五）主令控制器

主令控制器是一种频率切换复杂的多回路控制电路的主令电器，主要用于电力拖动系统中，按照预定的程序分合触点，向控制系统发出指令，通过接触器达到对电动机启动、制动、调速和反转的控制。它操作方便，触点为双断点桥式结构，适用于按顺序操作的多个控制回路。主令控制器一般由外壳、触点、凸轮块、转动轴等组成。与万能转换开关相比，它的触点容量大一些，操作挡位较多。

1. 主令控制器的结构

其结构如图 5-54 所示。图中，7 是固定于方轴 1 上的凸轮块；4 是接线柱，由它连向被操作的回路；静触头 3 由桥式动触头 2 来闭合与断开；动触头 2 固定于绕转动轴 9 转动的支杆 6 上。当操作者用手柄转动凸轮块 7 的方轴时，使凸轮块的凸出部分推压小轮 8 带动支杆 6 向外张开，将被操作的回路断电，在其他情况下触点是闭合的。根据每块凸轮块的形状不同，可使触点按一定顺序闭合或断开。这样只要安装一层层不同形状的凸轮块，即可实现控制回路顺序地接通与断开。

从结构上讲，主令控制器可分为两类：凸轮可调式和凸轮固定式。可调式的凸轮片上有孔和槽，凸轮片可根据给定的触点分合表进行调整；固定式的凸轮不可调整，只能按触点分合表做适当的排列组合。

目前常用的主令控制器有 LK18 等系列。使用前，应操作手柄数次，以检查动作是否符合标准。不使用时，手柄应停在零位。

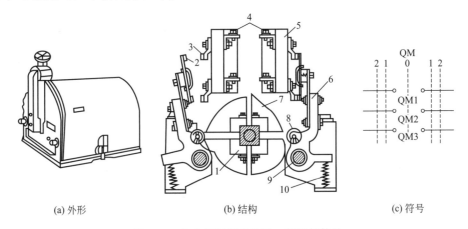

(a) 外形　　　　　　(b) 结构　　　　　　(c) 符号

图 5-54　主令控制器的外形、结构与符号

1—方形转轴；2—动触头；3—静触头；4—接线柱；

5—绝缘板；6—支杆；7—凸轮块；8—小轮；9—转动轴；10—复位弹簧

主令控制器的型号含义如下：

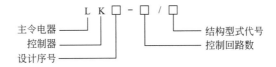

2. 主令控制器的选用原则

① 使用环境：室内选用防护式，室外选用防水式。

② 主要根据所需操作位置数、控制电路数、触头闭合顺序以及额定电压、额定电流来选择。

③ 控制电路数的选择：全系列主令控制器的电路数有 2、5、6、8、16、24 等规格，一般选择时应留有裕量，以作备用。

④ 在起重机控制中，主令控制器应根据磁力控制盘型号来选择。

【任务实施】

① 认识常用低压控制电器并熟记图形符号和文字符号。

② 通电观察接触器动作情况并对最低吸合电压进行测试。

③ 拆装接触器并更换辅助触点。

④ 进行各电磁式继电器动作实验。

⑤ 对主令电器进行拆装实训。

⑥ 制订检查方案：典型低压控制电器实训。

⑦ 整理：操作结束，整理检查各实训低压控制电器并整理好工具。

⑧ 记录实训情况。

【任务思考】

在接触器铁芯的部分端面嵌装有短路铜环，其目的是什么？

【任务评价】

常用低压控制电器认知考核标准

考核项目	考核点		检测标准	配分	得分	备注
常用低压控制电器认知	职业技能考核（80分）	检查准备工作	(1)整理好所需低压控制电器 (2)检查各实训工具	20		实际操作结合职业素质
		根据低压控制电器的实物，写出各电器的名称	(1)学会使用各实训工具 (2)根据低压控制电器的实物,写出各控制电器的名称	30		
		低压控制电器测试	进行低压控制电器的安装、检测、接线及基本故障维修	30		
	素质考核（20分）	学习态度	认真学习理论知识,积极参与实践操作,认真完成作业,善于记录、总结	10		
		团结协作	分工合作、团结互助,并起带头作用	10		

【知识拓展】

一、其他新型继电器

1. 温度继电器

在温度自动控制或报警装置中，常采用带电触点的汞温度计或热敏电阻、热电偶等制成的各种形式的温度继电器，其实物图如图 5-55 所示。

 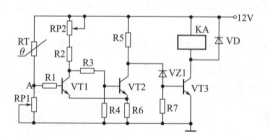

图 5-55 电子式温度继电器的原理图

用热敏电阻作为感温元件的温度继电器，如图 5-55 所示。晶体管组成射极耦合双稳态电路，晶体管之前串联接入稳压管，可提高反相器开始工作的输入电压值，使整个电路的开关特性更加良好。适当调整电位器的电阻，可减小双稳态电路的回差。采用负温度系数的热敏电阻器，当温度超过极限值时，触发双稳态电路翻转。

(a) 三相固态继电器　　(b) 单相固态继电器

图 5-56　三相和单相固态继电器

2. 固态继电器

固态继电器 SSR 是近年发展起来的一种新型电子继电器，具有开关速度快、工作频率高、重量轻、使用寿命长、噪声低和动作可靠等一系列优点，不仅在许多自动化装置中代替了常规电磁式继电器，而且广泛应用于数字程控装置、调温装置、数据处理系统及计算机 I/O 接口电路，其实物图如图 5-56 所示。

固态继电器按其负载类型分类，可分为直流型和交流型。

3. 光电继电器

光电继电器如图 5-57 所示，是利用光电元件把光信号转换成电信号的光电器材，广泛用于计数、测量和控制等方面。光电继电器分亮通和暗通两种电路：亮通是指光电元件受到光照射时，继电器触头吸合；暗通是指光电元件无光照射时，继电器触头吸合。

4. 电动机保护器

电动机保护器是以金属电阻电压效应原理来实现电动机的各种保护的，区别于热继电器的金属电阻热效应原理，也区别于穿芯式电流互感器磁效应原理。其实物如图 5-58 所示。

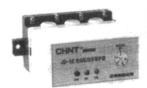

(a) 电动机综合保护器　　(b) 数字式电动机保护器

图 5-57　光电继电器　　　　　图 5-58　电动机保护器　　　　图 5-59　信号继电器

5. 信号继电器

信号继电器是一种保护电器，其实物图如图 5-59 所示。一般作监控保护用，在高压配电柜二次保护回路上应用较多。例如，变压器油温度过高，则温度继电器常开触点闭合，由于这个触点串在信号继电器的线圈回路上，导致信号继电器线圈吸合，信号继电器动作，高压开关断开，卸掉该台变压器的负载，从而保护了变压器。信号继电器也分很多种，有的直接就是蜂鸣或者闪光作为报警信号输出。

 ## 二、交流电动机

根据产生或使用电能种类的不同，旋转的电磁机械可分为直流电机和交流电机两大类，常用的是交流电动机。交流电机可分为异步电机和同步电机两种。异步电机主要作为电动机使用。异步电动机又有单相和三相两种，而三相异步电动机又分笼型和绕线式。

1. 三相异步电动机的结构

异步电动机的结构可分为定子、转子两大部分。定子就是电机中固定不动的部分，转子是电机的旋转部分。图 5-60 所示是一台封闭式三相异步电动机解体后的零部件示意。

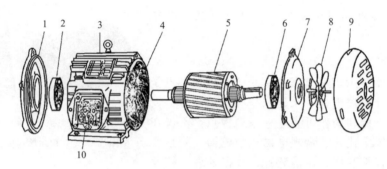

图 5-60　封闭式三相异步电动机的结构

1,7—端盖；2,6—轴承；3—机座；4—定子绕组；5—转子；8—风扇；9—风罩；10—接线盒

2.三相异步电动机的基本工作原理

（1）旋转磁场的产生　在空间位置上对称的定子绕组中通入时间相位上对称的三相交流电。设：

$$i_U = \sin\omega t \quad i_V = \sin(\omega t - 120°) \quad i_W = \sin(\omega t + 120°)$$

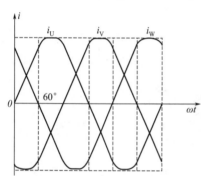

图 5-61　三相交流电流波形

则三相交流电流波形如图 5-61 所示。

在两极旋转磁场中，设电流为正时，在绕组中从首端流向末端，为负时，从末端流向首端，如图 5-62 所示。

在 0°瞬间，U 为零，V 为负，W 为正，产生的合成磁场如图 5-62（a）所示，右边是 N 极，左边是 S 极；在 90°瞬间，U 为正，V、W 为负，产生的合成磁场如图 5-62（b）所示；在 180°瞬间，U 为零，V 为正，W 为负，产生的合成磁场如图 5-62（c）所示；在 360°瞬间，U 为负，V 为零，W 为正，产生的合成磁场如图 5-62（d）所示。

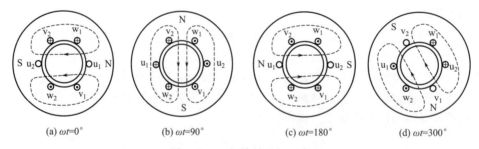

(a) $\omega t = 0°$　　　(b) $\omega t = 90°$　　　(c) $\omega t = 180°$　　　(d) $\omega t = 300°$

图 5-62　两极旋转磁场示意

可见，在电机中形成的合成磁场，是一个随时间变化的旋转磁场。当电流变化一个周期，磁场也旋转一周。当定子绕组连接形成的是两对磁极时，用相同的方法分析知电流变化一个周期，磁场只转动了半圈，即转速减慢了一半，由此得：

$$n_1 = \frac{60f}{p}$$

式中，f 为频率；p 为磁极数。

（2）感应电动势的产生　旋转磁场的磁力线被转子导体切割，产生感应电动势及电流。设旋转磁场顺转，且某时刻为上北极 N、下南极 S。据右手定则可判断电流方向，其转动原理如图 5-63 所示。

（3）转子的转动　由于流过电流的转子导体在磁场中受到电磁力作用，使转子按照旋转磁场的方向旋转，力 F 的方向可用左手定则确定，该电磁对转轴形成电磁转矩，转速为 n。其转速 n 总是小于而接近于旋转磁场的转速 n_1。其中，n_1 与 n 之差与 n_1 之比称为转差率 s，即

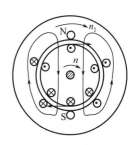

$$s = \frac{n_1 - n}{n_1}$$

图 5-63　三相电动机
的转动原理

转差率是异步电动机的一个基本参数，对分析和计算运行状态及其机械特性有着重要的意义。

3. 三相异步电动机的铭牌数据

每一台三相异步电动机，在其机座上都有一块铭牌，其上标有型号、额定值等，见表 5-10。

表 5-10　三相异步电动机的铭牌

三相异步电动机			
型号 Y112M-2		编号×××	
4kW		8.2A	
380V	2890r/min	LW79dB(A)	
接法△	防护等级 IP44	50Hz	××kg
JB/T 9616—1999	工作制	B 级绝缘	××年××月
×××电机厂			

（1）型号　异步电动机的型号意义如下：

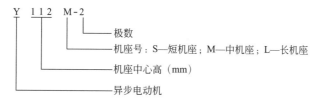

中心高越大，电动机容量越大：中心高 80～315mm 为小型电动机；315～630mm 为中型电动机；630mm 以上为大型电动机。在同一中心高下，机座长则铁芯长，容量大。

（2）额定值

① 额定功率 P_N(kW)　指电动机额定工作状态时，电动机轴上输出的机械功率：

$$P_N = \sqrt{3}\, I_N U_N \cos\varphi_N \eta_N$$

② 额定电压 U_N(V)　指电动机额定工作状态时，电源加于定子绕组上的线电压。

③ 额定电流 I_N(A)　指电动机额定工作状态时，电源供给定子绕组上的线电流。

④ 额定转速 n_N(r/min)　指电动机额定工作状态时转轴上的每分钟转速。

⑤ 额定频率 f_N(Hz)　指电动机所接交流电源的频率。

⑥ 额定工作制　指电动机在额定状态下工作，可以持续运转的时间和顺序，可分为额定连续工作的定额 S1、短时工作的定额 S2、断续工作的定额 S3 等 3 种。

此外，铭牌上还标明绕组的相数与接法（接成星形或三角形）、绝缘等级及温升等。对绕线转子异步电动机，还应标明转子的额定电动势及额定电流。

项目二　电气控制原理图的识读

情境导入

　　小王是殡仪馆的一名刚入职的遗体火化师，在工作过程中，他通过火化班班长向火化机生产厂家申请了一份火化机操作指导手册。在学习的过程中，他对电气控制原理图特别感兴趣，他应该具备哪些基础知识才能够更好地识读该电气控制原理图呢？

知识目标

　　① 了解电气图形符号与文字符号的含义。
　　② 了解电气原理图、接线图和布置图的概念及绘制规则。
　　③ 掌握火化机常用控制电路的原理及工作过程。

技能目标

　　① 能够自主进行电气电气原理图的识读。
　　② 能够自主地对火化机控制电路进行绘制。

任务　识读电气原理图

【任务描述】

　　① 通过三相异步电动机的点动控制的接线和操作，了解电气图形符号与文字符号的含义。
　　② 通过 CW6132 型普通车床电气原理图，掌握电气原理图、接线图和布置图的绘制规则。

【相关知识】

一、电气符号

　　电气图是一种工程图，是用来描述电气控制设备结构、工作原理和技术要求的图纸，需要用统一的工程语言的形式来表达。为了便于交流与沟通，通常用一种具有确定意义的简单符号来表示某一种具体的电气元件或装置。文字符号由电气设备、装置和元器件的种类的字母代码和功能的字母代码组成，适用于电气技术领域中电气图和技术文件的编制，可标注在电气设备、装置和元器件上或近旁，以标明电气设备、装置和元器件名称、功能、状态和特征。常见元件图形符号、文字符号见表5-11。

表 5-11 常见元件图形符号、文字符号一览表

类别	名称	图形符号	文字符号	类别	名称	图形符号	文字符号
开关	单极控制开关	或	SA	位置开关	常开触头		SQ
	手动开关一般符号		SA		常闭触头		SQ
	三极控制开关		QS		复合触头		SQ
	三极隔离开关		QS	按钮	常开按钮		SB
	三极负荷开关		QS		常闭按钮		SB
	组合旋钮开关		QS		复合按钮		SB
	低压断路器		QF		急停按钮		SB
	控制器或操作开关	后 0 前 21 0 1 2	SA		钥匙操作式按钮		SB
接触器	线圈操作器件		KM	热继电器	热元件		FR
	常开主触头		KM		常闭触头		FR
	常开辅助触头		KM	中间继电器	线圈		KA
	常闭辅助触头		KM		常开触头		KA

续表

类别	名称	图形符号	文字符号	类别	名称	图形符号	文字符号
时间继电器	通电延时(缓吸)线圈		KT	中间继电器	常闭触头		KA
	断电延时(缓放)线圈		KT	电流继电器	过电流线圈	$I>$	KA
	瞬时闭合的常开触头		KT		欠电流线圈	$I<$	KA
	瞬时断开的常闭触头		KT		常开触头		KA
	延时闭合的常开触头	或	KT		常闭触头		KA
	延时断开的常闭触头	或	KT	电压继电器	过电压线圈	$U>$	KV
	延时闭合的常闭触头	或	KT		欠电压线圈	$U<$	KV
	延时断开的常开触头	或	KT		常开触头		KV
电磁操作器	电磁铁的一般符号	或	YA		常闭触头		KV
	电磁吸盘		YH	电动机	三相笼型异步电动机	M 3~	M
	电磁离合器		YC		三相绕线转子异步电动机	M 3~	M

续表

类别	名称	图形符号	文字符号	类别	名称	图形符号	文字符号
电磁操作器	电磁制动器	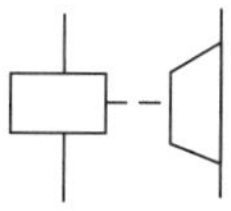	YB	电动机	他励直流电动机	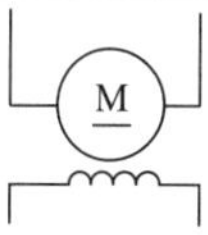	M
	电磁阀	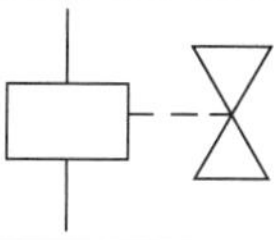	YV		并励直流电动机	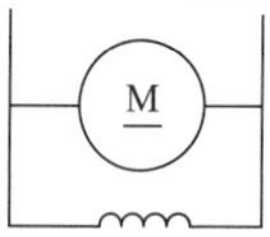	M
非电量控制的继电器	速度继电器常开触头	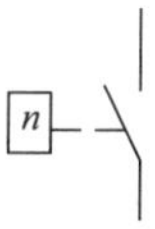	KS		串励直流电动机	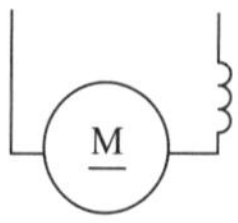	M
	压力继电器常开触头		KP	熔断器	熔断器		FU
发电机	发电机	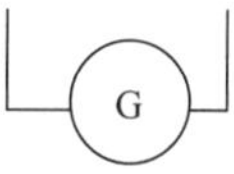	G	变压器	单相变压器		TC
	直流测速发电机	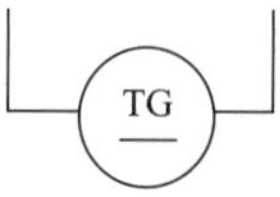	TG		三相变压器	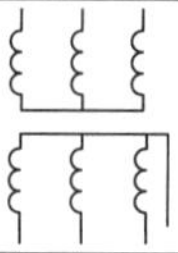	TM
灯	信号灯（指示灯）		HL	互感器	电压互感器	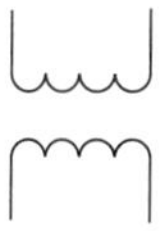	TV
	照明灯		EL		电流互感器	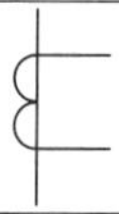	TA
接插器	插头和插座	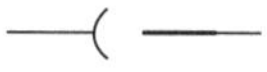 或 	X 插头 XP 插座 XS		电抗器	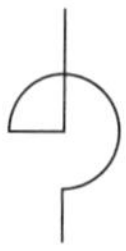	L

二、电气原理图

现以某三相异步电动机电气原理图为例，来阐明绘制电气原理图的原则和注意事项，如图 5-64 所示。

1. 绘制电气原理图的原则

（1）电气原理图的组成　电气原理图由电源电路、主电路和辅助电路三部分组成。

① 电源电路一般画成水平线，三相交流电源相序 L1、L2、L3 自上而下依次画出，中线 N 和保护地线 PE 依次画在相线之下。

② 主电路是从电源到电动机的电路，主要由刀开关、熔断器、接触器主触头、热继电

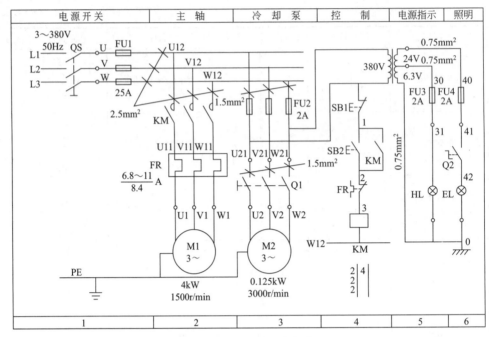

图 5-64　电气原理示意图

器发热元件与电动机组成。主电路用粗线绘制在图面的左侧或上方。

③ 辅助电路包括控制电路、照明电路、信号电路及保护电路等。它们由继电器、接触器的电磁线圈，继电器、接触器辅助触头，控制按钮，其他控制元件触头、控制变压器、熔断器、照明灯、信号灯及控制开关等组成。画辅助电路图时，辅助电路要跨接在两相电源线之间，一般按照控制电路、指示电路和照明电路的顺序依次用细实线垂直画在主电路图的右侧，且电路中与下边电源线相连的耗能元件（如接触器和继电器的线圈、指示灯、照明灯等）要画在电路图的下方，而电器的触头要画在耗能元件与上边电源线之间。为读图方便，一般应按照自左至右、自上而下的排列来表示操作顺序。

（2）原理图的布局　电气原理图中，同一电器的各元器件不按实际位置画在一起，而是按功能布置，即同一功能的电气元器件集中在一起，尽可能按动作顺序从上到下或从左到右的原则绘制。

（3）线路连接点、交叉点的绘制　画电气原理图时，应尽可能减少线条和避免线条交叉。对有电联系的交叉导线连接点，用小黑圆点表示；无电联系的交叉导线则不画小黑圆点。

（4）电路编号法　电路图采用电路编号法，即对电路中各个接点用字母或数字编号。主电路在电源开关的出线端按相序依次编号为 U11、V11、W11。然后按从上至下、从左到右的顺序，每经过一个电气元件，编号递增，如 U12、V12、W12；U13、V13、W13。一台三相交流电动机或设备的三根出线依次编号为 U、V、W。对于多台电动机引出线的编号，可在字母前用不同的数字区别，如 1U、1V、1W。辅助电路编号按"等电位"的原则从上至下、从左至右的顺序用数字依次编号，每经过一个电气元件后，编号要依次递增。控制电路编号的起始数字必须是 1，其他辅助电路编号的起始数字依次递增 100，如照明电路编号从 101 开始，指示电路编号从 201 开始等。

2. 电气原理图图面区域的划分

为了便于确定原理图的内容和组成部分在图中的位置，有利于读者检索电气线路，常在各种幅面的图纸上分区。每个分区内竖边方面用大写的拉丁字母编号，横边用阿拉伯数字编号。

编号的顺序应从与标题栏相对应的图幅的左上角开始，分区代号用该区的拉丁字母或阿拉伯数字表示，有时为了分析方便，也把数字区放在图的下面。为了方便读图，利于理解电路工作原理，还常在图面区域对应的原理图上方标明该区域的元件或电路的功能，以方便阅读分析电路。

3. 继电器、接触器触头位置的索引

电气原理图中，在继电器、接触器线圈的下方注有该继电器、接触器相应触头在图中位置的索引代号，索引代号用图面区域号表示。其中左栏为常开触头所在图区号，右栏为常闭触头所在图区号。

4. 电气图中技术数据的标注

电气图中各电气元器件的相关数据和型号，常在电气原理图中电气元件文字符号下方标注出来。如图 5-64 中热继电路器文字符号 FR 下方标有 $\dfrac{6.8\sim11}{8.4}\text{A}$，$6.8\sim11$ 为该热继电器的动作电流值范围，而 8.4A 为该继电器的整定电流值。

三、电气元件布置图

电气元件布置图是用来表明电气原理图中各元器件在控制板上的实际安装位置，采用简化的外形符号而绘制的一种简图。它不表达电器的具体结构、作用、接线情况以及工作原理，主要用于电气元件的布置和安装。图中各电器的文字符号必须与电路图和接线图的标注相一致。电气元件的布置应注意以下几方面：

① 体积大和较重的电气元件应安装在电气安装板的下方，而发热元件应安装在电气安装板的上方；

② 强电、弱电应分开，弱电应屏蔽，防止外界干扰；

③ 需要经常维护、检修、调整的电气元件安装位置不宜过高或过低；

④ 电气元件的布置应考虑整齐、美观、对称，外形尺寸与结构类似的电器安装在一起，以利安装和配线；

⑤ 电气元件布置不宜过密，应留有一定的间距，如用走线槽，应加大各排电器间距，以利布线和维修。

电气元件布置图根据电气元件的外形尺寸绘出，并标明各元器件间距尺寸。控制盘内电气元件与盘外电气元件的连接应经接线端子进行，在电气布置图中应画出接线端子板并按一定顺序标出接线号，如图 5-65 所示。

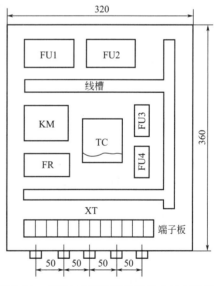

图 5-65　CW6132 型车床控制盘电气布置图

四、安装接线图

安装接线图是根据电气设备和电气元件的实际位置和安装情况绘制的，用来表示电气设备和电气元件的位置、配线方式和接线方式的图形，主要用于安装接线、线路的检查维修故障处理。通常接线图与电气原理图和元器件布置图一起使用。接线图表示出项目的相对位

置、项目代号、端子号、导线号、导线型号、导线截面等内容。接线图中的各个项目采用简化外形表示，简化外形旁应标注项目代号，并应与电气原理图中的标注一致。

电气接线图的绘制原则是：

① 各电气元器件均按实际安装位置绘出，元器件所占图面按实际尺寸以统一比例绘制；

② 一个元器件中所有的带电部件均画在一起，并用点画线框起来，即采用集中表示法；

③ 各电气元器件的图形符号和文字符号必须与电气原理图一致，并符合国家标准；

④ 各电气元器件上凡是需接线的部件端子都应绘出，并予以编号，各接线端子的编号必须与电气原理图上的导线编号相一致；

⑤ 绘制安装接线图时，走向相同的相邻导线可以绘成一股线。

根据上述原则绘制与图 5-65 对应的电器箱外连部分电气安装接线图，如图 5-66 所示。

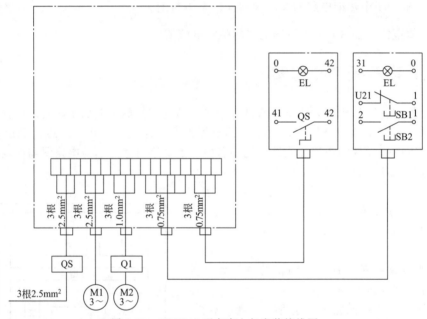

图 5-66 CW6132 型车床电气安装接线图

电动机基本控制线路的安装步骤：

① 识读电路图，明确线路所用电气元件及其作用，熟悉线路的工作原理；

② 根据电路图或元件明细表配齐电器元件，并进行检验；

③ 根据电气元件选配安装工具和控制板；

④ 根据电路图绘制布置图和接线图，按要求在控制板上固装电气元件；

⑤ 根据电动机容量选配主电路导线的截面，控制电路导线一般采用截面为 $1mm^2$ 的铜芯线，按钮线一般采用截面为 $0.75mm^2$ 的铜芯线，接地线一般采用截面不小于 $1.5mm^2$ 的铜芯线；

⑥ 根据接线图布线，同时将剥去绝缘层的两端线头套上标有与电路图相一致编号的编码套管；

⑦ 安装电动机；

⑧ 连接电动机和所有电气元件金属外壳的保护接地线；

⑨ 连接电源、电动机等控制板外部的导线；

⑩ 自检；

⑪ 交验；

⑫ 通电试车。

【任务实施】

① 三相异步电动机的点动控制的接线和操作。
② 三相异步电动机电气原理图识读。
③ 整理：操作结束，整理检查设备及工具。
④ 记录实训操作情况。

【任务思考】

电动控制安装接线过程中，主电路和控制电路接线顺序有什么要求？

【任务评价】

电气原理图识图基础技能考核标准

考核项目	考核点		检测标准	配分	得分	备注
电气原理图识图基础技能	职业技能考核（80分）	检查准备工作	(1)整理好所需工具 (2)检查所需设备安全运行情况,是否可靠接地	20		实际操作结合职业素质
		三相异步电动机的点动控制的接线及操作	(1)说出常见元件图形符号、文字符号的意义 (2)根据电气原理图进行实际电路接线	30		
		电气控制原理图识图及绘制	(1)进行电气控制原理图识图 (2)对典型电气控制电路进行绘制	30		
	素质考核（20分）	学习态度	认真学习理论知识,积极参与实践操作,认真完成作业,善于记录、总结	10		
		团结协作	分工合作、团结互助,并起带头作用	10		

【知识拓展】

单向全压启动控制电路图常用布置顺序，如图 5-67 所示。

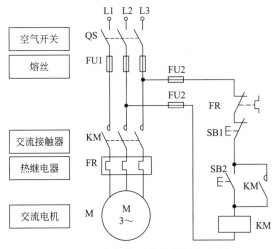

图 5-67 单向全压启动控制电路图

第六章
殡葬烟气净化设备及冷冻冷藏设备

第一节 尾气后处理设备原理

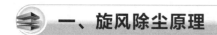 **一、旋风除尘原理**

1. 工作原理

旋风除尘器的工作原理如图 6-1 所示。含尘气体从入口导入除尘器的外壳和排气管之间，形成旋转向下的外旋流。悬浮于外旋流的粉尘在离心力的作用下移向器壁，并在重力作用下随外旋流转到除尘器下部，由排尘孔排出。净化后的气体形成上升的内旋流经排气管排出。

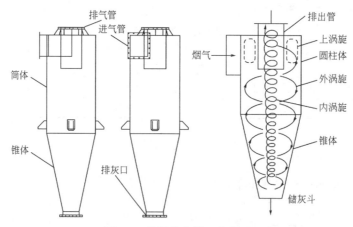

图 6-1 旋风除尘器工作原理

旋风除尘器由进气管、排气管、圆筒体、圆锥体和灰斗组成。旋风除尘器结构简单，易于制造、安装和维护管理，设备投资和操作费用都较低，已广泛用于从气流中分离固体和液体粒子，或从液体中分离固体粒子。在普通操作条件下，作用于粒子上的离心力是重力的 $5\sim2500$ 倍，所以旋风除尘器的效率显著高于重力沉降室。利用这一个原理基础成功研究出了一款除尘效率为 90% 以上的旋风除尘装置。在机械式除尘器中，旋风式除尘器是效率最高的一种。它适用于非黏性及非纤维性粉尘的去除，大多用来去除 $5\mu m$ 以上的粒子，并联的多管旋风除尘器装置对 $3\mu m$ 的粒子也具有 $80\%\sim85\%$ 的除尘效率。选用耐高温、耐磨蚀和耐腐蚀的特种金属或陶瓷材料构造的旋风除尘器，可在温度高达 $1000℃$、压力达 $500\times10^{5}Pa$ 的条件下操作。从技术、经济诸方面考虑，旋风除尘器压力损失控制范围一般为 $500\sim2000Pa$。因此，它属于中效除尘器，且可用于高温烟气的净化，是应用广泛的一种除尘器，多应用于锅炉烟气除尘、多级除尘及预除尘。它的主要缺点是对细小尘粒（$<5\mu m$）的去除效率较低。

2.应用范围及特点

旋风除尘器适用于净化大于 $5\sim10\mu m$ 的非黏性、非纤维的干燥粉尘。它是一种结构简单、操作方便、耐高温、设备费用和阻力较低（$80\sim160\text{mmHg}$）的净化设备。旋风除尘器在净化设备中应用得最为广泛。

二、烟气脱酸原理

遗物焚烧过程产生的烟气中含有大量的污染物，如 HCl、SO_x、NOCO、重金属（Pb，Hg）和二噁英等。为了避免上述危害物质进入人类的生存环境，必须对烟气进行深度净化处理并达标排放。

1.烟气脱酸工艺

图 6-2 为烟气脱酸流程图。烟气脱酸工艺主要有干法、半干法、湿法三大类，以下分别予以简单介绍。

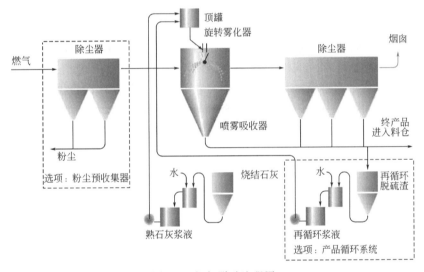

图 6-2　烟气脱酸流程图

（1）干法处理工艺　干法处理工艺是将石灰粉通过喷射系统喷入反接触反应器，生成固态化合物，再由除尘器将其与飞灰一起捕集下来。飞灰属于危险废物，经排灰收集系统收集后需要进行稳定化处理。干法与袋式除尘器的基本组合工艺为垃圾焚烧厂典型的烟气净化工艺之一。

（2）半干法处理工艺　半干法工艺是将一定浓度的石灰浆液喷入反应塔与酸性气体反应，并通过喷水量控制反应温度。在吸收、中和反应过程中将水分蒸发，较大颗粒的飞灰沉降到反应塔底部排出，细微颗粒飞灰经除尘器捕集后进行稳定化处理。采用雾化石灰浆作反应剂，化学反应效果明显优于干法，其中石灰干粉的用量一般为理论用量的 2 倍，净化效率达 $95\%\sim99\%$，但对重金属、二噁英等有机物的吸附能力仍然有限，因此需要在系统中加入活性炭，以增强对重金属和二噁英等污染物的捕集能力，故采用配置活性炭喷入装置的组合方法。

（3）湿法处理工艺　湿法净化工艺通常是先采用静电除尘器除尘，再进入骤冷器将烟气温度降至 $60\sim70℃$ 后，进入湿式洗涤塔，进行碱液洗涤，去除烟气中的酸性污染物，以避免气体酸性腐蚀作用。净化气体一般需加热到 $160\sim180℃$，再由引风机经烟囱排入大气。

洗涤液通常为石灰浆液或氢氧化钠浆液。若采用石灰浆液，则石灰的用量为理论用量的 1.2 倍，对 HCl 的去除率可达 99％以上。从洗涤塔排出的废水需经处理后排放，同时产生的污泥也需妥善处置。

2. 工艺流程

结合以上各工艺特点，设计一套对烟气深度脱除的组合工艺，该工艺采用"半干法＋干法"脱酸工艺及"SNCR＋低温 SCR"脱酸工艺，其烟气排放标准满足欧盟 2000 标准，是一种高效的处理工艺。下面介绍这两种工艺。

（1）"半干法＋干法"脱酸工艺　余热锅炉出口的烟气温度为 180～220℃，通过烟道进入旋转喷雾脱酸塔的上部。烟气在进入旋转喷雾脱酸塔后，与高速旋转喷雾器喷入的 CaOH 浆液进行充分混合，烟气中的 SO、HCl 等酸性气体与 CaOH 进行中和反应后被去除，同时，烟气温度被进一步降低到 155℃左右。经过处理的烟气经旋转喷雾脱酸塔的下部，通过连接烟道进入袋式除尘器。从脱酸塔出来后，烟气冷却至约 155℃后进入袋式除尘器。在袋式除尘器和脱酸塔之间的烟道上设有碳酸氢钠喷射装置和活性炭喷射装置，喷射出来的碳酸氢钠粉末与烟气中的酸性气体发生中和反应，确保酸性气体的达标排放。

在半干法的基础上增加干法工艺，进一步去除酸性气体，且干法选用碳酸氢钠作为吸附剂，较石灰具有更高的酸性气体去除效果。

（2）"SNCR＋低温 SCR"脱硝工艺　SNCR 脱氮工艺采用 CO(NH$_2$)$_2$（尿素）溶液作为还原剂，将其喷入焚烧炉内。NO 在高温下被还原为 N 和 H$_2$O。尿素经过尿素溶液配制间，配制成浓度约 40％的尿素溶液，通过溶液输送泵送至混合器。在混合器内，尿素溶液进一步被水稀释成 5％的稀溶液。稀释后的溶液被压缩空气雾化，并经喷嘴喷入炉膛内，与烟气中的 NO 反应。

SCR 脱氮工艺采用低温 SCR 技术，其中催化剂层采用低温催化剂，载体物质为 TiO$_2$，活性物质为 Mn、Fe 等金属氧化物。反应温度在 150℃左右时，NO 去除率可达 80％以上。反应区间在布袋除尘器之后，可避免飞灰中的 K、Na、Ca 等微量元素对催化剂的污染或中毒，缓解 SO$_2$ 引起的催化剂失活和催化剂寿命减少。因此在烟气进入 SCR 反应器前，无需对烟气加热，从而大大降低了能源的消耗，降低了成本。最终可确保排放烟气中的 NO 浓度满足欧盟 2000 的排放要求。

三、活性布袋除尘原理

1. 滤尘原理

布袋除尘器是一种干式滤尘装置。滤料使用一段时间后，由于筛滤、碰撞、滞留、扩散、静电等效应，滤袋表面积聚了一层粉尘，这层粉尘称为初层。在此以后的运动过程中，初层成了滤料的主要过滤层，依靠初层的作用，网孔较大的滤料也能通过布袋除尘器获得较高的过滤效率。随着粉尘在滤料表面的积聚，除尘器的效率和阻力都相应地增加，当滤料两侧的压力差很大时，会把有些已附着在滤料上的细小尘粒挤压过去，使除尘器效率下降。另外，除尘器的阻力过高，会使除尘系统的风量显著下降。因此，除尘器的阻力达到一定数值后，要及时清灰。清灰时不能破坏初层，以免效率下降。

2. 设备结构

布袋除尘器高的除尘效率是与它的除尘机理分不开的。含尘气体由除尘器下部进气管道，经导流板进入灰斗时，由于导流板的碰撞和气体速度的降低等作用，粗粒粉尘将落入灰斗中，其余细小颗粒粉尘随气体进入滤袋室。由于滤料纤维及织物的惯性、扩散、阻隔、钩挂、静电等作用，粉尘被阻留在滤袋内，净化后的气体逸出袋外，经排气管排出。滤袋上的积灰用气体逆洗法去除，清除下来的粉尘下到灰斗，经双层卸灰阀排到排灰装置（图6-3）。滤袋上的积灰也可以采用喷吹脉冲气流的方法去除，从而达到清灰的目的，清除下来的粉尘由排灰装置排走。袋式除尘器的除尘效率高与滤料是分不开的，滤料性能和质量的好坏，直接关系到布袋除尘器性能的好坏和使用寿命的长短，而过滤材料是制作滤袋的主要材料，它的性能和质量是促进袋式除尘的技术进步，影响其应用范围和使用寿命。

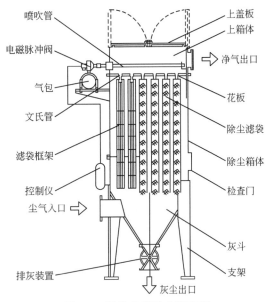

图6-3　活性布袋除尘流程图

3. 除尘流程

过滤式除尘装置包括袋式除尘器和颗粒层除尘器，前者通常利用有机纤维或无机纤维织物做成的滤袋作过滤层，而后者的过滤层多采用不同粒径的颗粒，如石英砂、河砂、陶粒、矿渣等。伴着粉末重复地附着于滤袋外表面，粉末层不断地增厚，布袋除尘器阻力值也随之增大；脉冲阀膜片发出指令，左右淹没时脉冲阀开启，高压气包内的压缩空气通了，如果没有灰尘或是少到一定的程度，机械清灰工作会停止工作。

低压脉冲袋式除尘器的气体净化方式为外滤式。含尘气体由导流管进入各单元过滤室，由于设计中滤袋底离进风口上口垂直距离有足够、合理的气流，通过适当导流和自然流向分布，达到整个过滤室内空气分布均匀，含尘气体中的颗粒粉尘通过自然沉降分离后直接落入灰斗，其余粉尘在导流系统的引导下，随气流进入中箱体过滤区，吸附在滤袋外表面。过滤后的洁净气体透过滤袋，经上箱体、排风管排出。

滤袋采用压缩空气进行喷吹清灰，清灰机构由气包、喷吹管和电磁脉冲控制阀等组成。过滤室内每排滤袋出口顶部装配有一根喷吹管，喷吹管下侧正对滤袋中心设有喷吹口，每根喷吹管上均设有一个脉冲阀并与压缩空气气包相通。清灰时，电磁阀打开脉冲阀，压缩空气经由清灰控制装置（差压或定时、手动控制）按设定程序打开电磁脉冲阀喷吹，压缩气体以极短的时间按次序通过各个脉冲阀，经喷吹管上的喷嘴诱导数倍于喷射气量的空气进入滤袋，形成空气波，使滤袋由袋口至底部产生急剧的膨胀和冲击振动，造成很强的清灰作用，抖落滤袋上的粉尘。

4. 脉冲除尘器的特点

① 采用分室停风脉冲喷吹清灰技术，克服了常规脉冲除尘器和分室反吹除尘器的缺点，清灰能力强，除尘效率高，排放浓度低，漏风率小，能耗少，钢耗少，占地面积少，运行稳定可靠，经济效益好，适用于冶金、建材、水泥、机械、化工、电力、轻工等行业的含尘气体的净化与物料的回收。

② 由于采用分室停风脉冲喷吹清灰，喷吹一次就可达到彻底清灰的目的，所以清灰周期延长，降低了清灰能耗，压气耗量可大为降低。同时滤袋与脉冲阀的疲劳程度也相应减

低，从而成倍地提高滤袋与阀片的寿命。

③ 检修换袋可在不停系统风机，系统正常运行条件下分室进行。滤袋袋口采用弹性胀圈，密封性能好，牢固可靠。滤袋龙骨采用多角形，减少了袋与龙骨的摩擦，延长了袋的寿命，又便于卸袋。

④ 采用上部抽袋方式，换袋时抽出骨架后，脏袋投入箱体下部灰斗，由人孔处取出，改善了换袋操作条件。

⑤ 箱体采用气密性设计，密封性好，检查门用优良的密封材料，制作过程中以煤油检漏，漏风率很低。

⑥ 进、出口风道布置紧凑，气流阻力小。

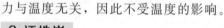

四、活性炭吸附原理

1. 吸附原理

活性炭吸附技术在国内用于医药、化工和食品等工业的精制和脱色已有多年历史，20世纪70年代开始用于工业废水处理。活性炭吸附法已逐步成为工业废水二级或三级处理的主要方法之一。

吸附是一种物质附着在另一种物质表面上的缓慢作用过程。吸附是一种界面现象，其与表面张力、表面能的变化有关。引起吸附的推动能力有两种，一种是溶剂水对疏水物质的排斥力，另一种是固体对溶质的亲和吸引力。废水处理中的吸附，多数是这两种力综合作用的结果。活性炭的比表面积和孔隙结构直接影响其吸附能力，在选择活性炭时，应根据废水的水质通过试验确定。此外，灰分也有影响，灰分越小，吸附性能越好；吸附质分子的大小与炭孔隙直径越接近，越容易被吸附；吸附质浓度对活性炭吸附量也有影响，在一定浓度范围内，吸附量是随吸附质浓度的增大而增加的。另外，水温和pH值也有影响，吸附量随水温的升高而减少，随pH值的降低而增大，故低水温、低pH值有利于活性炭的吸附。

2. 活性炭的吸附作用

吸附是指液体或气体附着集中于固体表面的作用，一般的活性炭都有这种作用。吸附与吸收不同，吸收是指让液体或气体进入固体的内部原子结构中，但活性炭并不具备这样的能力，它的吸附作用只是一个表面现象，所以只发生于它的表面。

吸附作用的形成，主要来自伦敦色散力，这也是另一种范德华力的表现形式。此种力普遍存在于不具有永久性偶极矩的分子之间，是一种自然的吸引力。只要分子足够靠近，都会很自然地产生这种作用力。凡是能利用此种力把物质吸住的作用，称为物理吸附。此种作用力与温度无关，因此不受温度的影响。

3. 活性炭

活性炭（图6-4）是一种很细小的炭粒，有很大的表面积，而且炭粒中还有更细小的孔——毛细管。这种毛细管具有很强的吸附能力，由于炭粒的表面积很大，所以能与气体（杂质）充分接触，当这些气体（杂质）碰到毛细管即被吸附，起净化作用。活性炭的表面积是非常重要的，活性炭的比表面积检测数据只有采用BET方法检测出来的结果才是真实可靠的，国内外制定的比表面积测定标准都是以BET测试

图6-4 活性炭

方法为基础的，我国的国家标准为 GB/T 19587—2004。

五、空气热交换

1. 热交换原理

① 空气热交换工作原理是将室外新鲜气体经过过滤、净化、热交换处理后送进室内，同时又将室内受污染的有害气体进行热交换处理后排出室外，而室内的温度基本不受新风的影响，如图 6-5 所示。

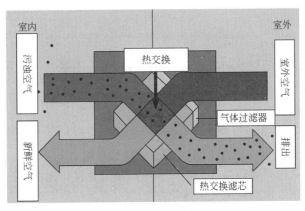

图 6-5　空气热交换原理

② 全热交换器的核心器件是全热交换芯体，室内排出的污浊空气和室外送入的新鲜空气既通过传热板交换温度，同时又通过板上的微孔交换湿度，从而达到既通风换气又保持室内温、湿度稳定的效果，这就是全热交换过程。当全热交换器在夏季制冷期运行时，新风从排风中获得冷量，使温度降低，同时被排风干燥，使新风湿度降低；在冬季运行时，新风从排风中获得热量，使温度升高，同时被排风加湿。

③ 全热交换器主要由热交换系统、动力系统、过滤系统、控制系统、降噪系统及箱体组成。

2. 热交换系统

目前，全热交换器采用的热交换器有静止和旋转两种形式，其中转轮式热交换器也属于旋转式类型。从正常使用和维护角度出发，静止式优于旋转式，但对大于 $2 \times 10^4 \, \mathrm{m^3/h}$ 的大型机来说，一般只能靠转轮式热交换器才能实现，因此可以说静止式和旋转式各有优缺点。

为了易于布置设备内的气流通道，以缩小整机体积，全热交换器采用了叉流、静止板式热交换器。亦即冷热气体的运动方向相互垂直，其气流属于湍流边界层内的对流换热性质，充分的热交换可以达到较高的节能效果。

3. 动力系统

全热交换器动力部分采用的是高效率、降噪声风机。将经过过滤、净化和热交换处理后的室外新鲜空气强制性送入室内，同时把经过过滤、净化和热交换处理后的室内有害气体强制性排出室外。

4. 过滤系统

全热交换器的过滤系统分为初效、中效、亚高效和高效四种过滤器。换气机在两个进风口处分别设置空气过滤器，可有效过滤空气中的灰尘粒子、纤维等杂质，有效地阻止室外空气中的尘埃等杂质进入室内，达到净化的目的，并确保主机的热交换部件不被污物附着而影响设备性能。

5. 控制系统

① 全热交换器选用可靠的电气组件，以安全、可靠、长寿命地运行，实现不同风量的控制。

② 根据不同的使用环境选配不同的控制方式。

③ 可实现自动、定时、预置等功能。

6. 降噪系统

全热交换器主机外壳内侧粘贴聚乙烯发泡材料，钣金件结合处有长效密封材料，可有效地降低整机的噪声。

7. 外壳

全热交换器外壳采用柜架结构，分别采用冷板喷塑、不锈钢板等不同材质，亦可根据用户实际需求选择不同材质加工。

8. 全热交换器的功能

① 过滤净化空气，保证室内的空气品质。

② 保证室内的冷热负荷（温度）基本不受新风的影响。

（1）双向换气 室内外双向换气，新风和污风等量置换，根据客户要求可实现正负压操作新风和排风完全隔开，彻底避免交叉感染发生。

（2）过滤处理 配置不同的过滤材料，新风过滤处理，可有效净化空气。符合建筑法规要求，配装不同的过滤器可有效阻止灰尘和有害气体等污染物进入室内。根据洁净度要求，可配置中、高效过滤器。

（3）高效节能 内置静止热交换器，热交换效率大于70%，冷热负荷（室温）不受新风影响，大幅度降低新风处理所需能量，实现高效节能。

（4）应用简便 多种机型，适合从 $15m^2$ 到 $1100m^2$ 的建筑单元，一体化结构，内置热交换器、双风机、过滤器，只需接通电源和风口（道）即可使用，不但简化设计，而且适应各种改造工程。

（5）安全可靠 低噪声风机和内部降噪处理，防止了对现场的干扰。整机除风机外无运动部件，几乎无需维护，可确保长期稳定、可靠工作。

（6）低费用高效益 替代新风处理设备，不必单设操作间，可减少设备投资和建筑面积。利用热回收技术节能降耗，大幅度降低运行费用，节约新风处理能耗30%以上。无冷热源供应，一体化结构减少了维护工作量，节能人工费。

其优点：

① 有高的热回收效率（70%～80%）；

② 可以用比例调节转轮回转速度来调节转轮效率，以适应不同室内外空气参数（如过渡季和冬季）的情况；

③ 因转轮交替逆向进风，故有自净作用，不易被尘埃等阻塞。

其缺点：

① 当排风和进风的压力差大时，通过分隔板密封圈有少量空气泄漏（可用送风压入、排风吸出法避免该情况出现）；

② 和其他热回收装置一样，要求把新风和排风集中在一起，有时给系统布置带来一定困难。

由于全热交换器市场现仍处于市场发育期，不少相关用户仍采用单向排风、有组织或无组织送风的方式，或干脆采用自然通风，这在某些条件下是合适的，但如果被处理的房间远离户外大气或无法有效进行室内外空气交换，就应采用全热交换器，因其不仅可解决以上远距离通风问题，而且可有效组织气流、回收热能，达到节能换气的目的。

 ## 六、二噁英的产生及消除原理

1. 二噁英的产生

氯代二苯并二噁英（PCDDS）和氯代二苯并呋喃（PCDFS）通常总称为氯代二噁英或二噁英类。它们是三环氯代芳香化合物，具有相似的物化性质和生物效应，主要来源于焚烧和化工生产，前者包括氯代有机物或无机物的热反应，如城市废弃物、医院废弃物及化学废弃物的焚烧，钢铁和某些金属冶炼以及汽车尾气排放等，后者主要来源于氯酚、氯苯、多氯联苯及氯代苯氧乙酸除草剂等生产过程，制浆造纸中的氯化漂白及其他工业生产中。其75个 PCDD 和135个 PCDF 同类物中，只是侧位（2,3,7,8-位）被氯取代的化合物才具有很强的毒性，尤以 2,3,7,8-四氯二苯并二噁英（TCDD）为甚，被认为是最毒的有机化合物。

2. 二噁英的生成机理

二噁英的生成机理，特别是城市废弃物焚烧过程中的生成机理，已成为二噁英研究内容中的重要组成部分。人们普遍认为 PCDD/FS 既可由碳和无机氯化物在金属催化剂存在的条件下生成，也可由 PCDD/FS 的前生体有机氯化物产生。从目前的研究来看，在城市废弃物焚烧过程中二噁英的生成有以下几种原因：

① 焚烧了含有微量 PCDD 垃圾，在排出废气中含有 PCDD；

② 在有两种或多种有机氯化物（如氯酚）存在的情况下，由于二聚作用，在适当的温度和氧气条件下就会结合成 PCDD；

③ 多氯化二酚、多氯联苯等一类化合物的不完全燃烧生成 PCDD；

④ 由于氯及氯化物的存在，破坏了碳氢化合物（芳香族）的基本结构，而与木质素，如木材、蔬菜等废弃物相结合，促使生成 PCDD、PCDF（多氯二苯呋喃）的化合物。

一般认为在低于 900℃ 焚烧 PCB 时会产生二噁英，而二噁英在 700℃ 以下对热稳定，高温时开始分解。

3. 二噁英的消除方法

（1）二噁英的降解

① 二噁英在有机溶剂中的光降解

a. 二噁英在氯仿中的光降解　二噁英具有极强的化学稳定性，难以化学分解和生物降解，光降解可能是环境中二噁英转化的重要途径。一般认为二噁英在水中溶解度极小，光降解速率也很低，但在有机溶剂中光降解时，反应速率较大，主要降解机理为脱氯反应，符合一级反应动力学方程。降解速率与有机溶剂极性和给予氢能力有关。这是二噁英降解最快的体系之一。

b. PCDDS 在四氯化碳中的紫外光降解　一般认为，溶液中必须存在着氢给予体，PCDDS 的光降解才能进行。有机溶剂中典型的降解过程为脱氯反应，实验证实，在 CCl_4 这种不含氢给予体的溶剂中，PCDDS 也能发生光化学反应并降解生成氯代苯。PCDDS 在 CCl_4 中的紫外光降解速率很快，在实验条件下 PCDDS 消失 95% 的时间约为 4～8min。

② 二噁英的微生物降解　如今二噁英的微生物降解颇受重视，被认为是一种成本低、见效快的生物治理方法，但该技术在消除二噁英污染上未取得突破性进展。从所试用的菌类结果来看，一氯代二噁英比较容易降解，二至四氯代二噁英能够降解，但降解量很少。随

着氯原子数目的增加，降解更为困难。所以微生物降解法还处于一个试验阶段，还不成形。

（2）二噁英的抑制（图 6-6）

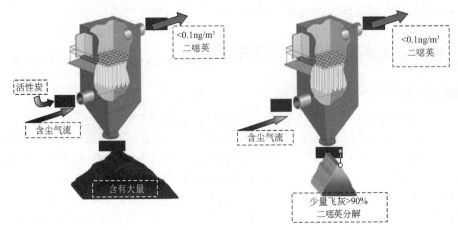

图 6-6　二噁英的抑制原理

第二节　尾气后处理设备组成及操作

尾气后处理设备分为机械部分和电气部分两大系统。

一、机械部分

机械部分主要包括综合降温系统、布袋除尘系统、中和处理系统、净气排放系统等四部分。图 6-7 为四代尾气总体结构示意图。

1. 综合降温系统

该系统包括进气口、超导热管组单元、轴流风机、余热回收口、淹没式电磁阀组、平板振动器组、星型卸料器组、绞龙减速机等。图 6-8 为综合降温系统结构示意图。

（1）增加余热回收系统　此系统可收集余热并将热能传递至燃烧设备，使热能得到二次利用，将进入炉内的空气预加热到 150℃，使火化机或焚烧炉有效节能 30%，将温度由 560℃降至 400℃，也充分体现了可持续发展的理念。

（2）应用军工技术超导热管　超导热管的应用推翻了以往降温使用风冷、水冷的理念，用于吸收烟气携带的热能，可将烟气的温度由 400℃降低到 150℃，提高了降温效率。

2. 布袋除尘系统

该系统包括滤袋组单元、反吹电磁阀组单元、平板振动器组、星型卸料器组、压力检测、温度检测、清灰输送装置等。图 6-9 为布袋除尘系统结构示意图。

（1）初级过滤室　此级过滤主要处理烟气中混杂的颗粒以及附带的油滴和烟雾，采用铁铝纤维丝网过滤器，主要针对粒径≥100～150μm 的粉尘颗粒，达到一级过滤效果。

（2）二级过滤室　此功能室可对烟气中的颗粒进行二次过滤并拦截明火，防止明火进入袋式除尘器中损坏布袋。功能组件采用新型材料铁铬铝纤维烧结毡，过滤精度为 100μm，可对烟气中的明火进行 100%拦截。

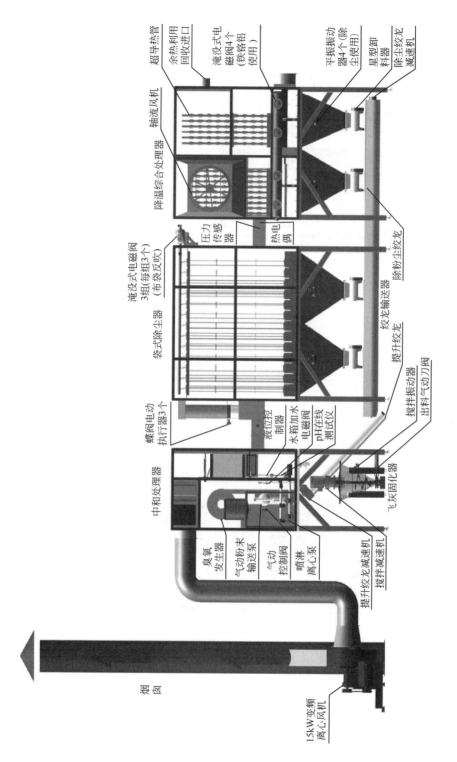

图6-7 四代尾气总体结构示意图

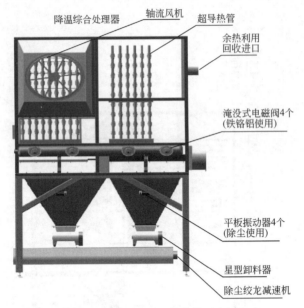

图 6-8 综合降温系统结构示意图

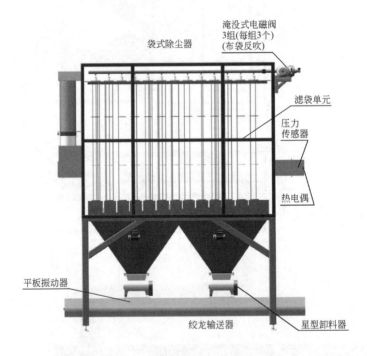

图 6-9 布袋除尘系统结构示意图

布袋除尘器的工作原理如下。

（1）进口烟气温度 布袋除尘器正常连续运行温度范围为 90～180℃。

火化炉点火（烘炉）时，炉温较低，烟气进入布袋有结露的危险，导致腐蚀滤料，此时应关闭各仓室的提升阀，打开旁通阀，烟气先走旁路系统。

当入口烟气温度低于 90℃时，如同火化炉点火工况，烟气也走旁路。

火化炉超负荷运行时，烟气温度很高，超过布袋承受的温度范围（90～180℃），或承受瞬时高温时间超出其规定的累积时间，为了保护滤袋的使用寿命，应立即关闭各仓室的提升阀，打开旁通阀，将烟气先走旁路系统。

系统设有高温报警和联锁，只有入口烟气温度高于165℃时才能走旁路。

（2）进出口压差　除尘器运行时，差压达到设定值（1.2kPa）时，按设置的程序自动清灰。

为了保证除尘器的差压稳定，清灰间隔根据差压情况进行调整。

系统同时设有定时清灰模式。观察差压变化情况，如果差压上升很快，马上大于设定值，则缩短清灰间隔；如果长时间小于设定值，则延长喷吹间隔。

（3）定时控制　布袋除尘器进行过滤工作，经一段时间后，进行脉冲清灰控制工作。其工作过程如下：假设第一室有18个脉冲阀，则其编号为1♯、2♯、3♯、4♯、5♯、…、18♯。动作顺序为第1♯阀喷吹（喷吹时间为0.02～0.2s可调），完毕后经过1～60s（喷吹间隔时间可调，即阀与阀之间喷吹间隔分为1s、2s、…、60s。）另一个阀喷吹。即1♯、2♯、3♯、…、18♯，然后再回到1♯阀……往复无止地循环（时序控制）。脉冲阀的喷吹间隔根据滤袋积灰情况，也即按阻力变化情况来判定是否合适。

选择时序清灰时，时序清灰时钟开始计时，当到达设定的时间值时，开始第一轮清灰，然后清灰时钟重新计时。密切关注差压显示值，将压差值稳定在1.2kPa左右，如果压差值大于1.2kPa，则缩短清灰间隔。一轮清灰完成后时钟清零，要等清灰时钟再次到达设定的时间值时才开始下一轮清灰。

3. 中和处理系统

该系统包括电动执行器单元、臭氧发生器、气动粉末输送泵、气动阀组、离心泵组、自动加水系统、酸碱度（pH）检测装置、提升输送装置、物料搅拌器、物料固化及出料装置等。图6-10为中和处理系统结构示意图。

（1）工作原理　烟气在处理器中与氧化性气体充分反应，生成易溶于水的酸性气体，气体溶于水后与碱粉通过耐酸碱鲍尔环填料充分接触，完成中和反应，经反应后的废水达标，再经过收水器和除雾器后排放。

（2）除污原理

① 臭氧与二氧化硫（国标限值30mg/m³）反应生成三氧化硫，极易溶于水。

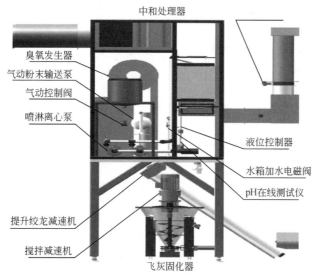

图 6-10　中和处理系统结构示意图

② 臭氧与氮氧化物（国标限值 200mg/m³）反应为

$$NO+O_3 \longrightarrow NO_2+O_2$$
$$NO_2+O_3 \longrightarrow NO_3+O_2$$
$$NO_3+NO_2 \longrightarrow N_2O_5$$
$$NO_2+O \longrightarrow NO_3$$

生成物中 NO_3、N_2O_5 极易溶于水。

烟囱

15kW变频离心风机

图 6-11　净气排放系统
结构示意图

③ 臭氧与一氧化碳（国标限值 150mg/m³）反应生成二氧化碳和氧气。

④ 臭氧与汞（国标限值 0.1mg/m³）反应生成氧化汞，遇酸溶解生成盐类。

⑤ 中和反应为

$$Na_2CO_3+H_2SO_4=Na_2SO_4+H_2O+CO_2 \uparrow$$

4. 净气排放系统

该系统包括引风机、净气输送管道、噪声消除装置等。图 6-11 为净气排放系统结构示意图。

5. 尾气处理设备和总体技术参数（举例）

（1）型号　HT-WQ-IV 型

（2）规格　总体安装尺寸为：长 9500×宽 3200×高 5312（mm），含袋式除尘器安全护栏与工作平台。

（3）连接方式　总成宽度、高度统一，进气口、出气口统一尺寸及高度，实现法兰对接，无需管道连接。

（4）变频风机功率：15kW；压力：4169～5956Pa；流量：6580～7155m³。

（5）空压机功率　7.5kW。

（6）降温轴流风机功率：4kW；流量：40000m³。

（7）臭氧发生整套设备功率　3.5kW。

（8）除尘效率　99%。

（9）脱氮氧化物率　100%。

（10）烟气处理量　5000m³/h。

（11）自动除渣系统功率　2.2kW

（12）固化系统功率　1.1kW。

（13）内胆　316L 不锈钢板。

（14）外观材质　金属模压成型，高温喷塑。

二、电气部分

电气部分主要包括组态控制、电气原理、远程监控系统三部分。

1. 组态控制

该系统（图 6-12）包括自动控制、手动控制、四组压力数据监测、四组温度数据监测、pH 值数据监测、系统报警提示、引风机频率设定、转速显示、电流及电压显示、电机功率及运行时间显示、各个电机及阀组的运行状态显示、管路流程动态显示、系统日期、时钟显示等。

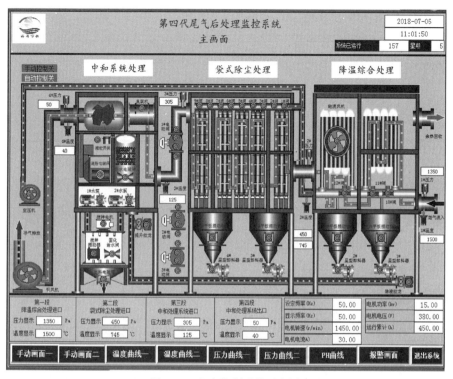

图 6-12 组态控制系统示意图

2. 电气原理

该图纸包括一次原理图、二次原理图、PLC 输入/输出原理图、模拟量输入原理图、变频控制原理图、电动阀控制原理图、电磁阀控制原理图、远程监控原理图等。

（1）一次原理图（图 6-13）

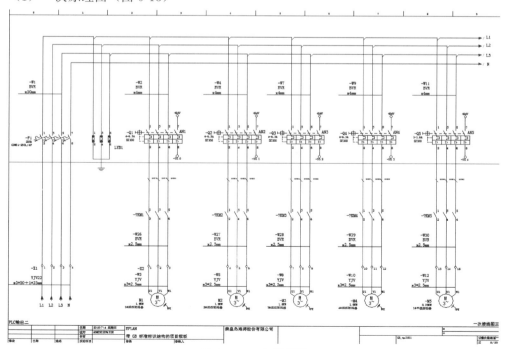

图 6-13 一次原理图

（2）二次原理图（图 6-14）

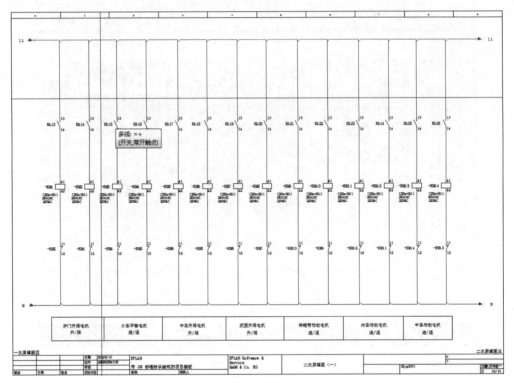

图 6-14　二次原理图

（3）PLC 输入原理图（图 6-15）

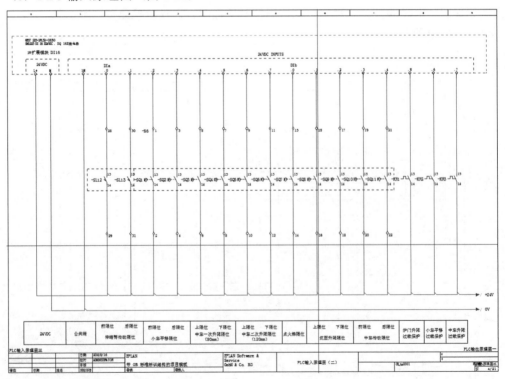

图 6-15　PLC 输入原理图

（4）PLC 输出原理图（图 6-16）

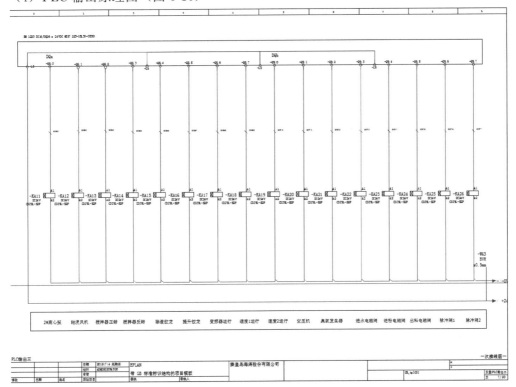

图 6-16　PLC 输出原理图

（5）模拟量输入原理图（图 6-17）

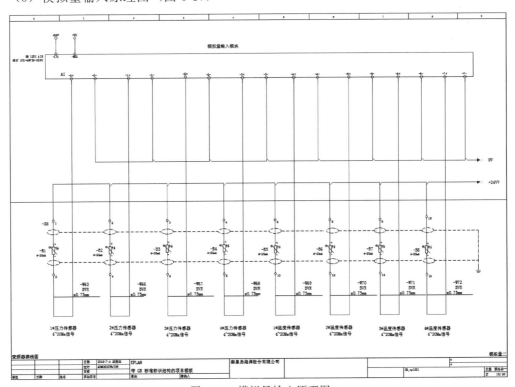

图 6-17　模拟量输入原理图

（6）变频控制原理图（图 6-18）

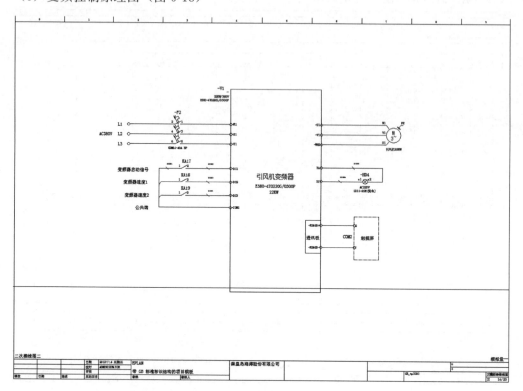

图 6-18　变频控制原理图

（7）电动阀控制原理图（图 6-19）

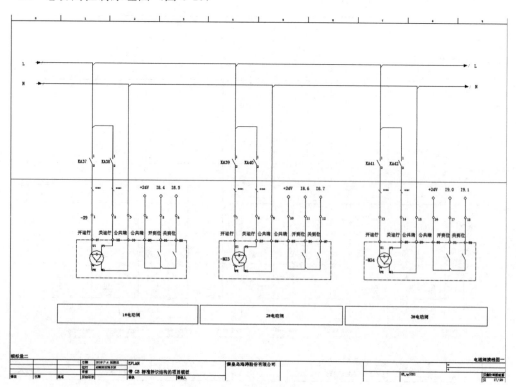

图 6-19　电动阀控制原理图

（8）电磁阀控制原理图（图 6-20）

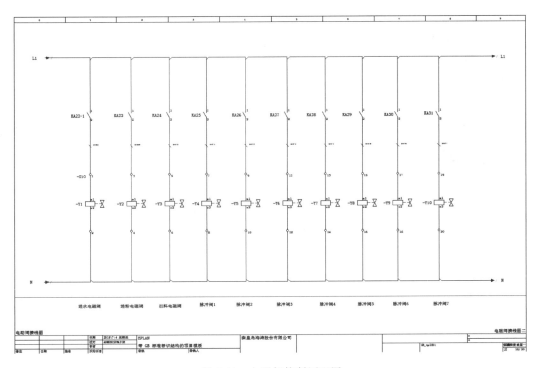

图 6-20 电磁阀控制原理图

3. 远程监控系统

该系统包括 MCGS TFT 人机界面、SIEMENS 可编程控制器单元、RS-485 通信模块、Modbus RTU 通信模块、Fbox-4G 物联网数据交互模块以及现场终端设备等组成。

（1）远程监控系统示意图（图 6-21）

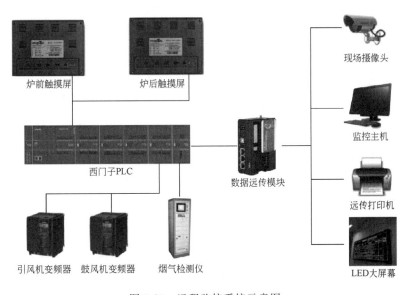

图 6-21 远程监控系统示意图

（2）远程监控系统配置说明

① 硬件一：Fbox-4G 物联网通信模块（图 6-22）

功能特点

图 6-22　Fbox-4G 物联网
通信模块示意图

Fbox-4G 物联网通信模块（以下简称模块）是一款在物联网平台上运行的智能网关，只需插入移动或联通 SIM 卡，即可自动连接平台。模块具有 RS-232 与 RS-485 接口，可以连接西门子、MCGS 等具有 Modbus 协议的 PLC、采集模块、触摸屏或者组态软件，实现无缝对接平台。可在 WEB 浏览器平台、手机 APP 随时随地观看设备的数据，实现电脑与手机双重监控。

＊　350＋工业协议接入，支持绝大部分工业设备连接。

＊　本地完成数据解析，将数据推送至云端服务器。

＊　支持边缘计算，可在本地进行数据运算。

＊　支持繁易（Fbox-4G）远程管理工具，支持远程配置、诊断。

＊　支持 PLC 程序上传、下载和监控。

＊　支持历史数据本地缓存。

规格参数

电气规格	
额定电压	DC 24V,可工作范围 DC 9～28V
额定功率	＜5W
电源保护	具备雷击浪涌保护
允许失电	＜3ms
CE&RoHS	符合 EN61000-6-2:2005,EN61000-6-4:2007 标准,符合 RoHS 要求;雷击浪涌±1kV;群脉冲±2kV;静电接触 4kV,空气放电 8kV
环境要求	
工作温度	−10～60℃
存储温度	−20～70℃
环境湿度	10%～90%RH(无冷凝)
抗振性	10～25Hz(X、Y、Z 方向 2g/30min)
冷却方式	自然风冷
其他	
机械结构	工程塑料
整机尺寸	130mm×94mm×48mm(不包括天线)
整机重量	约 400g
VPN 透传	支持
数据监控	500 点,支持定时上传或变化上传
报警推送	200 点,支持客户端推送、短信推送(每天免费 20 条)、微信公众号推送
历史数据	100 点,支持掉线续传,离线每点可存 5 万条,云端保留 180 天
边缘计算	支持脚本编程
网络协议	支持超过百种工业设备协议
管理与维护	支持远程升级固件,支持配置文件导入导出

端口说明

a.接线定义

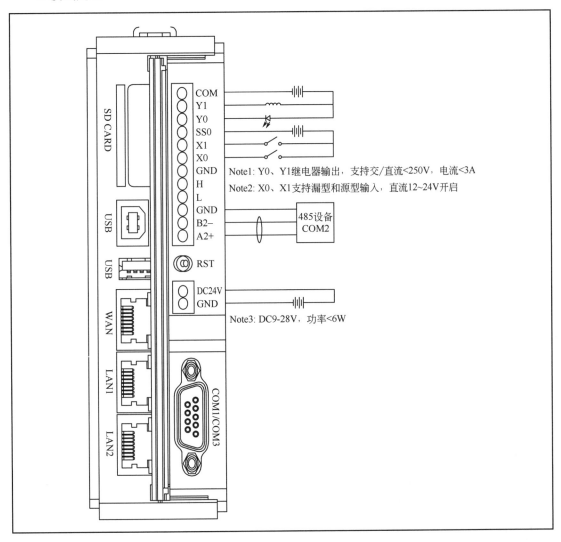

Note1: Y0、Y1继电器输出，支持交/直流<250V，电流<3A

Note2: X0、X1支持漏型和源型输入，直流12~24V开启

Note3: DC9-28V，功率<6W

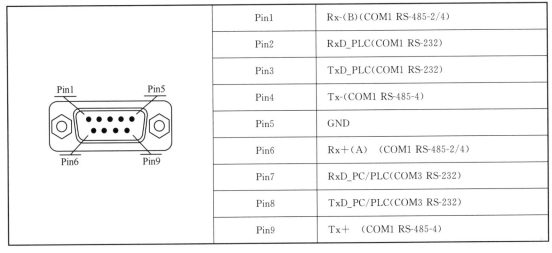

	Pin1	Rx-(B)(COM1 RS-485-2/4)
	Pin2	RxD_PLC(COM1 RS-232)
	Pin3	TxD_PLC(COM1 RS-232)
	Pin4	Tx-(COM1 RS-485-4)
	Pin5	GND
	Pin6	Rx+(A) (COM1 RS-485-2/4)
	Pin7	RxD_PC/PLC(COM3 RS-232)
	Pin8	TxD_PC/PLC(COM3 RS-232)
	Pin9	Tx+ (COM1 RS-485-4)

b. 尺寸大小

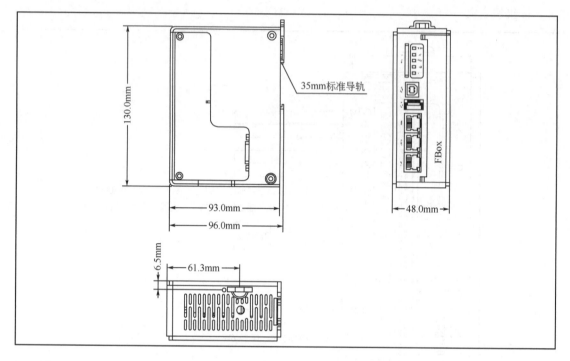

② 硬件二：FBox-2G-lite 模块（图 6-23）

图 6-23 FBox-2G-lite
模块示意图

功能特点

网线与 WIFI 联网自由选择，即可自动连接平台。模块具有 RS-485 接口与 RS-232 接口（任选其一），可以连接西门子、MCGS 等具有 Modbus 协议的 PLC、采集模块、触摸屏或者组态软件，实现无缝对接平台。可在 WEB 浏览器平台、手机 APP 随时随地观看设备的数据，实现电脑与手机双重监控。

* 350＋工业协议接入，支持绝大部分工业设备连接。
* 本地完成数据解析，将数据推送至云端服务器。
* 支持繁易远程管理工具，支持远程配置、诊断。
* 支持历史数据本地缓存。

规格参数

硬件参数	
CPU	300MHz ARM9
存储器	128MB Flash＋64MB DDR2
RTC	实时时钟内置
以太网	10M/100M 自适应
USB 端口	1 个 USB Device2.0 端口
串行通信端口	COM1 端口：RS-232/RS-485/RS-422；COM3 端口：RS-232
无线接入方式	（移动/联通）2G；以太网
SD 卡	无

续表

硬件参数	
网络频段	GSM850/900/1800/1900MHz；移动/联通 2G
电气规格	
额定电压	DC 24V，可工作范围 DC9～28V
额定功率	＜5W
电源保护	具备雷击浪涌保护
允许失电	＜3ms
CE&RoHS	符合 EN61000-6-2：2005，EN61000-6-4：2007 标准，符合 RoHS 要求；雷击浪涌±1kV；群脉冲±2kV；静电接触 4kV，空气放电 8kV
环境要求	
工作温度	－10～60℃
存储温度	－20～70℃
环境湿度	10～90％RH（无冷凝）
抗振性	10～25Hz（X、Y、Z 方向 2g/30min）
冷却方式	自然风冷
其他	
防护等级	IP20
机械结构	镀锌板，表面做喷粉处理
整机尺寸	90mm×75mm×25mm（不包括天线）
整机重量	约 300g
VPN 透传	不支持
数据监控	200 点，支持定时上传或变化上传
报警推送	60 点，支持客户端推送、短信推送（每天免费 20 条）、微信公众号推送
历史数据	20 点，支持掉线续传，离线每点可存 5 万条，云端保留 60 天
边缘计算	不支持脚本编程
网络协议	支持超过百种工业设备协议
管理与维护	支持远程升级固件，支持配置文件导入导出

端口说明

a. 接线定义

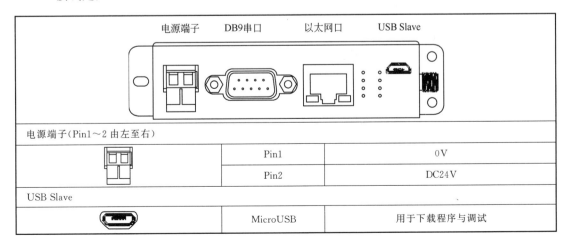

电源端子(Pin1～2 由左至右)		
	Pin1	0V
	Pin2	DC24V
USB Slave		
	MicroUSB	用于下载程序与调试

续表

DB9 串口端子		
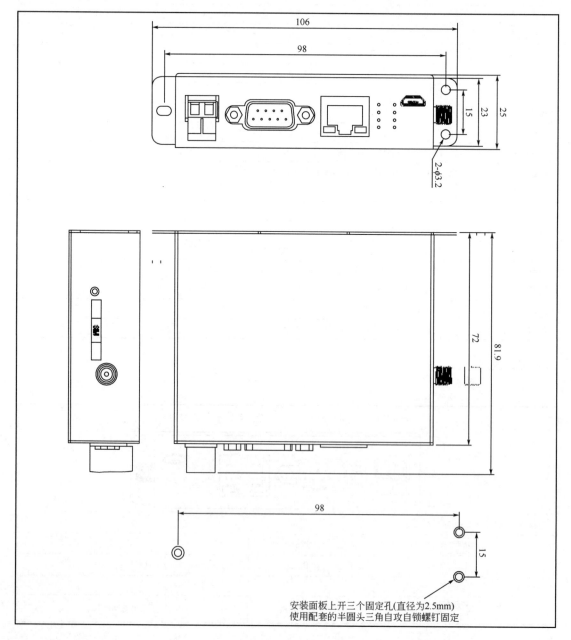	Pin1	Rx_(B)
	Pin2	RxD_PLC(COM1 RS-232)
	Pin3	TxD_PLC(COM1 RS-232)
	Pin4	Tx-
	Pin5	GND
	Pin6	Rx+(A)
	Pin7	RxD_PC/PLC(COM3 RS-232)
	Pin8	TxD_PC/PLC(COM3 RS-232)
	Pin9	Tx+

b. 尺寸大小

安装面板上开三个固定孔(直径为2.5mm)
使用配套的半圆头三角自攻自锁螺钉固定

三、设备运行操作

1. 运行必备条件

（1）电源　具备的电源条件为：AC380V，50Hz，三相四线制，交流电源（＋5％～10％）U_e 长期，－22.5％U_e 不超过 1min。

（2）气源　提供的压缩空气气源应满足以下品质要求：

气源压力　　　0.7MPa

最大颗粒尺寸　　＜1μm

最大微粒含量　　＜1mg/m^3

剩余油量　　＜0.1mg/m^3

水露点　　＜－20℃

（3）操作要求　操作人员必须经过培训，要求所有操作人员都要熟悉设备运行过程，紧急事态处理、对组态控制流程要牢记于心，方可上岗操作。

2. 系统启动程序

（1）顺序一（自动控制）

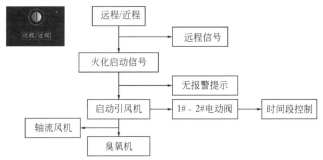

（2）顺序二（反吹控制）

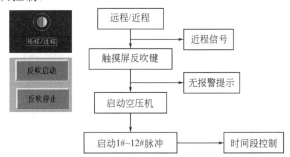

（3）顺序三（除渣控制）

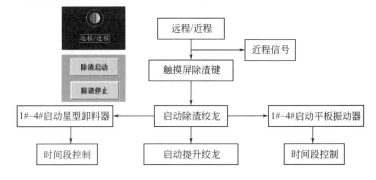

（4）顺序四（出料控制）

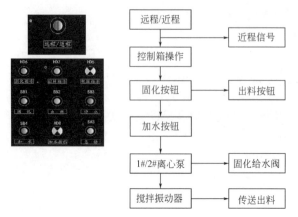

（5）顺序五（pH控制）

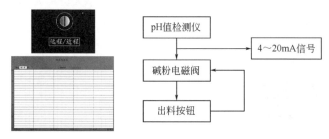

（6）顺序六（补水控制）

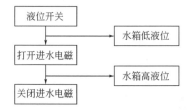

（7）顺序七（监控画面）

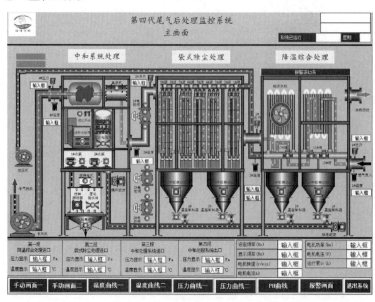

（8）顺序八（手动画面）

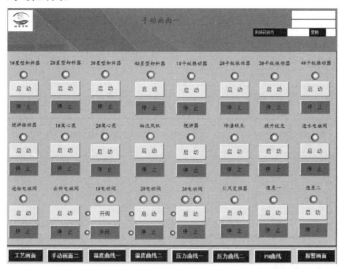

（9）顺序九（报警画面）

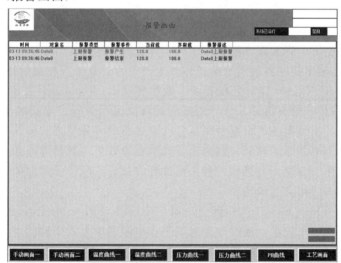

（10）顺序十（温度画面）

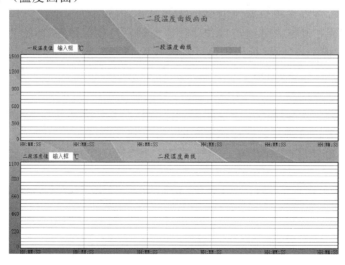

（11）顺序十一（压力画面）

四、设备硬件组成

（1）西门子（S7-1200）系列 PLC　PLC 控制系统采用一类可编程的存储器，用于其内部存储程序，执行逻辑运算、顺序控制、定时、计数与算术操作等面向用户的指令，并通过数字或模拟式输入/输出控制各种类型的机械或生产过程，是工业控制的核心部分。

（2）昆仑通态（MCGS）15in 人机界面　触摸屏（touch screen）又称为"触控屏""触控面板"，是一种可接收触头等输入信号的感应式液晶显示装置。当接触了屏幕上的图形按钮时，屏幕上的触觉反馈系统可根据预先编程的程式驱动各种连接装置，可用以取代机械式的按钮面板，并借由液晶显示画面，制造出生动的影音效果。触摸屏作为一种新的电脑输入设备，是目前最简单、方便、自然的一种人机交互方式，它赋予了多媒体以崭新的面貌，是极富吸引力的全新多媒体交互设备。

（3）台湾四方（Simphoenix）矢量变频器　变频器（Variable-frequency Drive，VFD）是应用变频技术与微电子技术，通过改变电机工作电源频率方式来控制交流电动机的电力控制设备。变频器主要由整流（交流变直流）、滤波、逆变（直流变交流）、制动单元、驱动单元、检测单元微处理单元等组成。变频器靠内部 IGBT 的开断来调整输出电源的电压和频率，根据电机的实际需要来提供其所需要的电源电压，进而达到节能、调速的目的。另外，变频器还有很多的保护功能，如过流保护、过压保护、过载保护等。

（4）繁易（Fbox-4G）数据远传模块　远程数据采集模块基于远程数据云平台的通信模块，可与现场 PLC 做以太网通信，将采集到的数字量远程传输到显示平台上，还可以利用模块透传功能，远程修改和上下载 PLC 与触摸屏的程序。

模块化将通信芯片、存储芯片等集成在一块电路板上，使其具有通过远程数据采集模块平台收发短消息、语音通话、数据传输等功能。

（5）网络打印机　将远端设备的数据报表、报警数据与运行数据实时打印出来以备存档。

（6）室内 LED 大屏幕　LED 大屏幕（LED panel）发光二极管，简称 LED，是一种通过控制半导体发光二极管的显示方式，其由很多个通常是红、绿、蓝三色的小灯组成，靠灯的亮灭来显示字符，显示文字、图形、图像、动画、行情、视频、录像信号等各种信息。其功能主要是将远程的数据与图形图像实时显示在屏幕上，以监测现场设备的运行状态，具有报警查询功能。

（7）网络摄像机 网络摄像机是一种结合传统摄像机与网络技术所产生的新一代摄像机，它可以将影像通过网络传至地球另一端，且远端的浏览者不需用任何专业软件，只要标准的网络浏览器（如 Microsoft IE 或 Netscape）即可监视其影像。

网络摄像机一般由镜头，图像、声音传感器，A/D 转换器，图像、声音控制器，网络服务器，外部报警，控制接口等部分组成。

（8）皖仪（WaYedl）烟气监测装置（图 6-24） 该系统将对火化机尾气的污染物（SO_2、NO_x、O_2、CO、CO_2）等颗粒物进行实时监测，对烟气的参数（流速、温度、压力、湿度）等数据采集处理，与工控机通信后实时远传。气态污染物监测采用紫外差分光谱分析法，测量经两级冷凝除水的烟气中的 SO_2、NO_x，并采用氧化锆测量烟气中的 O_2，采用非分光红外法测量 CO、CO_2 等颗粒物，监测采用激光背向散射法；流速和压力采用皮托管测量；温度采用 PT100 温度传感器测量，测量信号送入数据采集与处理子系统，可以根据要求存储和打印相应的数据报表，并且能够与企业内部的 DCS 和环保部门的数据系统通信。

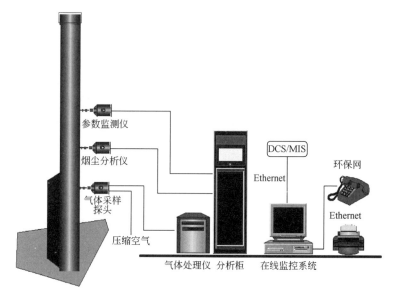

图 6-24 烟气监测流程图

五、燃油空燃比

可燃混合气中空气质量与燃油质量之比为空燃比，表示空气和燃料的混合比。空燃比是发动机运转时的一个重要参数，它对尾气排放、发动机的动力性和经济性都有很大的影响。

理论空燃比即将燃料完全燃烧所需要的最少空气和燃料质量之比。燃料的组成成分对理论空燃比的影响不大，汽油的理论空燃比大体约为 14.7，也就是说，燃烧 1g 汽油需要 14.7g 的空气。

一般常说的汽油机混合气过浓、过稀，其标准就是理论空燃比。空燃比小于理论空燃比时，混合气中的汽油含量高，称作过浓；空燃比大于理论空燃比时，混合气中的空气含量高，称为过稀。混合气略微过浓，即空燃比为 13.5～14 时汽油的燃烧最好，火焰温度也最高,因为燃料多一些,可使空气中的氧气全部燃烧。而从经济性的角度来讲,混合气稀一些时,即空燃比为 16 时油耗最小,因为这时空气较多,燃料可以充分燃烧。加装空燃比系统后具有较低的排放污染物。

三代炉空燃比燃烧系统图,如图 6-25 所示。其控制过程包括:控制自动化(具有手/自动两地切换功能、触摸屏工艺动态功能、数据停电备份功能);操作智能化(一键开机,分时控制、动态显示、报警与动作状态显示);监测网络化(具有状态远传功能、数据远传功能、视频远传功能、程序修改、上下载功能);设备节能化(加装燃油空燃比系统,大大节省了油料与电力的消耗);服务人性化(故障状态远传监测、故障代码显示、无需现场排查,手机 APP 随时监测)。

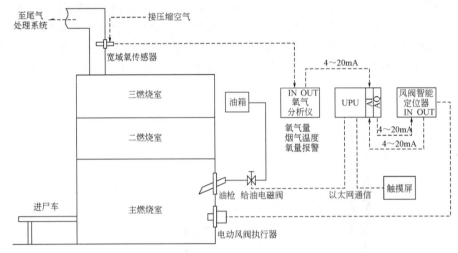

图 6-25　三代炉空燃比燃烧系统图

六、维护与检修

操作人员应该定期对除尘器进行检查,对运行状态进行监视,对报警进行处理,紧急情况时对除尘器进行停止运行。

(1)日常巡检　日常巡检内容包括检查喷吹情况、压缩空气管路、储气罐积水、现场仪表显示,检修门、盖板等密封情况。每班操作人员应对设备进行数次观察和检查。如果某个设定值参数已经或开始偏离设定值,立即报警。日常巡检能提早得知发生的故障,如泄漏、结灰、温度过高等。

(2)报警处理　当运行参数超过设定值时会报警,操作人员应查看相关设备运行状态,进行必要处置,确认后在 PLC 柜门上按复位按钮,消除报警指示灯。

(3)紧急情况处理　PLC 控制系统设有保护措施,当超温、超压时自动打开旁通阀,或者按下紧急停止按钮(急停按钮共有两个)。

(4)设备运营管理　除尘器投入运行后,应有专人管理。管理人员应熟悉除尘器的工作原理及性能,掌握操作及维修方法,建立运行记录。

随着技术的发展,所有殡葬设备都在小型化、节能化、模块化的原则上开发生产,电气控制系统是设备的核心,在设备电气系统的操控性上,烟气净化装置一直本着无人或少人值守的理念研发,最大限度上实现控制自动化、操作智能化、监测网络化和服务人性化。

第三节　遗体冷冻冷藏设备原理与操作

现在市场上所用的遗体冷藏柜大多数主体采用304或201不锈钢板材制作，常用于医院和殡仪馆。遗体冷藏柜额定制冷温度为−18℃，柜门分为凸门和平门两种；制冷方式分为制冷式和风冷式两种；按照蒸发器设置分为盘管内埋式和盘管外挂式两种；压缩机分为半封闭式和全封闭式两种；按照压缩机数量分为单门单控式和多台单控式，相对比单门单控式遗体冷藏柜的优点，是具有独立控制系统、独立制冷系统，各门之间互不影响，且能耗低。如今，遗体冷藏柜还具有指纹密码开启功能、智能化远程控制系统，与殡仪馆或医院的管理系统对接，实现全程在线监控、故障自动报警等功能。

 一、制冷系统

1. 结构

制冷系统由制冷剂和压缩机、冷凝器、节流元件、蒸发器组成，如图6-26所示。

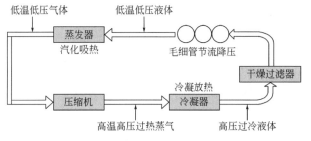

制冷设备基本原理
与操作

图6-26　制冷系统组成

（1）压缩机　压缩机是制冷循环的动力，由电动机拖动而不停地旋转。它除了及时抽出蒸发器内蒸气，维持低温低压外，还通过压缩作用提高制冷剂蒸气的压力和温度，创造将制冷剂蒸气的热量向外界环境介质转移的条件。

（2）冷凝器　冷凝器是一个热交换设备，作用是利用环境冷却介质（空气或水），将来自压缩机的高温高压制冷蒸气的热量带走，使高温高压制冷剂蒸气冷却、冷凝成高压常温的制冷剂液体。

（3）节流元件　将高压常温的制冷剂液体通过降压装置——节流元件，得到低温低压制冷剂，再送入蒸发器内吸热蒸发。冰箱、空调常用毛细管作为节流元件。

（4）蒸发器　蒸发器也是一个热交换设备。节流后的低温低压制冷剂液体在其内蒸发（沸腾）变为蒸气，吸收被冷却物质的热量，使物质温度下降，达到冷冻、冷藏食品的目的。蒸发器内制冷剂的蒸发温度越低，被冷却物的温度也越低。

2. 制冷原理

（低温低压）制冷剂（气体）──→压缩机──→（液化）液化的制冷剂（高温高压）──→散热器（遗体冷藏棺底部散热器效果很好）──→液体的制冷剂低温高压──→毛细管──→遗体冷藏棺内的蒸发器（是绕在箱体内壁的铜管）气化制冷→遗体冷藏棺内的温度就会迅速下降。这样反复循环，把棺内的温度降下来。

二、电动机启动和保护装置

1. 启动继电器

单相电动机电路中，控制启动绕组通电和断电的器件叫启动继电器。启动继电器的形式有重锤式启动继电器、PTC 启动继电器和电容启动继电器。

（1）重锤式启动继电器　属电流式启动继电器，由电流线圈、重锤衔铁、弹簧、动触点、静触点、T 形架和绝缘壳体等组成，如图 6-27 所示。

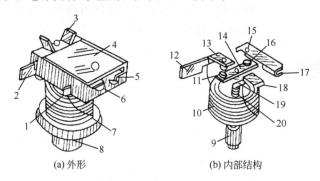

(a) 外形　　　　　　　　　(b) 内部结构

图 6-27　重锤式启动继电器结构图

1,19—小焊片；2—大焊片；3—电源线支架；4—盖板；5,17—副绕组插口；

6,18—主绕组插口；7,10—磁力线圈；8—外壳；9—重锤；11,16—动触点；

12—大焊片；13,15—静触点；14—T 形架；20—小弹簧

重锤式启动继电器的工作原理如图 6-28 所示，其工作过程为吸合电流和释放电流，如图 6-29 中的 A、B 两点。

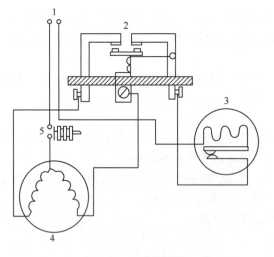

图 6-28　工作原理图

1—接电源；2—重锤式电流继电器；3—蝶形热过载
保护装置；4—电动机；5—温控器

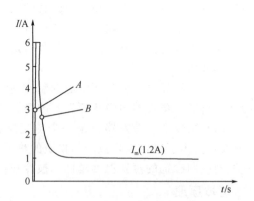

图 6-29　吸合电流和释放电流

接通电源瞬间，运行绕组和继电器的电流线圈接入，产生较大启动电流。随着启动电流逐渐增大，超过启动继电器吸合电流"A"点时，磁力线圈产生足够的磁力吸动重锤衔铁，

带动 T 形架上移，启动继电器的动、静触点闭合，接通启动绕组的电路。当两个绕组通电后，使定子产生旋转磁场，转子获得转动力矩开始旋转。而运行绕组中的电流随着电动机转速的升高而下降，当电动机的转速达到额定转速的 $70\%\sim80\%$ 时，运行绕组中的电流降到启动继电器释放电流值"B"点以下，启动继电器线圈所产生的电磁力已经无法使重锤衔铁继续保持吸合状态，重锤衔铁下落复位，继电器的动、静触点被断开，启动绕组从电路中断开而不工作。电动机进入正常运转状态。

图 6-30　PTC 启动继电器外形图

重锤式启动继电器的特点：结构简单、体积小、可连续启动、可靠性好，但可调性差，电源电压波动较大时，会出现触点不释放或接触不良等造成触点烧损。

（2）PTC 启动继电器　PTC 是正温度系数热敏电阻，又称为半导体启动器，其结构如图 6-30 所示。

① PTC 的启动特性　正常室温下电阻值很小，开始施加电压时通过大电流元件发热，温度上升电阻值急剧增加。当达到临界温度（居里点或临界点），电阻值会增大到数千倍。电阻温度曲线和电流变化曲线如图 6-31 所示。

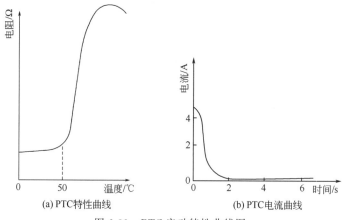

(a) PTC特性曲线　　　　(b) PTC电流曲线

图 6-31　PTC 启动特性曲线图

临界点可根据不同用途，通过调整原料配方来满足不同的温度要求。

PTC 启动继电器的工作原理如图 6-32 所示。

② PTC 的特点　成本低、结构简单；压缩机的匹配范围广、对电压波动的适应性强；启动时无噪声、无电弧、无磨损，耐振动、耐冲击，不怕受潮生锈；性能可靠、寿命长；可以避免触头不平及触头粘连等，但不能连续启动。

2. 压缩机电动机保护装置

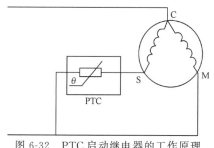

图 6-32　PTC 启动继电器的工作原理

压缩机电动机的安全保护装置，按功能可分为过电流保护器和过热保护器；按结构可分为以双金属片制成的条形或碟形过载保护器和内埋式过载保护器。

（1）碟形过载保护器　具有过电流保护及过热保护双重功能，与启动继电器组合在一起。

碟形过载保护器由碟形双金属片、动、静触点、端子、电热丝、调节螺钉、锁紧螺母等组成，如图 6-33 所示。

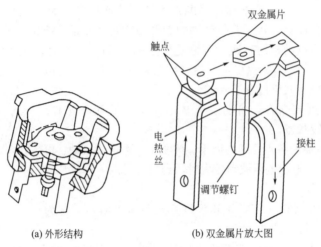

(a) 外形结构   (b) 双金属片放大图

图 6-33　碟形过载保护器构成

如图 6-34 所示，当电动机电流过大时，电热丝发热量增大，碟形双金属片受热变形，向上弯曲翻转，如图 6-34（b）所示，动、静触点断开，切断电源，起到对过载电流的保护作用。断电后，双金属片温度下降，恢复正常位置，触点闭合，使电源接通。当电流正常，而压缩机运转时间过长，电动机绕组温度升高，致使压缩机壳温也随之过高，达 90℃ 时，碟形双金属片也同样会受热弯曲变形而切断电源。当机壳温度下降后，双金属片恢复正常位置，使触点闭合，接通电源，压缩机重新启动运行，从而起到对电动机过热的保护作用。所以过载保护器有过电流和过温升两种保护功能。

（2）内埋式过载保护器　其结构如图 6-35 所示。将其装在电动机的定子绕组中，直接感受电动机定子绕组内的温度变化，其工作原理与碟形过载保护器基本相同。

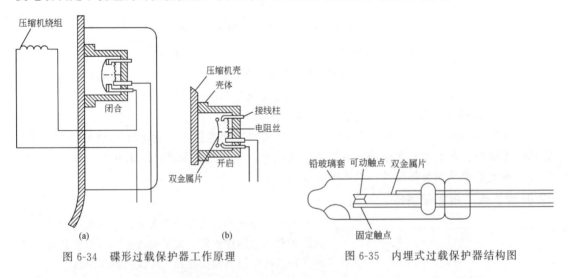

图 6-34　碟形过载保护器工作原理   图 6-35　内埋式过载保护器结构图

三、温度控制器、电加热器及除霜装置

1. 温度控制器

温度控制器又称温度开关或温度继电器，是制冷系统中用来调温、控温的装置，通过调

节、设定所需的控制温度，使制冷系统在选定的某一温差范围内运行。控温过程如图 6-36
所示。

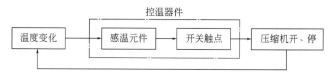

图 6-36 温度控制器控温过程示意

（1）机械式温度控制器 其特点为结构简单、性能稳定、可靠，组装、调试修理方便。

① 工作原理 机械式温度控制器由感温元件、波纹管（或弹性金属膜片）、毛细管和波
动开关机构组成，如图 6-37 所示。其工作原理如图 6-38 所示。

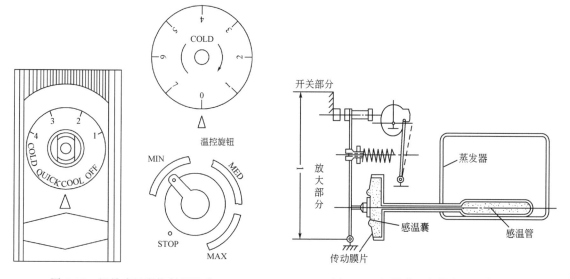

图 6-37 机械式温度控制器组成　　　　　图 6-38 机械式温度控制器工作原理

② 机械式温控器类型 有普通型、半自动化霜型、定温复位型和风门温控型。

③ 机械式温控器的调试 根据设计需要，温控器的主要技术参数在装配时已预调好，
在预调的基础上，旋转温控器的调节旋钮进行进一步的细调，且可根据温度要求进行自动控
制。温度调节旋钮上标有"弱""中""强"或"1""2""3"等数字标记字样，如图 6-37 所
示。顺时针转动，箭头所示数字增大，表示温度变低，"强冷"挡温控器开关呈常闭状态，
使压缩机连续运转制冷，不能自动控温。

（2）电子式温度控制器 采用的感温元件（传感器）是热敏电阻，具有负电阻温度特
性，根据惠斯登电桥原理制成。图 6-39 是惠斯登电桥。

根据桥式电路制成的热敏电阻式温度控制器，是将惠斯登电桥的一个热敏电阻桥路作为
感温元件，直接放在适当的位置，三极管的发射极和基极接在电桥的一条对角线上。当热敏
电阻受到温度变化的影响时，其阻值就发生相应的变化。通过平衡电桥来改变通往三极管的
电流，再经放大来控制压缩机运转继电器的开启，实现对制冷设备的温度控制。

控制部分的原理示意图如图 6-40 所示。

电子式温度控制器的特点：温度控制范围大（一般 $-40 \sim 40 ℃$），通断温度线性较好，
感温灵敏度较高，体积较小。

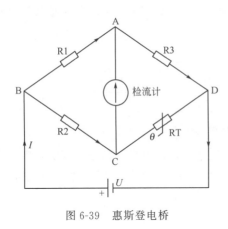

图 6-39　惠斯登电桥

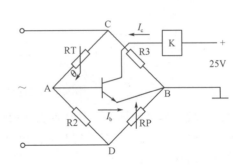

图 6-40　电子式温度控制器原理

RT—热敏电阻；RP—温度调节电位器；

K—控制压缩机启动的继电器

2. 电加热器及除霜装置

（1）电加热器　常见结构有丝状（镍铬材料）、线状（电热丝缠绕）、管状（电热丝装入铜管）和片状（加热丝粘在铅箔上）等。

冷暖两用电热型冷藏柜中电加热器安装位置示意图如图 6-41 所示。

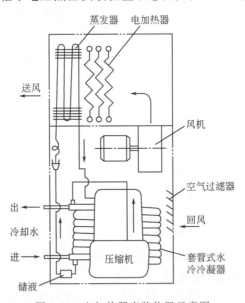

图 6-41　电加热器安装位置示意图

电加热器一般分为化霜加热器、防凝露加热器、温度补偿加热器和防冻加热器几种。

① 化霜加热器　直冷式冷藏柜冷冻室中，电热管直接粘贴在蒸发器表面上，成为化霜加热器。

② 防凝露加热器　防止凝露。

③ 温度补偿加热器　分为冷藏室低温补偿加热器、风门温控补偿加热器和化霜温控补偿加热器。

④ 防冻加热器　双门直冷式冷藏柜中，冷冻室、冷藏室蒸发器中间连接部分设管道加热器。

双门间冷式冷藏柜化霜加热器如图 6-42 所示。

防冻加热器结构如图 6-43 所示。

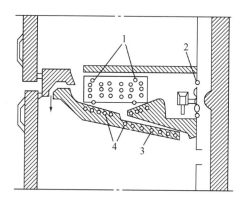

图 6-42　冷藏柜化霜加热器

1—蒸发器化霜加热器；2—风扇扇叶孔圈加热器；

3—排水管加热器；4—接水盘加热器

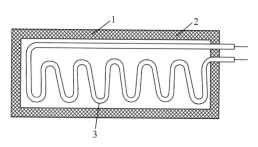

图 6-43　防冻加热器结构

1—铝箔（厚度为 0.06mm）；2—胶黏剂；

3—塑料外皮加热线（2.5～3.0mm）

（2）除霜装置　除霜装置是一个除霜控制器，结构与温度控制器相同，安装在室外换热器附近，检测盘管周围的空气温度。

冷藏柜的除霜方式有人工化霜、半自动化霜和全自动化霜三种。

① 人工化霜　优点：操作简单，省电；缺点：时间不易掌握。

特点：结构简单，动作可靠；但开始时，需要人工操作，化霜时间较长，箱内温度波动较大。

冷藏柜半自动电加热快速化霜电路如图 6-44 所示。

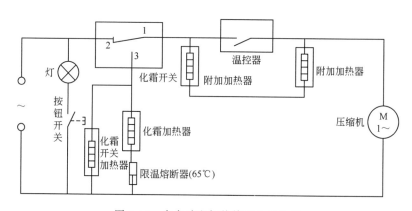

图 6-44　半自动电加热快速化霜电路

② 半自动化霜　机械式半自动化霜温控器结构原理如图 6-45 所示。

③ 全自动化霜　化霜过程自动定时，在化霜时使压缩机停止运转，同时接通化霜电热器电路；在化霜后能自动停止化霜过程，恢复制冷压缩机的工作。

全自动化霜分三种方式：自动循环化霜（图 6-46）、积算式自动化霜（图 6-47）和全自动化霜。

全自动化霜电路由化霜定时器、蒸发器化霜加热器、双金属化霜温控器（又称为双金属

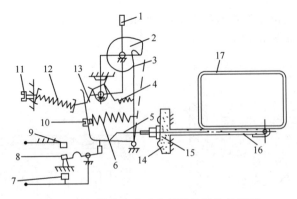

图 6-45 机械式半自动化霜温控器结构原理

1—化霜按钮；2—温度高低调节凸轮；3—温度控制板；4—化霜平衡弹簧；5—主架板；6—主弹簧；
7—温差调节螺钉；8—快跳活动触点；9—固定触点；10—温度范围高低调节螺钉；
11—化霜温度调节螺钉；12—化霜弹簧；13—化霜控制板；14—传动膜片；15—感温腔；
16—感温管；17—蒸发器

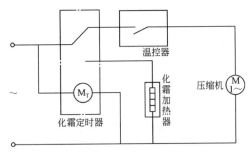

图 6-46 自动循环化霜原理

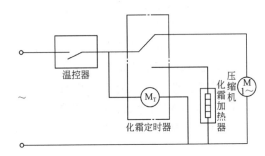

图 6-47 积算式自动化霜原理

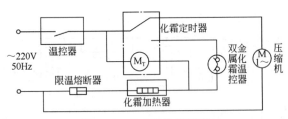

图 6-48 全自动化霜原理

片开关）和化霜超热保护熔断器组成，如图 6-48 所示。

化霜定时器如图 6-49 所示，由转动部分（定子、定子绕组、转子带动齿轮减速箱）和开关部分（凸轮、接点板、凹轮连接部）组成。

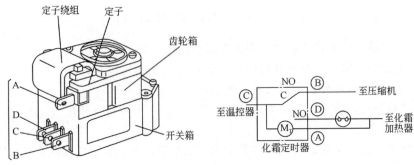

图 6-49 化霜定时器

双金属化霜温控器如图 6-50 所示。

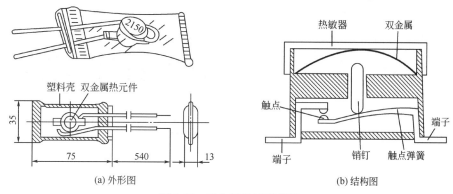

(a) 外形图   (b) 结构图

图 6-50 双金属化霜温控器

化霜超热保护熔断器具有防止蒸发器损坏和保护电冰箱的作用，结构如图 6-51 所示。

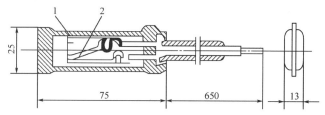

图 6-51 化霜超热保护熔断器

1—塑料外壳；2—超热熔断合金

 ## 四、冷藏棺的使用

一般冷藏棺性能如下：

① 棺内冷藏冷冻电脑控温自动控制，开关机自行设定；

② 良好的密封效果，能有效地控制棺内温度变化，减少能耗；

③ 透明的水晶棺上盖有利于家属、亲朋好友吊唁，彩灯和音响装置更加渲染了葬礼的气氛；

④ 水晶棺箱体采用整体发泡技术，保温层厚度为 5cm，密封性能非常好。

冷藏棺使用中应注意的问题：

① 电源线绝缘层如有损坏应立即更换，不得再次使用；

② 每次使用前检查无误后再接通电源，仔细听压缩机在启动和运行时的声音是否正常，风机上是否有缠绕物；

③ 遗体冷藏棺在放入遗体之前，最好先空着制冷一段时间，棺内温度降低，确认制冷没有问题的情况下再放入遗体；

④ 使用过程中要多注意观察机器的运转情况，多观察温度、电压，发现异常应立即查看并处理。

制冷设备使用

第七章
其他设备

第一节　祭祀设备原理与操作

随着社会的发展，祭祀设备从主要以祭祀为主的酒器、石器、水器，逐渐演变为以环保、景观为主的大型机械设备。从坟前祭祀、家中祭祀等转变为集中地点祭祀，也更重视环保。目前常见的祭祀设备主要有民俗祭祀炉、流动祭祀车、城市景观固定式焚烧祭祀设备。

　一、民俗祭祀炉原理与操作

1. 民俗祭祀炉工作原理

新型十二生肖祭祀设备采用插卡取电启动设备，具有自动奏乐、自动开关、自动除渣等功能，末端设有除尘设备；电器采用进口 PLC 编程，内存 20 首音乐，可自行选择；还具有高频电子点火系统、多媒体影音播放系统、动感背景自动开启关闭，祭祀蜡烛和香火自动点燃，LED 挽联的配置等功能。

民俗祭祀炉工作原理如图 7-1 所示。

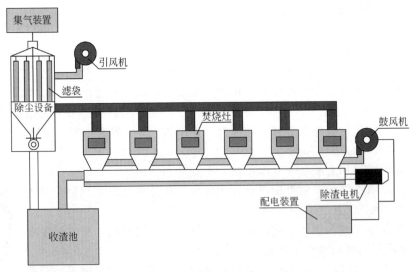

图 7-1　民俗祭祀炉工作原理

2. 民俗祭祀炉祭祀设备操作

① 闭合总电源开关，此时电源接通。将智能卡按卡上箭头指示方向插入卡槽内。此时控制面板电源指示灯红灯亮起，设备处于待机状态。

② 在控制面板中选择需要的生肖属相，点击下方对应的按键，此时感应门自动打开，除尘系统启动，漏灰翻板自动旋转到水平位置，祭祀台上方的显示器会显示所选属相，背景

音乐自动播放，动感背景会自动运行。

③ 烧纸祭祀，在焚烧灶口下面设有自动点火装置。当需要烧纸的时候，按下点火开关，把纸张放置到点火器自动把纸点燃，即可放入焚烧灶内焚烧祭祀。

④ 祭祀完毕后，把供品（馒头之类的需要撕碎，方便除渣）以及其他物件（玻璃、铁器、陶瓷、金属等除外）投放到炉膛内，取下卡槽内的智能卡后的 $5\sim10\mathrm{s}$ 内自动门自动关闭，影音系统、动感背景停止工作，除尘系统停止工作，同时漏灰翻板会自动翻转，使炉膛内的供品以及其他物件进入除渣管道内，除渣系统将自动启动。出渣时间可根据设备的使用量自动设定。

⑤ 废渣经过排渣管道自动汇集到收渣池内。收渣池收渣到一定程度会发出警报，自动装车将垃圾运走。

以上为设备的自动化操作流程，如图 7-2 所示，简单易操作，无需专职人员长期指导使用。

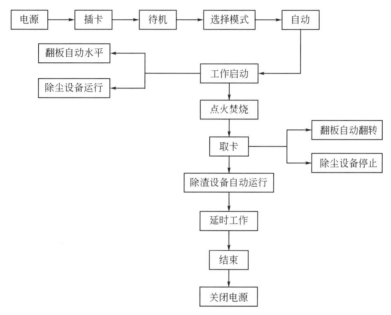

图 7-2 民俗祭祀炉自动操作流程

3. 民俗祭祀炉祭祀设备的保养及维修

（1）民俗祭祀炉的保养

为了确保设备的正常运行，必须做好日常保养以延长设备的使用年限。祭祀炉养护方法如下。

① 严格按照说明书使用，发现问题及时修理，不可强制运行。

② 设备管理人员每个工作日需认真检查各环节运转是否正常，发现问题及时处理。

③ 根据设备的使用率，应对经常使用且容易出现问题的位置进行检测。如限位开关是否移位等，并检查是否存在隐患。

④ 自动门的传动系统、链条、链轮，每使用 2 个月要加注少量润滑油，确保部件灵活转动，设备正常运行。

⑤ 最少 3 个月检查一次除渣系统的减速机是否缺少机油、润滑油。如果低于刻度线，应及时加注。

⑥ 对于漏灰翻板转动，要经常检查。发现电机转动有问题、炉排转动不灵活应及时维

修，禁止带故障工作。

⑦ 焚烧灶的阀门需要经常检查是否开关到位。如果开关不到位，要及时处理。

⑧ 控制面板、磁卡感应区属于频繁使用设备，应经常进行检查。

⑨ 空压机每周储气筒放水一次，每月更换空压机油一次。

⑩ 空压机空气滤芯每周清理一次，每月更换一次。

⑪ 布袋除尘器更换周期为6个月，可根据焚烧量和维护情况调整更换周期。

（2）出现故障情况及解决方法

① 脱硫塔及换热器不工作。检查喷淋泵的电源是否正常，供水系统是否达到要求，喷头是否堵塞。

② 布袋除尘器工作不正常。检查布袋是否破损。

③ 检查布袋是否因温度过高而融化。

④ 检查布袋是否吸水过高，产生堵塞（关闭脱硫系统，让除尘器系统空载24h），强制利用尾气温度把滤袋烘干。

⑤ 检查空压机是否正常，空压机内是否积水过多，脉冲反吹是否正常工作，除尘风机是否正常工作。

⑥ 每月需检查一次吸附器内的活性炭。如果受潮应晒干活性炭。若活性炭已呈泥状或穿孔率太低，则要更换新的活性炭。

⑦ 除尘风机有异常。应检查进风是否堵塞，叶片是否松动，是否吸入杂质，叶片是否需要更换。

⑧ 电机过热。应检查电源电压是否正常，工作机组设备是否有故障，是否轴承损坏、缺油，是否负荷过大。

二、流动祭祀车

1. 流动祭祀车工作原理

流动祭祀车搭载了燃烧系统、除尘净化系统、配电系统、自发电系统、市电外接装置、牵引装置等，如图7-3所示，可在无外部电源地区使用，当发电机启动，电源接通后，设备进入待机状态，控制程序启动，各部分工作就绪。

焚烧祭祀车的车体内设置有至少一个主燃烧室，祭祀品在主燃烧室中燃烧，燃烧的烟气

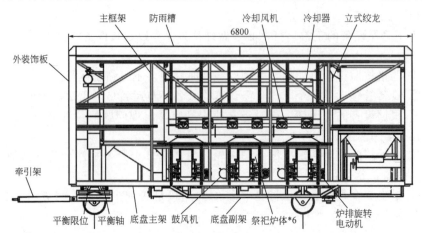

环保流动祭祀车

图7-3　流动祭祀车基本结构

通过烟道进入粉尘过滤器，然后从烟囱排出。并且祭祀车配置有引射风机，其由发电机带动运转，抽吸烟道及主燃烧室中的空气以形成负压，使燃烧速度加快。该祭祀车加装尾气处理设备，使冒出的烟尘达到林格曼一级，燃烧残渣则落入燃烧室下方收渣室中，待祭祀结束后统一收集处理。

移动式焚烧祭祀车的底板配备有车轮，使其能够在地面上移动。

2. 流动祭祀车祭祀设备实际操作

① 流动祭祀车停放至指定地点，如有外接电源，可直接连接。

② 流动祭祀车每个炉口右上方设有启动/停止按钮，点击启动按钮。

③ 点击启动按钮后炉门自动打开，各系统启动顺序为：发电机启动──→引风机启动──→冷却风机──→鼓风机──→除渣系统间歇式自动运行。

④ 将纸钱等祭祀可燃物点燃后连续投入炉膛内进行供氧燃烧，同时可将供品放置供台上。

⑤ 焚烧完毕后，使用者点击停止按钮后炉门自动关闭，引风机、鼓风机及冷却风扇运行 3min 后停止。燃烧烟气经过管道进行二次燃烧，进入冷却系统降温，降温后经过除尘净化系统后排放。

流动祭祀车电气控制系统图如图 7-4 所示。

3. 流动祭祀车保养及操作注意事项

为了确保设备的正常运行，必须按规定操作并且做好日常保养，以延长设备的使用年限。

① 投运前检查流动祭祀车各部外观。

② 使用前对炉门、风管系统进行检查，试一试各阀门启闭是否灵活自如。

③ 检查流动祭祀车的动作是否正常，电控柜内电位是否正确，电机声音是否有异常。

④ 检查发电机内汽油存量，如低于警戒线需加油。

⑤ 启动流动祭祀车，查看各个炉口是否正常，开关是否正常。

⑥ 流动祭祀车仅限于纸币的焚烧，禁止焚烧非可燃物（如金属、陶瓷、玻璃制品等不能燃烧的物品）、易爆品、液体等。

⑦ 待机工作时，蓄电池设有电压检测装置，电压低于设定值时，发电机自动启动，为蓄电池充电。

⑧ 长时间无操作，应关闭总电源。

⑨ 如长时间放置，需每 15 日为蓄电池充电一次。

⑩ 清扫燃烧区内的卫生，擦净外装饰、控制柜、仪表等；将焚烧工具摆放整齐，关好控制盖板。

⑪ 长期停机状态下，需对炉门两侧直线轴承使用润滑油进行防锈保护处理。

⑫ 发电机加注燃油时应远离火源，热机加注燃油需发动机熄火 30min 后加注，如有溢出，应擦抹干净，以免发生险情。

⑬ 更换机油：打开加油口盖──→打开放油螺栓──→排尽机油──→装好放油螺栓，旋紧──→加注机油至油尺油位上限（容量 1.1L）──→装好机油塞尺。

⑭ 加注燃油：打开油箱盖──→检查燃油油位（如油位低则加注燃油）──→加注燃油至油粗滤网肩部──→装好油箱盖。

⑮ 空气滤清器维护：摘下卡夹，卸掉空气滤清器外壳，旋开螺母及滤清器盖──→旋开螺母及垫圈然后拆除滤芯──→将滤芯分开──→将滤芯轻拍几次。

⑯ 装油滤清器的保养：将燃油阀置于"ON"位置，并拆除滤油器杯，用气枪反方向吹

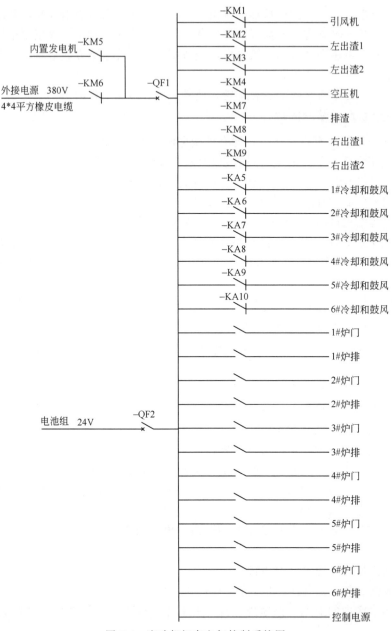

图 7-4　流动祭祀车电气控制系统图

风——彻底清洁滤油器杯——牢固装上新的橡皮衬垫及滤油器杯。

　　⑰ 流动祭祀车闲置时发电机状态：打开发电机燃油阀，排空油箱内汽油——关闭燃油阀，旋下化油器放油螺塞，排空化油器内的汽油——旋下机油塞及放油螺塞，然后排出机油——装好放油螺塞，加注机油至机油尺油位上下——轻轻拉起启动抓手，直到感到阻力为止。

三、城市景观固定式焚烧祭祀设备

1. 城市景观固定式焚烧祭祀设备工作原理

　　城市景观固定式焚烧祭祀设备集成了燃烧系统、降温系统、除尘系统、电气控制系统、自发电系统、外接市电系统，既可自发电供应设备运转，也可接入市电运行。当电源接通后，设备进入待机状态，PLC程序启动，各部分工作就绪。当用户按下启动按钮，设备接收信号，炉门打开，同时高频电子打火器启动，用户将祭祀物品引燃后放入即可。

炉内设置有红外线探测器和烟气探测器，当检测到明火和烟尘信号后，除尘风机启动，除尘系统运作，将炉内废气抽离，防止高温废气从炉口排出，造成环境污染及用户危险。

炉下接通供氧系统，为炉体持续提供氧气，防止内部形成持续负压环境，保证炉内燃烧物充分燃烧；尾气处理系统包含强制冷却设备、过滤除尘设备以及引风排气设备，能有效地降低燃烧后烟尘的温度，并对烟气内有害物质进行过滤，营造无烟祭祀环境，避免对周边环境造成污染。

用户结束使用后，收渣系统启动，炉排翻转，燃烧残渣落入排渣管道，排渣管道内绞龙将废渣集中收集到收渣池内，当废渣积累到一定程度时发出警报，通知工作人员集中处理。

2. 城市景观固定式焚烧祭祀设备实际操作

① 闭合总电源开关，接通电源，使设备处于待机状态。

② 用户进行烧纸祭祀，在焚烧灶口下面设有自动点火装置。当需要烧纸的时候，按下点火开关，把纸张放置到点火器自动把纸点燃，即可放入焚烧灶内焚烧祭祀。

③ 祭祀完毕后，把供品（馒头之类的需要撕碎，方便除渣）以及其他物件（玻璃、铁器、陶瓷、金属等除外）投放到炉膛内。

④ 废渣经过排渣管道自动汇集到收渣池内，收渣池收渣到一定程度会发出警报，自动装车将垃圾运走。

以上为设备的自动化操作流程，简单易操作，无需专职人员长期指导使用。

3. 城市景观固定式焚烧祭祀设备保养及维修

城市景观固定式焚烧设备结构简单，易于后期保养和维护，外装饰面喷塑工艺，湿布擦拭即可清理；炉体结构设计结实、耐用；每个功能系统均是独立设计，螺栓连接，易于拆装保养部件。

为了确保设备的正常运行，必须做好日常保养以延长设备的使用年限。

① 严格按照说明书使用，发现问题及时修理，不可强制运行。

② 设备管理人员每个工作日需认真检查各环节运转是否正常，发现问题及时处理。

③ 根据设备的使用率，应对经常使用且容易出现问题的位置进行检测。如限位开关是否移位等，并检查是否存在隐患。

④ 最少3个月检查一次除渣系统的减速机是否缺少机油、润滑油，如果低于刻度线应及时加注。

⑤ 对于漏灰翻板转动，要经常检查。发现电机转动有问题、炉排转动不灵活应及时维修，禁止带故障工作。

⑥ 焚烧灶的阀门需要经常检查是否开关到位。如果开关不到位，要及时处理。

⑦ 控制面板、磁卡感应区属于频繁使用设备，应经常进行检查。

⑧ 空压机每周储气筒放水一次，每月更换空压机油一次。

⑨ 空压机空气滤芯每周清理一次，每月更换一次。

⑩ 布袋除尘器更换周期为6个月，可根据焚烧量和维护情况调整更换周期。

第二节 环保生态葬室外葬设备

随着社会大环境的快速发展和进步，人民生活水平不断提高的同时，各行各业都呈现出突进式的转变。殡葬行业在此浪潮中不断蜕变，逐渐衍生出一套独特的文化。

一、设备的背景

在中华 5000 年文明历史的长河中，"殡、葬、祭"逐渐融为一体，形成了如今的殡葬文化，而"入土为安"的殡葬理念已然深入人心，影响着每一代人。不仅如此，关于墓碑的书写要求以及墓位的选择，也依据各地方风俗文化各不相同。

室外葬

1. 普通墓碑的形式

墓碑是记录逝者信息的重要表现方式，除了记载逝者的姓名、在世时间等信息，一些碑文还会记录下逝者的生平简介以供后人了解与感悟。老式墓碑多为竖式和横式两种。竖式墓碑要求从右向左、自上而下书写；横式墓碑则要求从左向右、自上而下两字一排书写。墓碑上的文字书写颜色均为在世者为红色，过世者为黑色。如图 7-5 所示。

2. 碑文的书写格式

墓碑的碑文一般由时间、正文、落款组成，如图 7-6 所示。

图 7-5 普通墓碑形式

图 7-6 碑文书写格式

（1）时间 即位于墓碑右侧的建墓时间，一般写在墓碑的 2/3 处，字体较之正文略小。

（2）正文 即墓主的姓名。现代墓多为夫妻合葬墓，书写为男居右女居左。

（3）落款 即建造此墓者，如："孝男某某敬立"，多写在墓碑左侧 2/3 处，字体大小与日期相同，"敬立"之前要空一格位置。

此外，一些碑文中还会出现"先考""先妣""显考""显妣"等字眼，其含义：

先考 对已离世父亲的称呼；

先妣 对已离世母亲的称呼；

显考 对已离世父亲的美称；

显妣 对已离世母亲的美称。

经常所说的墓志铭其实由"墓志"和"铭文"两部分组成，"墓志"是对墓主人生平事迹的介绍，"铭文"是墓主人自我情怀的抒发或别人对逝者的赞颂。因此，今日所说的"墓志铭"可以是逝者个人情怀的表露，也可以是生平事迹的总结。

2016 年 2 月，国家九部委联合发出了《关于推行节地生态安葬的指导意见》〔民发（2016）21 号〕；2018 年，国家十六部委又联合发出了《关于进一步推动殡葬改革促进殡葬事业发展的指导意见》〔民发（2018）5 号〕，将节地、生态、环保理念贯彻始终，大力推行生态文明与精神文明建设相结合的现代化殡葬行业发展理念，使现有安葬方式快速地向新时代推进。

（1）从传统观念出发　我国集中祭祀时间多在清明节前后，人们通过焚烧纸钱来寄托思念之情。尽管墓园管理方设置了焚烧祭祀亭等专用设施，但人们还是想要在逝去亲人的墓前烧纸祭拜，仿佛近距离的传递更为真切和迅速。为了避免发生火灾等不必要的有害因素，墓园在集中祭祀期间聘请了护林员，但效果却不尽如人意，大量无组织的焚烧不仅影响墓园环境，也对祭祀者本身造成很大的健康隐患。

（2）从文化传承出发　随着公墓用地的不断减少，节地生态安葬方式的日渐普及，墓碑渐渐变小，很难记录下逝者的生平，取而代之的是"音容永在"等用语，"墓志铭"一词渐渐被人们所遗忘，后人无法充分了解祖先的生平，使得家道文化的传承受到极大的影响和限制。

（3）从现代科技出发　随着人民生活水平的不断提高，人性化服务理念正逐渐被人们所关注，传统公墓无法满足人民的需求。虽然有些墓园定期组织集中祭祀、礼仪服务、专项管理等活动，但受时间、人力等多项因素的限制，无法随时实施，造成诸多不便。

节地环保生态葬室外葬全套设备是放置于室外的公墓用高科技环保智能墓位，可以与任何型号和款式的墓碑相匹配。其设计理念充分将人性化管理、智能化服务及人民需求相结合，安全防盗，便于管理，不但满足了人们在墓前烧纸祭祀的需求，其大容量的图文存储功能也便于将家道文化完整记录并保存下来，独特的影音播放功能也能充分抚慰使用者的心灵，是现代化公墓发展的必然方向。

二、设备组成部分的名称和作用

节地环保生态葬室外葬全套设备在外观上与传统墓位没有明显区别，如图 7-7 所示，但内部构造却极为精妙。每个墓位均由影音播放系统、自动点火系统、烟气净化系统、自动除渣系统四部分组成，其结构小巧、精致，与传统安葬方式无异，可以与任何型号的墓碑相匹配，但较之传统墓位却有着极大的差别。

（1）影音播放系统　可以录入逝者的生平简介、照片及音乐。随着殡仪服务理念的深入发展，设备使用更具人性化，现代化的心灵抚慰功能被植入到设备中心，实现了智能化多功能服务。

（2）自动点火系统　一键式自动点火器，采用高压电弧点火，安全便捷，避免了不吸烟人群携带打火机的不便，也防止引发不必要的安全隐患，为管理方减少了一定的人工损耗。

（3）烟气净化系统　祭祀门内部采用负压助氧焚烧模式，焚烧迅速，节能环保，可用来焚烧纸钱、清理祭品。烟气净化装置还可以将焚烧过程中产生的有害气体（如一氧化碳等）净化排放，使所排放的烟气符合国家环保要求。烟气净化装置由降温、旋风除尘、脱硫、过滤、除味等处理装置组成。目前，我国降温装置现多采用风冷（干法）、水冷（半干法）两种，超导热管也已成功应用于殡葬设备行业，并得到了显著效果，解决了重要祭祀节日集中焚烧时产生的不宜处理的高热能问题。

图 7-7　节地环保生态葬室
外葬设备

（4）自动除渣装置　放置在地下的密闭空间，用来清理焚烧过后的纸灰等物品，并统一运送至地下收集池，由提升机自动将垃圾输送至垃圾车，有效避免了人工操作带来的二次污染。如图7-8所示。

图7-8　自动除渣装置

除此之外，节地环保生态葬室外葬全套设备还具有防盗报警功能，安全且便于管理。

按国家要求，传统墓位占地面积不超过$1m^2$，安葬两个骨灰盒，多为夫妻合葬墓。节地环保生态葬全套设备在此基础上纵向开发，满足了家庭成员合葬理念，大大节省了公墓用地，将"入土为安"理念深入扩展延续。

三、设备使用方法及工作原理

随着殡葬行业的快速发展，环保理念被深入推广与普及，高科技环保智能设备已经成为殡葬行业的重要组成部分。这些设备成功继承了老式设备在行业中的作用，又将现代化科学技术带入到了行业中，为保证殡葬行业向环保生态快速发展奠定了基础。

1. 使用方法

节地环保生态葬室外葬全套设备可通过智能卡启动，也可使用蓝牙启动。使用智能卡启动时，将卡片贴近读卡器即可快速启动设备。使用蓝牙启动时，将手机对准设备即可。

2. 工作原理

节地环保生态葬室外葬全套设备采用机械传动原理，将祭祀物品自动清理。如图7-9所示。首先，祭祀者将纸钱等祭祀物品投入到墓位下方的炉口内，祭祀完毕后炉内炉壁会自动翻转，将纸灰等祭品投入到地下清灰系统内，由绞龙传送至地下垃圾收集池（收集池可根据

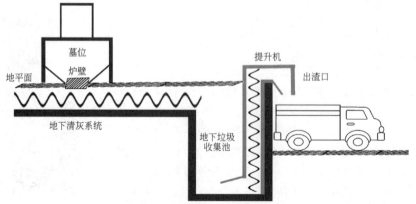

工作流程：开启墓位——炉壁翻转——清灰系统——垃圾收集池——提升机——车辆直接运送

图7-9　节地环保生态葬室外葬全套设备工作流程图

地方大小自行设置空间），当存储物到达临界点时，系统会自动报警，此时按键启动提升机（提升机采用水车原理）将垃圾提取，经由出渣口输送至垃圾车上。整套过程采用密闭式处理方式，避免造成灰尘扬撒。

四、设备的保养与维护

殡葬行业是一个特种行业，较之其他行业有其独特的行业文化和工作严谨性。在设备出现故障时，如何在最短的时间内解决问题，是一名合格的操作员必须要掌握的。

节地环保生态葬室外葬全套设备因长期置于室外，设备本身具有防风吹、雨淋的封闭式设计，安全防盗且便于管理。无需进行繁琐的日常保养，仅需清理设备表面的灰尘即可。因设备本身依靠电路使用，需要管理人员日常检查电路情况，以保证设备的正常运转。

此外，节地环保生态葬室外葬全套设备在祭祀时仅允许焚烧纸钱，不可将玻璃瓶等物品投入进炉口内部，否则设备可能因此无法正常运转。

第三节 环保生态葬室内葬设备

随着公墓用地的不断减少，人民生活水平的不断提高，"入土为安"理念正逐步向"入室为尊"转变。

随着公墓用地的不断减少，一些家族的先人无法安放在同一处墓园，造成祭祀不便，而家族合葬的墓位形式又受到国家政策的约束，即便可以购买到，其价格亦非平常人所能接受。为此，环保生态葬室内葬全套设备诞生。

生态葬室内葬全套设备是放置于室内的公墓用高科技环保智能墓位，如图7-10所示，其设计理念完全包括了室外葬设备的全部功能，结合现阶段殡葬行业发展要求，将人民需求、惠民利民、安全可靠放在首位，每个墓位可安葬五代18位逝者。不但满足了人们在墓前烧纸祭祀的需求，其大容量的图文存储功能可任意切换先人照片、音乐以及生平简介，更便于家道文化的传承。室内葬设备成功地将传统"入土为安"理念转变为"入室为尊"，现已在全国各大地区投入使用，是殡葬行业发展步伐中的又一亮点。

图7-10 生态葬室内葬设备

一、设备组成部分和工作原理

1. 设备组成部分的名称和作用

室内葬设备由墓位门、祠堂、自动点火系统、焚烧祭祀系统、影音播放系统、清灰除渣系统、烟气净化系统七部分组成，如图7-11所示。

（1）墓位门 用来记录墓主人基本信息，近似于传统墓碑的功能，但与传统墓碑不同的是，室内葬设备的墓位门是墓位的防盗门，侧拉式设计，不占用空间，更方便管理和使用。

（2）祠堂 祠堂位于墓位门的后方，是室内葬设备安放骨灰的空间，

室内葬

图 7-11 室内葬设备组成

内部配备了可安放五代 18 位逝者的隔层，并根据辈分高低设置有 18 个灵位牌，安葬时按照辈分高低将骨灰盒或骨灰瓮供奉进祠堂内，并放置好灵位牌。

（3）自动点火系统 采用高压电弧点火，更方便祭祀者使用，避免祭祀者自带火种造成安全隐患。

（4）焚烧祭祀系统 配置了祭祀用的电子香、电子蜡等基础设施。焚烧纸钱时，炉口内部为负压助氧焚烧状态，更快速且无烟无尘，非常适合室内使用。

（5）影音播放系统 用来显示逝者照片和生平简介，同时播放哀乐或逝者生前喜欢的音乐，可通过手机无线或 USB 自由更改。

（6）清灰除渣系统 可将祭祀物品和纸灰统一运送至垃圾收集池，该系统隐藏于地下密闭的空间内部，在地上是看不到的。

（7）烟气净化系统 急速降温，缩短二噁英的产生时间，集脱硫、除尘、拦截明火、布袋过滤、除味于一体，符合国家环保要求。

室内葬墓位真正实现了立体式安葬，打造"远看是花园、近看像宾馆"的新时代骨灰安葬方式，大大节约了公墓用地。此外，良好的室内祭祀环境不但满足了不同人群的需求，也大大减少了因焚烧祭祀带来的污染，将节地生态安葬理念推向了新的台阶。

2. 设备的使用方法和工作原理

（1）使用方法 室内葬全套设备可通过智能卡启动，也可使用蓝牙启动。开启设备后，祭祀门自动打开，同时自动点亮电子香和电子蜡，电子鞭炮、哀乐自动响起（都可自由修改），显示逝者照片和生平简介。将祭品摆放在供台上后，按自动点火按钮，将纸钱点燃后就可以在墓前烧纸祭拜了。祭拜完毕后，刷智能卡或用手机关闭设备，祭祀门自动关闭，所有设备自动停止，除渣系统自动启动，将祭品和纸灰清理至室外垃圾收集池。

（2）工作原理 室内葬全套设备工作原理与室外葬墓位相同，经实践使用证明，符合国家环保要求及九部委《节地生态安葬指导意见》。

3. 设备的保养和维修

室内葬设备放置于室内，且每个祭祀门在不使用的时候都保持封闭状态，因此其保养非常方便。下面列举可能出现的故障及排除方法。

① 液晶显示器不能正常显示。检查线路是否正常，如显示屏损坏，需要更换显示屏。

② 自动点火系统不能正常使用。检查连接线路，确定是否正常取电。

③ 炉壁不能翻转。检查炉壁是否被异物卡住。

④ 除渣管道不能运转。检查管道内部是否有异物。

⑤ 烟气净化装置冒出黑烟。检查布袋是否被堵塞，或布袋是否有损坏。

参考文献

［1］ 卢军.火化机技术.北京：化学工业出版社，2019.

［2］ 李光敏，张丽丽.火化原理与操作.北京：中国社会出版社，2013.

［3］ 民政部职业技能鉴定指导中心.遗体火化师.北京：中国社会出版社，2006.